PRESS

C. A. PRESS

LA JEFA DE LA CASA

Claudia Caporal es una renombrada experta en estilo de vida y una de las voces más influyentes en el mercado hispano que aparece frecuentemente en los medios de comunicación inspirando a la mujer latina y proporcionándole soluciones útiles para mejorar su vida y elevar su imagen. Su imagen es sinónimo de belleza y valores familiares, siendo fiel representante de la mujer moderna: madre, esposa, jefa de casa, profesional —una mujer polifacética que cada día abarca múltiples roles y desafíos.

Antes de obtener la atención de los medios, la venezolana ya había acumulado una larga y exitosa trayectoria profesional trabajando como periodista, productora y editora senior para empresas como el portal internacional en español Terra.com y las cadenas televisivas Discovery Networks y Telemundo NBC.

Fue a través de sus acertadas experiencias dándole vida a importantes proyectos dedicados a la mujer que Claudia se conectó con su pasión por compartir sus consejos con una audiencia mayor. De esta manera se convirtió en la experta de estilo de vida del programa *Despierta América* de Univisión, con segmentos de moda, belleza, etiqueta, casa y decoración. Al poco tiempo lanzó con gran éxito su programa *El peso del matrimonio* en Galavisión, enfocado en ayudar a las parejas a mejorar su estilo de vida e imagen, incorporando una alimentación más saludable, en busca de recuperar el peso físico que tenían cuando se casaron.

Gracias a su participación en otros reconocidos shows como *Nuestra belleza latina*, *Tu desayuno alegre* y el popular programa radial *Tardes calientes*, además de su labor como portavoz de renombradas marcas a nivel nacional, Claudia se ha convertido en una autoridad muy querida y respetada por la comunidad hispana que busca sus consejos prácticos para ahorrar tiempo y dinero, verse bien y disfrutar de lo más importante de todo: la familia y la vida.

Para más información acerca de Claudia, visita:
www.ClaudiaCaporal.com

LA JEFA
de
LA CASA

TU GUÍA ESENCIAL PARA MANEJAR
LA CASA Y LA FAMILIA DE HOY

Claudia Caporal

C. A. PRESS
Penguin Group (USA)

C. A. PRESS

Published by the Penguin Group
Penguin Group (USA) LLC
375 Hudson Street
New York, New York 10014

USA | Canada | UK | Ireland | Australia | New Zealand | India | South Africa | China
penguin.com
A Penguin Random House Company

First published in the United States of America by C. A. Press, a member of Penguin Group (USA) LLC, 2013

Photos on pages 1, 29, 61, 123, 159, 189, and 219: Chantal Lawrie
Photo on page 89: El Autobus, Inc.

LIBRARY OF CONGRESS CATALOGING-IN-PUBLICATION DATA
Caporal, Claudia.
La jefa de la casa : tu guía esencial para manejar la casa y la familia de hoy / Claudia Caporal.
pages cm
Includes bibliographical references and index.
ISBN 978-0-9836450-8-5
1. Housekeeping—Handbooks, manuals, etc. 2. Home economics—Handbooks, manuals, etc. 3. Life skills—Handbooks, manuals, etc. 4. Mothers—Family relationships—Handbooks, manuals, etc. 5. Families—Handbooks, manuals, etc. I. Title.
TX301.C29 2013
648—dc23   2013030825

Printed in the United States of America
10 9 8 7 6 5 4 3 2 1

Le dedico este libro a mis chiquitos,

Roberto y Carolina, los grandes jefes

de la casa y de mi corazón.

Contenido

Introducción

Llegas del trabajo agotada, miras alrededor y el panorama es desalentador: ropa, zapatos y caos por doquier. Los platos rebasan el fregadero de la cocina y la inspiración para preparar otra cena más se fuga de tu mente abrumada. Te das cuenta que ya es miércoles y todavía no has podido pasar por el supermercado, pero hoy no podrá ser porque si no te pones a lavar ropa de inmediato, mañana nadie tendrá calzoncillos limpios. Aún tienes que revisar las tareas de los chicos y también pagar unas cuentas que se te habían olvidado. Echas un vistazo a un espejo de pasada y notas que sigues arrastrando los ruedos de esos pantalones que te quedan largos, pero a esta altura ya no sabes cuándo vas a lograr sacar un tiempito para llevarlos al sastre. Con el favor de Dios, la próxima semana será. ¡Esta noche promete ser larga!

Si esta escena te resulta familiar es porque tú también estás operando con el programa de ama de casa desesperada. Evidentemente algunas cosas no están funcionando en tu reinado. ¡Necesitas ayuda urgente para retomar el control como Jefa de la Casa!

El que diga que ser ama de casa es cosa de tontos, o mucho peor, que es igual a no hacer nada, es porque no lo ha probado en carne propia. Administrar un hogar es un trabajo altamente complejo y sofisticado. Requiere desempeñar un sinfín de roles a la vez —cocinera, mucama, chofer, enfermera— y se espera que además del trabajo en la calle también mantengamos todo bajo control en la casa. Constantemente vivimos corriendo contra la corriente, tratando de ponernos al día, de complacerlos a todos, de mantener el balance, ¡de alcanzar lo inalcanzable!, sin guía ni ayuda de nadie, ya que esto no se aprende en una escuela sino a través de la experiencia misma.

Yo también he sufrido los clásicos sinsabores que vienen de la mano de administrar un hogar, y también he deseado algo o alguien que me pasara algunos secretos y consejos para aprender a manejarlo todo con más facilidad. Por eso escribí *La Jefa de la Casa*. Su objetivo no es convertirte en una superdotada de las artes domésticas, ni mucho menos en una robotizada mujer al estilo Stepford Wives. A fin de cuentas, ¿quién tiene deseos de ponerse a hornear pasteles después de una larga jornada laboral? La Jefa de la Casa que te propongo es una mujer moderna, astuta y llena de recursos para resolver las cosas de la forma más eficaz y económica, sin sacrificar su estilo personal. Una mujer con tiempo limitado y con compromisos fuera del hogar, que sabe delegar, subcontratar, administrar y apuntar la ayuda de otros dentro de su operación doméstica.

Con este libro deseo proporcionarte todo lo que necesitas para que ejecutes con éxito cada uno de tus roles de Jefa. En él vas a encontrar información real y sin adornos que te ayudará a administrar tu hogar. Contiene muchas horas de investigación y mis secretos mejores guardados para ejecutar cada tarea. Cada capítulo corresponde a un papel, así dividiendo el libro en los roles más comunes que cumples como jefa de la familia —muchos de los cuales desempeñas sin siquiera darte cuenta.

En *La Jefa de la Casa* descubrirás lo que conlleva cada rol junto con consejos útiles y simples que te ayudarán a ahorrar tiempo, gastar menos dinero y que podrás poner en práctica de inmediato. Aquí comparto contigo, entre otras cosas, las herramientas con las que toda Jefa de la Casa debe contar, el *look* ideal para meterte de lleno en cada rol, lo que necesitas saber para contratar ayuda en cada área y facilitar tu vida, secretos que toda jefa debe saber… y hasta un *playlist* con canciones que te inspirarán a conectarte con cada función que debes ejecutar a diario.

En *La Jefa de la Casa*, reúno los datos que me parecen esenciales para desempeñar cada función de Jefa, pero sobretodo comparto contigo mis experiencias personales, mis triunfos y también mis errores. Los conocimientos que vas a adquirir aquí te ayudarán a acercarte cada día más a esa heroína que preside con orgullo la organización más importante del mundo: su familia. Permíteme acompañarte, guiarte e inspirarte a lo largo de este hermoso camino.

Con cariño,
Claudia

¡JEFAS UNIDAS!

Te invito a conectar conmigo a través de Facebook en www.facebook.com/ claudiacaporal, vía Twitter @ClaudiaCaporal y a través de mi sitio web www.LaJefaDeLaCasa.com. ¡Cuéntame tu historia! Responderé cualquier pregunta que tengas. Déjame saber cómo *La Jefa de la Casa* te ayudó o inspiró a ser una mejor Jefa. ¡Gracias!

LA JEFA
de
LA CASA

1

SOY LA

JEFA DE DECORACIÓN...

la que embellece los ambientes, la que mantiene
el caos a distancia y pone todo en su santo lugar

ORACIÓN DE LA JEFA DE DECORACIÓN

Para embellecer y decorar
Señor, cuida mi hogar y todos los detalles que hay en él. Que no se rompan los adornos, no se mueran las plantas y siempre se vea hermoso para quienes vivimos aquí y los que nos visitan. Amén.

Para poner orden
Diosito, por favor concédeme paciencia para lidiar con gente desordenada. Permite que todo en mi casa tenga un lugar y un momento adecuado. Y que mi familia aprenda que la ropa no entra sola en el cesto de la ropa sucia ni el rollo de papel higiénico se cambia por acto de magia. Amén.

Este papel de Jefa de Decoración es uno de los que más me gusta. Me la paso decorando un rinconcito, una habitación, la casa entera. Como Jefa de Decoración me siento en libertad para imprimirle mi sello personal a mi casa; esto sin lugar a dudas es lo que la hace verse y sentirse "mía". Este gran rol va de la mano de dos tareas clave: el orden y el mantenimiento. Es que, para embellecer un ambiente, primero hace falta filtrar el caos e instalar el orden —y ningún lugar podrá verse bello si no se le brinda el debido mantenimiento.

Como Jefa de este gran departamento te toca encontrar espacio donde no lo hay, ingeniártelas para esconder cosas feas, instalar sistemas para vivir de forma ordenada, colgar cuadros, dar brochazos y hasta reparar goteras. Te toca ser innovadora y abrirte a diferentes ideas para crear un acogedor palacio con lo que sea que tengas. ¡Con los limones hacer una buena limonada!

Lo mejor de este papel es ver cómo con tu esfuerzo y con un poco de ingenio se puede vivir de una manera más bonita y transformar los ambientes. La cara de sorpresa que ponen la familia y los amigos cuando notan algún cambio y lo orgullosa que te sientes cuando recibes halagos por tu esfuerzo no tiene precio. Lo peor ocurre cuando no te sale lo que deseas, cuando tenías en mente un color y resultó otro (que me ha pasado); cuando empiezas a hacer un proyecto que creíste era super fácil, y acabas halándote el pelo, loca por tirar la toalla (que me ha pasado un montón de veces también).

Pídeles un milagrito... a los patrones
de la decoración y el arreglo

San Antonio y San Aparicio

LO ESENCIAL PARA TODA JEFA DE DECORACIÓN

PASO 1: Busca inspiración y referencias

Cuando quiero decorar una habitación busco ideas en revistas, libros, por Internet. No te limites solo a ver libros y revistas de decoración. También puedes encontrar inspiración en publicaciones sobre otros temas. Recorta lo que te gusta y diseña un sistema para guardar lo que te inspira. Lo que yo hago es pegar todos mis recortes en hojas de papel bond y colocarlas en sobres transparentes que archivo dentro de una carpeta. También puedes usar un archivador de acordeón, o colgar tus recortes en un corcho en la pared. Las fotos y referencias que encuentras *online* colócalas en Pinterest, la "cartelera" o el "corcho" virtual que te permite colgar y compartir lo que te inspira.

PASO 2: Decídete por un estilo y una paleta de colores

Para ser consistente y para que el resultado final tenga sentido estético, debes mantener un estilo determinado. Algunos estilos son: clásico, moderno, *country*, glamoroso, minimalista, romántico, elegante, bohemio. No te preocupes, no tienes que decidirte por uno solo, a la mayoría de las personas les gusta una mezcla de estilos. Yo soy una de ellas. Prefiero algo más clásico y neutral pero con un toque moderno.

Este es el momento de establecer también cuáles son los colores que entrarán en tu decoración. Te recomiendo que mantengas los colores neutrales. Siempre es más fácil agregar detalles de color a través de los accesorios, mientras que si pintas la casa de rojo o compras un sofá azul, al poco tiempo puedes cansarte.

PASO 3: Piensa cómo usarás el espacio

Tal vez esta sea la consideración más importante de todas (y también la causante de los errores más grandes): entender cuál es la función real del espacio, para qué se usa esa habitación todos los días. Si tu sala es el único lugar de esparcimiento de la casa, y además tienes niños, seguramente no querrás decorarla de una manera muy rígida o formal, ni con muebles que limiten la circulación, sino más bien ofrecer un ambiente cómodo y casual para relajarse y ver televisión en familia. Tus necesidades prácticas deberán ser el principal determinante de tus decisiones de decoración.

PASO 4: Reutiliza tus piezas

Haz un inventario de todas las piezas que posees: muebles grandes y pequeños, alfombras, lámparas, accesorios… Fíjate bien qué funciona con tu estilo y concepto de colores, y qué no. Las preguntas para hacerte aquí son: "¿Realmente me gusta esta pieza?", "¿Realmente va con el estilo que estoy tratando de crear?". Algunas piezas vale la pena recuperarlas. Solo con cambiarles la cara, la pintura, los tiradores o retapizarlas, cobran nueva vida. Mis gaveteros del cuarto cambiaron completamente cuando los mandé a laquear de blanco (eran color madera clara) y les cambié los tiradores. Haz una lista de las cosas que necesitan un cambio (sea pintura, cambio de tapicería, etc.). Lo que no funcione en tu casa (sea por espacio o porque no va con el estilo que deseas crear) o no te guste, sepáralo, fotografíalo y vende o dónalo.

> **HUMOR: ¡COLMOS!**
>
> **P:** ¿Cuál es el colmo de una diseñadora de interiores?
>
> **R:** Tener una hija cómoda.

PASO 5: Dibuja un plano

Con papel y lápiz en mano, tómate un poquito de tiempo para dibujar el plano de la habitación. No tiene que ser nada profesional. Es para que puedas jugar con las posibilidades de arreglar los muebles en el ambiente. Analiza con detenimiento qué cosa te quedaría mejor dónde. No te apegues a una sola alternativa (a veces tendemos a visualizar los muebles en una sola dirección). Este es el momento para darle rienda suelta a tu creatividad. Juega con las opciones. Piensa cómo se vería la habitación al entrar, cómo sería la circulación, etc.

PASO 6: Establece un presupuesto

Haz una lista de todas las cosas que necesitas. Averigua el promedio de cuánto cuesta cada cosa. Saca la cuenta de cuánto gastarías en total. Determina si puedes comprar todo de un solo tiro, o si necesitarás dividir la decoración en etapas.

PASO 7: Ve de compras

Antes de comprar nada, investiga. Sal a mirar vidrieras. Compara precios. Una vez que empieces a acumular tus piezas, revisa todo y asegúrate de que funcionen en tu casa, que el tamaño sea correcto, que permitan un buen flujo y circulación en el ambiente. Si no es así, este es el momento para hacer los ajustes necesarios.

PASO 8: Reconoce tus limitaciones

Si no tienes aptitud para la decoración, es mejor no embarcarte en proyectos muy ambiciosos. ¡A menudo se gasta más tiempo y dinero reparando los desastres y las metidas de pata! Involúcrate en tareas sencillas y pequeñas. Puedes empezar por copiar exactamente lo que muestra una foto o lo que ha hecho otra persona.

EL *LOOK* DE LA JEFA DE DECORACIÓN

El look *real*

La mujer decoradora no usa uniforme, se viste de una manera cómoda, sencilla y chic. En este papel vas a tener que visitar muchas tiendas de artículos de decoración, caminar mucho, cargar bolsas, cajas, alfombras, por lo cual debes vestir con algo cómodo, que te dé flexibilidad para agacharte, moverte, subir los brazos. Un pantalón, unos zapatos chatos tipo ballet o "balerinas" y alguna camisa con algo de *stretch* sería ideal.

Si vas a trabajar en casa arreglando armarios o gabinetes y poniendo las cosas en orden, descarta los zapatos de tacón. Unas balerinas y ropa ligera serán la mejor opción. En cualquier caso, para realizar el trabajo en la vida real lo mejor es que no uses tu ropa favorita, y que te protejas los pies con zapatos cerrados.

EL ATAJO DE LA JEFA SIN TALENTO O PACIENCIA

Algunas tiendas grandes de decoración ofrecen opciones de cuartos listos que ya otras personas han planeado, de manera que compras el cuarto #1 y te viene hasta con los cuadritos que debes colgar en la pared. Sus diseñadores coordinan los colores, las telas, los accesorios y los detalles de cada ambiente para que los clientes no tengan que hacerlo. Este sistema te ofrece una manera simplificada de comprar donde básicamente no hay cómo cometer errores. Rooms to Go es la tienda más conocida con este sistema. IKEA y Container Store también pueden armarte un espacio "para llevar", tal como lo ves en una de sus fotos.

SECRETOS ENTRE JEFAS

Para decorar con presupuesto AJUSTADO

1. Escoge las piezas grandes primero.
2. Limítate a lo que es absolutamente esencial.
3. Invierte en un par de piezas más caras que se vean sustanciosas y buenas. Estas le darán al espacio un *look* de alta calidad a primera vista.
4. Luego complementa con piezas baratas. IKEA tiene excelentes opciones por unos precios fabulosos.

PIEZAS CLAVE DEL ROMPECABEZAS

El sofá

Cuando compres un sofá, fíjate si tiene suficiente relleno. Pruébalo a ver si es cómodo al sentarte, al apoyar los brazos y al levantarte de él también. Asegúrate de que esté bien cosido. Chequea que la estructura tenga buen soporte a los lados y en el centro. Verifica que funcione con las proporciones de tu sala —ni muy grande, ni muy pequeño.

SECRETOS ENTRE JEFAS

Saca-de-apuro
Para esconder un sofá horrendo, tápalo con una tela: un pedazo grande de lino o cualquier otra tela cruda que sobresalga hacia los lados será suficiente.

La mesa del centro

La altura estándar es de entre 17 y 19 pulgadas. Pero puede ser más bajita, de manera que invite a las personas a sentarse en el suelo. El tamaño ideal debería ser la mitad o dos tercios del largo del sofá. Puede ser cuadrada, rectangular, redonda, y también puedes utilizar una otomana como mesa.

SECRETOS ENTRE JEFAS

Una mesa transparente, sea de acrílico o de vidrio, puede hacer ver más grande cualquier espacio pequeño.

La alfombra de área

Una alfombra que contenga detalles de los colores que usaste en la habitación hace que todo tenga un sentido sutil. Las alfombras también sirven para anclar el espacio y delimitar los ambientes.

Las cortinas

Es increíble cómo un pedazo de tela puede darle personalidad a una pared que se veía vacía. Las cortinas son un elemento sencillo que le agrega elegancia a un espacio. Los grandes almacenes te ofrecen una gran variedad de estilos, colores y tamaños a precios muy accesibles.

Las lámparas

La iluminación puede transformar un espacio. Una bella lámpara no tiene por qué ser una pieza cara. Busca un par de buenas bases. Si quieres personalizar la lámpara de acuerdo a tu decoración, cambia las pantallas o fórralas con tela.

La mesa del comedor

La altura estándar de una mesa de comedor es de entre 29 y 30 pulgadas. El tamaño estándar de una mesa rectangular para ocho personas es de 36 por 72 pulgadas. Las mesas redondas son las mejores para promover la conversación ya que todo el mundo se puede ver, lo cual hace más íntimo el momento compartido. Si tienes niños, escoge un material y un acabado que no sean delicados y que envejezcan bien, como los que encuentras en una mesa rústica.

La cama

La consideración más importante aquí es dar con un colchón que te resulte cómodo y que tenga la consistencia que deseas (más suave, más firme). Así que prueba todas las opciones que puedas antes de decidirte por una.

SOLUCIONES PARA ESPACIOS PEQUEÑOS

- Trata de mantener las áreas lo más neutrales que puedas.
- Mantén mucha organización.
- Utiliza cajas decorativas para que cada quien guarde sus pertenencias.
- Asígnale varias funciones a cada habitación.

DOBLE PERSONALIDAD

Los espacios reducidos generalmente deben cumplir más de un propósito, y los muebles que viven en estos ambientes tienen que ser versátiles y tener doble o triple personalidad. Las siguientes ideas pueden llegar a inspirarte.

Sofá de día, cama de noche

El cómodo sofá donde te sientas cada día se transforma en cama que se abre para recibir a tus huéspedes, convirtiendo el living en un cuarto de huéspedes ocasional.

Otomana

En lugar de una mesa de centro convencional, una otomana con tapa hace las veces de depósito para guardar organizadamente los CDs y DVDs (que ocupan tanto espacio y obstaculizan la vista). Además puedes usarla para descansar los pies y, si le colocas una bandeja encima, te ofrecerá la misma función de apoyo que una mesa.

Crea un divisor de espacio con propósito

Para crear una separación entre la sala y la cama en apartamentos tamaño estudio, o separar ambientes en espacios pequeños, coloca un estante libre (sin fondo) lleno de libros y adornos dividiendo el espacio. Un mueble de este tipo hace las veces de un biombo sin bloquear por completo la luz.

La oficina escondida

Si no puedes darte el lujo de asignar una habitación como oficina, improvisa un espacio. Una gran idea que funciona para muchos es remover las puertas de un closet e instalar dentro de él una mesa de escritorio, archivadores y estantes. Para esconder el espacio de trabajo cuando llega la visita, instala una persiana o cortina.

Estantes en la cocina

A falta de gabinetes de cocina, una alternativa económica y práctica es colgar estantes libres. Le dan un aire de frescura y libertad a la cocina y son excelentes para colocar platos y los artefactos eléctricos que usas con más frecuencia.

La cama litera

En el cuarto de los niños, una de las formas más efectivas de maximizar el espacio es ponerlos a dormir uno encima del otro, estilo edificio, con las camas literas. Yo dormía en una y tengo los mejores recuerdos, ¡era mi cueva secreta!

OTROS MUEBLES Y HABITACIONES DE MÚLTIPLES PERSONALIDADES

- La cama que se esconde en la pared o Murphy Bed.
- El comedor que es a la vez mesa de comer y mesa de hacer las tareas.
- La mesa pequeña de todos los días que se extiende para cuando tienes invitados a cenar.
- La mesa de desayuno que se convierte en bar cuando hay una fiesta.
- El *family room* que es área de trabajo y área de entretenimiento para la familia.
- El cuarto de huéspedes que sirve de oficina para la mamá y cuarto de juegos para los niños.
- La sala formal que también es la biblioteca.

LA ILUSIÓN DEL ESPACIO

Incorporando los siguientes elementos puedes hacer ver un espacio más grande de lo que es, como por arte de magia.

Listas verticales

Las rayas verticales en la pared o en las cortinas crean la ilusión de altura, haciendo que un techo bajo se sienta más alto. Para evitar crear una sensación de carpa de circo, evita los colores fuertes y busca tonos suaves, como crema y blanco.

Minimalismo y colores neutrales

En un espacio pequeño es importantísimo mantener la paleta de colores de las paredes muebles y accesorios al mínimo. Para agrandar el lugar visualmente, la decoración debe ser sencilla y proporcional al espacio.

Espejos

Los espejos crean la ilusión de que el espacio es mucho más grande de lo que realmente es. Bien sea un espejo enmarcado, o espejos empotrados de pared a pared, el efecto es instantáneo.

HERRAMIENTAS DE LA JEFA DE DECORACIÓN

- cinta métrica
- cámara fotográfica
- cuaderno
- papel
- medidas (de la habitación, de los muebles)
- tijera
- cinta plástica
- cinta adhesiva azul (para delinear las dimensiones de los muebles en el piso)
- cartillas de colores
- muestras de tela
- tachuelas
- libros y revistas de decoración
- fundas archivadoras plásticas
- conversor de medidas

LA DECORACIÓN EXPRÉS

Si tu intención es decorar con máxima rapidez, tu mejor opción es comprar los muebles directamente en las tiendas y escoger lo que esté físicamente en el lugar en vez de pedir cosas por catálogo que tardan bastante tiempo en llegar. Lo bueno de comprar directamente en la tienda es que puedes ver las cosas en persona, chequear la terminación, tomar las medidas, tocar la tela... y te lo llevas ahí mismo. Lo malo es que no tendrán tantos tamaños, estilos y variedad para escoger, con lo cual tendrás que ser flexible y limitarte a lo que hay. En las tiendas puedes aprovechar la ayuda de los decoradores que trabajan allí. Ve preparada con el plano de la habitación y con las medidas. Y que no te dé pena pedir ayuda, pues los decoradores están ahí para asistir a los clientes como tú.

LA JEFA ASTUTA DELEGA RESPONSABILIDADES

CONTRATANDO A UN DECORADOR

Un decorador te ayuda a evitar serios dolores de cabeza. Te ayuda a obtener un acabado profesional y, tal vez lo más importante, te ayuda a liberarte de esos proyectos bien intencionados que terminan muy mal, consumiéndote tiempo y dinero. El decorador también te asiste en crear, planificar, presupuestar, comprar y ejecutar lo que deseas hacer, bien sea de un solo tiro o por etapas.

Dónde lo consigues

Lo mejor sería obtener recomendaciones de amigos, o preguntarle a la dueña de esa casa o tienda que te gusta tanto. Si esto no es posible, haz una buena investigación: fíjate en las revistas de decoración locales quién es el decorador que hizo esa bella decoración que apareció en el editorial.; busca en Internet; consulta el directorio del American Society of Interior Designers o de la organización que agrupa estos profesionales en tu país o ciudad.

> **HUMOR:
> ¡COLMOS!**
>
> **P:** *¿Cuál es el colmo de una decoradora?*
>
> **R:** Que su hijo se llame Armando Paredes Icaza.

Cuánto cuesta y cómo le pagas

Algunos decoradores cobran por hora, entre $50 y $250. Los más caros (usualmente los que tienen mejor reputación y más experiencia) cobran entre $150 y $250 la hora. Otros cobran una tarifa por adelantado. A esto tienes que sumarle un 30% de comisión por los muebles. Para que te salga más barato, contrata un decorador menos conocido; te saldrá la mitad del precio. También puedes probar con un estudiante de decoración o diseño. ¡Hay tantos talentos increíbles en la gente joven! Claro que esta es una opción más arriesgada. Si decides hacerlo, pide ver el portafolio del estudiante.

Lo que debes saber al contratar este servicio

Pide ver los trabajos del decorador, bien sea en fotos o inclusive algunos proyectos en persona. Si el decorador no te lo ofrece, pregúntale acerca del descuento que obtiene por parte de las tiendas. Todos los decoradores reciben descuentos en muebles y accesorios, sin importar si la tienda es grande o pequeña. Este descuento generalmente te lo transfiere el decorador a ti como cliente, lo que quiere decir que comprando las piezas a través de él te resultarán más económicas. Mantén una comunicación abierta y directa con tu decorador. No te sientas intimidada, no tengas reservas ni sientas pena en expresar lo que deseas o en decir que algo no te gusta. Muéstrale tus recortes y referencias. Cuanto más clara seas al comunicar tus deseos, mejor será para ambos. Recuerda que tu decorador no puede leerte la mente. Pregúntale qué tan seguido deben hablar y/o reunirse en persona (¿una vez al mes? ¿una vez por semana?) y cuál es el mejor sistema de comunicación a través del proceso.

Día internacional de la Decoradora de Interiores

30 de junio

GÁNALE LA BATALLA AL DESORDEN

Es increíble cómo el desorden, si lo dejamos, puede apoderarse de nuestra vida. Las áreas comunes de la casa tales como la sala, que muchas veces también es el lugar de ver televisión, y la cocina, son áreas utilizadas por todos los miembros de la familia. La mamá planifica la semana en el mismo lugar en que los niños se ponen a jugar y hacen la tarea, y el papá mira la tele o se pone a navegar por Internet... de tal manera que siempre están congestionadas, y uno se siente como que nunca puede mantenerlas bonitas —o al menos bajo control. Las principales quejas que escucho son:

> ➢ Con tan poco espacio, la casa siempre está desorganizada.
> ➢ No encuentro lo que busco.
> ➢ No puedo manejar la avalancha de cartas, cuentas por pagar, propagandas y catálogos que me llegan por correo.

Este último es un problema muy común que compartimos todas las que vivimos en Estados Unidos, donde los volúmenes de correo pueden llegar a ser exorbitantes. Y es que el exceso de papeles por todos lados afea terriblemente nuestras casas, y parece que nunca se acaba. A continuación te sugiero algunos elementos sencillos pero efectivos con los que puedes crear un sistema ¡para ganarle la batalla al desorden! La mayoría de estas cosas, sino todas, las puedes conseguir en el Container Store. Si no vives en Estados Unidos, busca lugares que vendan artículos para la casa y la oficina.

Tablón de anuncios

El tablón de anuncios (o *bulletin board* en inglés) es súper útil para colocar las invitaciones a las fiestas, alguna nota importante o el interminable flujo de avisos y horarios escolares de los niños. A mí me ayuda mucho tener a la vista una copia del calendario del mes con los compromisos que tiene cada uno de los miembros de mi familia. Este tablón puedes hacerlo tú misma con corcho, que sale muy barato. Si deseas, fórralo con tela para darle un *look* más sofisticado. Cuélgalo en un lugar bien visible: en la pared sobre tu escritorio o a un costado de la refrigeradora. Adhiérelo a la pared con cinta adhesiva doble faz o cuélgalo de unos clavos.

SECRETOS ENTRE JEFAS

Uno de los principales aliados de la Jefa de Decoración al momento de poner orden es la etiquetadora. Este aparatito es lo máximo. Y es que todo funciona mejor cuando le pones el nombre por afuera. ¿De qué te sirve guardar las cosas en cajas, si luego no sabes qué hay dentro de ellas?

Papelera

Tirar los catálogos, o ese correo basura que te llega sin que lo pidas, directamente al contenedor de reciclaje o al tacho de la basura, sin siquiera abrirlo, es tener la mitad de la batalla ganada. Otras dos cosas que puedes hacer:

1. Comienza a hacer tus pagos de forma electrónica para eliminar la mayoría de las cuentas que te envían por correo (y así reducir el consumo de papel en el planeta).
2. Entra a catalogchoice.org para cancelar todos los catálogos que no quieres recibir.

Organizadores de revistas y sobres archivadores plásticos

Los catálogos y revistas que te gustan colócalos en organizadores verticales. Una vez al mes —o más seguido si tienes tiempo— corta las páginas que contienen las referencias que deseas guardar (recetas, ropa, ideas de decoración) y mete esas hojas en sobres transparentes dentro de carpetas organizadas por temas. Mi amiga Cecilia lo hace con su teléfono inteligente: le saca fotos a todo lo que le gusta y luego las organiza en carpetas en su computadora. Sea cual fuere el método que tú prefieras, esto te ayudará a mantener tus referencias clasificadas y a mano.

Una bandeja

Deja que el resto del correo se acumule en una bandeja. Designa una bandeja solo para este uso. Siéntate con la bandeja una vez por semana a pagar las cuentas y responder la correspondencia personal.

Cajas

Otra solución que me ha funcionado para esto y para todo lo demás que va creando desorden, son las cajas. Son perfectas para ir guardando cositas, para sacar el desorden de la vista hasta retornar cada cosa a su lugar. Hoy en día se consiguen unas cajas bellísimas, forradas en tela y de los más variados diseños que combinan con cualquier decoración. Yo mantengo las mías en la sala. Designa una para cada uno de los miembros de la familia. Por ejemplo, llegó la noche, mi hijo se fue a dormir y a su cajita van las cositas con las que estaba jugando. En lugar de dejarlas tiradas en la sala, las deposito allí hasta el día siguiente cuando las ponemos de vuelta en su cuarto.

SECRETOS ENTRE JEFAS

Evita que tu casa se vuelva un caos
Dedica quince minutos diarios al final del día para arreglar la sala, la cocina, el área de trabajo, desechar lo que no sirve, colocar papeles en sus carpetas y devolver las cosas a su lugar. Es un hábito sencillo pero difícil de adoptar. Lo cierto es que una vez que lo logras te sentirás encantada con la diferencia que esto hará en tu vida. Mantén a mano un pañito y tu producto de limpieza favorito, de manera que le des una refrescadita a las superficies mientras vas ordenando. ¡Es más fácil hacer un poquito cada día que dejar que se acumulen las cosas hasta un punto donde uno no sabe ni por dónde empezar! Y no te sientas mal en pedir un poco de ayuda. Lo que tú estás pasando es muy común. Si te sientes abrumada con el desorden, pídele a una amiga que te dé una manito, aclara tus duda en algún blog *online* o busca ayuda profesional.

SOLUCIONES PARA TODO LO DEMÁS

Los recipientes de comida

Déjame adivinar: en algún lugar de tu cocina seguramente tienes cuarenta y cinco recipientes para guardar comida, y el triple de tapas, y nunca encuentras la correcta cuando la necesitas. Una solución para este problema que afea tu cocina, consume espacio y crea desorden, es reducir el número de recipientes y unificar los colores. Cuando uniformas el color de los artículos de cocina, inmediatamente obtienes un *look* más organizado y estéticamente placentero. Y no hay necesidad de guardar cada cajita, cada envase de plástico, el pote donde vino la comida china... Conserva o compra solo los que necesitas, en varios tamaños (asegúrate de que quepan en tu nevera), y desecha todo lo demás.

Los recuerdos

Una manera de deshacerte de los recuerdos tangibles que ocupan tanto espacio y acumulan polvo en el ático y en el garaje, sin matar las memorias, es fotografiar todo, organizarlo por tema, por persona o por época, y convertir las fotos en un hermoso libro de mesa o álbum de fotos. Trofeos de futbol, disfraces, trabajos de la escuela, *souvenirs* de viajes. Conviértete en la Jefa historiadora de la familia registrando y conservando los recuerdos de forma inteligente —y deshazte del desorden.

Los artículos de oficina

Minimiza las cantidades y visualiza lo que tienes. En lugar de meter todo junto en una gaveta, coloca lápices, borradores, ligas, clips, goma de pegar, pilas, rollitos de cinta plástica y los Post-it dentro de cajitas transparentes, por grupos, identificados con una etiqueta. Este sistema te ayuda a encontrar rápidamente lo que buscas, y a saber lo que tienes (así no compras lo que no necesitas). Tampoco debes llenarte de grandes cantidades de cosas. Mantén solo lo necesario y ve reemplazando a medida que se te acaben los artículos.

La ropa de cama

Un sistema más práctico para guardar la ropa de cama es colocar cada juego de sábanas completo dentro de una funda de almohada. Sábana esquinera, sábana de arriba, fundas, todo lo coloco dobladito dentro de una de las fundas del juego, que hace las veces de bolsa o sobre. Así no tengo la necesidad de hacer desorden en el clóset de la ropa de cama, ni volverme loca buscando esa pieza que nunca encuentro, y además me ahorro mucho pero mucho tiempo.

SECRETOS ENTRE JEFAS

Mis sábanas son blancas. Absolutamente todas. Con mi ropa de cama unificada en ese color (que me encanta) no solo obtengo un *look* uniforme y una sensación de ligereza y orden instantáneo, sino que también puedo reemplazar las piezas individuales con facilidad (cuando algo se rompe o se pone viejo) sin tener que comprar el juego completo. Con lo cual ahorro dinero.

ORGANIZA ESE CLÓSET DE UNA VEZ POR TODAS

Empieza por las perchas
Compra perchas de ropa uniformes, que sean todas del mismo color y estilo. Además de que un montón de perchas discordantes afean tu clóset haciéndolo lucir como un mercado libre, hay un tipo de percha para cada prenda. Invierte en unas buenas perchas; vale la pena, le dan un *look* organizado a tu clóset y conservan mejor tu ropa. Yo prefiero las de madera o las que son antideslizantes. Las puedes conseguir en Target, en Bed Bath and Beyond, o también puedes comprarlas por Internet.

Ataca la ropa
Saca absolutamente todo del clóset. Colócalo encima de la cama y empieza a clasificar. Todo debe quedar en una de estas cuatro pilas:

1. *"Me sirve, me gusta, lo uso"*. Va de vuelta **AL CLÓSET**, todo en perchas uniformes. ¡Ahora tu clóset empieza a verse bien!

2. *"No me gusta, no me sirve, no lo uso hace más de un año"*. Va a la pila de **DONAR**. Esta pila contiene la ropa que no piensas usar de nuevo, la que no sabes cómo fue a parar a tu clóset, las piezas pasadas de moda y todas las otras cosas que están dañadas, manchadas o deterioradas. Coloca todo en bolsas y sácalas de inmediato de la casa.

3. *"Me gusta, pero no me queda bien"*. Va a la pila de **ARREGLAR-RECICLAR**. Aquí entran las piezas a las que necesitas subirles el ruedo, cambiarles el cierre, y también las que necesitan ser actualizadas cambiándoles los botones o cortándoles las mangas. Todo lo que necesite una reparación obvia (ruedo, cambiar botones, ajuste) colócalo en una bolsa y llévalo a la costurera o a la tintorería.

El resto de las piezas con las que no sabes qué quieres hacer, o que deseas guardar para cuando adelgaces, colócalas en una bolsa y mantenlas en la parte de abajo de tu clóset. Colócale la fecha a la bolsa. Si de aquí a un par de temporadas, o pasado un año, no has sacado esas piezas de la bolsa, despídete de ellas y dónalas.

SECRETOS ENTRE JEFAS

Para mantener el orden en tu clóset
Bueno, ya tu clóset parece el de otra persona. Puedes sacar tu ropa con facilidad y ver todo lo que posees. El secreto para mantener esta belleza de clóset es, al final del día, o al final de la semana (como te parezca más fácil), tomarte el tiempo para colocar cada cosa de vuelta en su lugar.

---

4. *"Lo uso solo en el invierno o en una ocasión especial"*. Va a la pila de **GUARDAR**. Estas son las piezas que te gustan pero que no usas todo el tiempo. Ponlas aparte y guárdalas en el clóset o dentro de una caja (yo tengo todos mis suéteres de invierno en una caja con tapa). O si tienes espacio suficiente ponlas en otro clóset. Llegada la temporada o el evento, saca las piezas, refréscalas y úsalas.

Los accesorios
Colócalos en una caja con compartimentos (preferiblemente transparente para poder ver lo que hay dentro). Los collares funcionan bien colgados. Divide los accesorios por color (dorados, plateados, de color) y por clase (pulseras, anillos, aretes, collares). Los cinturones funcionan mejor en una gaveta, enrollados. Cuando los tienes colgados siempre se terminan cayendo los de adelante cuando intentas sacar el que está atrás.

Las carteras
Las carteras conservan mejor su forma cuando las mantienes rellenas. Rellénalas con papel de seda (el que viene cuando compras ropa) o usa bolsas

de zapatos rellenas con papel periódico o con hojas de revistas o de los catálogos que separaste para tirar.

CÓMO DONAR ROPA

Hay tanta gente con necesidades que puede darle buen uso a toda esa ropa que nunca ocupas… y estos grupos te lo hacen aún más fácil al venir directo hasta tu casa para llevarse lo que no deseas:

- ➢ Ejército de Salvación (Salvation Army)
- ➢ Vietnam Veterans of America
- ➢ Military Order of the Purple Heart

Y estos tienen lugares de entrega o recolección donde puedes ir a dejar tus cosas:

- ➢ Good Will
- ➢ Ejército de Salvación (Salvation Army)

Una de mis organizaciones favoritas, Dress for Success (www.dressfor success.org) recolecta ropa de trabajo y oficina y la distribuye entre mujeres menos privilegiadas necesitadas de ropa para ir a trabajar.

También puedes donar la ropa en tu iglesia, ellos saben adónde distribuirla.

Cualquiera sea la opción que elijas, ponlo en tu lista de cosas por hacer. Si vas a entregar tus cosas a un lugar, anota la dirección del centro de recepción de ropa y monta las bolsa en tu carro, así te será fácil llevarlas en cualquier momento que estés en la calle.

LA CLAVE PARA VENDER TUS COSAS EN EBAY

Poner tus cosas a la venta en ebay puede ser una excelente manera de limpiar el clóset, y además ganar un dinerito extra. Lo primero que debes hacer es investigar si hay otros artículos iguales al tuyo o similares en subasta. Mira cómo los han descrito, por cuánto se han vendido o se están subastando. El precio de tu artículo debe ser competitivo pero realista. Coloca un precio bajo de entrada (la oferta mas bajita que aceptarías).

Coloca un buen título y una buena descripción de tu artículo. El título debe ser bien directo y específico. Incluye el nombre del diseñador o la marca. La descripción debe incluir dimensiones o medidas, condición, cómo harás el envío. Piensa como si tú fueras el comprador e incluye todo lo que querrías saber. Divide el texto en categorías y sepáralo en párrafos cortos para evitar tener un gran texto denso y difícil de leer. Sé honesta acerca de los problemas o defectos del artículo.

Pon buenas fotos. Fotografía tu artículo contra un fondo blanco. Así es como se aprecia mejor. Una pared blanca, una sábana de color neutro pegada a una pared, cualquiera de estas opciones funciona bien. Fotografía el objeto desde diferentes ángulos. Si la pieza tiene un defecto importante, fotografíalo también. Ebay te permite colocar videos y archivos de audio también.

> **HUMOR: ¡COLMOS!**
>
> **P:** *¿Cuál es el colmo de una mujer ordenada?*
>
> **R:** Que se le pierdan los imperdibles.

Esmérate en ofrecer un excelente servicio al cliente. Responde con prontitud a todas las preguntas que te hagan los compradores sobre lo que estás vendiendo. Una vez que se haya vendido, envíalo con rapidez y mantén a tu cliente informado de la fecha en que recibirá su compra. Si ocurre algún problema con el envío, resuélvelo de inmediato y de forma cortés y educada. ¡Buena suerte!

> **SECRETOS ENTRE JEFAS**
>
> Saca esas bolsas de la casa cuanto antes para que no te de chance de meter la mano en ellas y arrepentirte

CÓMO HACER UNA VENTA DE GARAJE

Haz tu venta de garaje cada año. El mes de abril es excelente, pues es cuando hacemos la limpieza de primavera.

Convierte tu garaje, la acera, el patio o el jardín de tu casa en un mercado utilizando mesas plásticas plegables y percheros de ropa.

Separa los artículos de acuerdo a su precio. Todas las ofertas colócalas juntas en una mesa junto con un letrero que diga, por ejemplo: ENTRE $5 Y $10 o TODO A $1.

Los artículos más caros colócalos aparte. La ropa cuélgala en un perchero o ropero portátil.

En las ventas de garaje se acostumbra regatear, así que pide el doble del precio que deseas recibir, de esta forma te aseguras de dejar un margen para ofrecer una buena rebaja.

Anuncia tu evento con anticipación en el periódico de la iglesia, coloca un aviso en la cartelera de anuncios del supermercado y también anúncialo *online* en sitios gratis como craigslist.org.

Lo que necesitas para la venta de garaje

- ➢ mesas plegables
- ➢ cajas transparentes
- ➢ etiquetadora
- ➢ etiquetas
- ➢ marcador

- ➢ bolsas Ziplock
- ➢ papel de seda
- ➢ carpetas archivadoras
- ➢ bolsas de basura

LA JEFA ASTUTA DELEGA RESPONSABILIDADES

CONTRATANDO A UN ORGANIZADOR PROFESIONAL

Un organizador profesional te sirve para poner orden en tu casa y crear un sistema que te permita adoptar ese nuevo estilo de vida. Te asiste con tareas como limpiar la acumulación de cosas en el garaje o arreglar las fotos. Lo más importante es que el organizador no solo te ayudará con la tarea específica que desees atacar, sino que te dará las herramientas y te ayudará a crear un sistema para mantenerte organizada.

Dónde lo consigues

Si puedes obtener referencias de alguna amiga, sería lo ideal. Si no, busca a través de la organización o asociación que agrupa a estos profesionales en tu ciudad o país. En Estados Unidos es la NAPO: Asociación Nacional de Profesionales de la Organización.

Cuánto cuesta y cómo le pagas

Cada organizador cobra de una forma diferente. Algunos cobran una tarifa por hora, otros por el día y otros cobran por proyecto. La tarifa de cada cual depende de su nivel de experiencia, del área o ciudad y del tipo de servicio que esté prestándote. La tarifa promedio en Estados Unidos es de entre $55 y $85 por hora. Asegúrate de solicitar una consulta para establecer el trabajo que se hará, las horas que requiere y así obtener un presupuesto.

Lo que debes saber al contratar este servicio

Al igual que con la contratación de cualquier otro profesional, la opción ideal para ti dependerá de la experiencia, las habilidades y la personalidad que se adecue mejor a tus objetivos. Entrevista primero a la persona. Pregúntale qué tipo de proyecto de organización hace, en qué se especializa, si tiene algún certificado o licencia, si te puede proporcionar referencias, si trabaja con contrato y cuál es su forma de cobrar. Pídele que te explique cuál es su proceso para trabajar, y si será él o ella quien realice el trabajo directamente o si asignará a otra persona (empleado o subcontratado).

DECORADORAS QUE TE INSPIRAN EN LA GRAN PANTALLA

El Inquilino (Pacific Heights): Melanie Griffith trabaja durísimo junto a su novio para renovar la casa de sus sueños, un precioso lugar en Pacific Heights, San Francisco. Para pagar las cuentas alquilan las habitaciones de la planta baja. Desafortunadamente, uno de sus inquilinos, Michael Keaton, tiene planes muy oscuros.

¿Qué le pasa a los hombres? (He's Just Not That Into You): Jannine (Jennifer Connelly) está obsesionada con la remodelación y decoración de su primer apartamento de casada y refleja su personalidad y conflictos con su esposo a través de este proceso.

Sexo en la ciudad/Sexo en Nueva York. (Sex and the City): Cuando Carrie (Sarah Jessica Parker) es plantada en el altar, su vida entra en crisis. Hasta que contrata a Louise (Jennifer Hudson) que la ayuda a reorganizar su viejo apartamento, sus archivos, su clóset, en fin, retoma el control de su vida.

REPARACIONES MENORES DE LAS QUE NO TE ESCAPAS

Claro que sería lo máximo que nuestros novios, maridos y parejas hicieran esta parte por nosotras. O tener la cuenta bancaria para llamar a Mr. Handyman hasta para colgar un cuadro. Pero bueno, la realidad generalmente es otra, por lo que toca aprender a arreglárselas por una misma. Aparte, ser independiente y valerte por ti misma es una de las cualidades más ventajosas de la Jefa. Este papel de mantenimiento te concede un poder incalculable. Así que como toda una heroína, ponte tu overol de jean, cuélgate tu cinturón lleno de herramientas ¡y manos a la obra!

Cambiar un bombillo

Asegúrate de apagar el interruptor de la luz, y no lo enciendas hasta que hayas terminado. Esto evitará que te electrocutes. Deja que el bombillo o bujía se enfríe antes de sacarlo, así no te quemas los dedos. Verifica que estés eligiendo el bombillo con el tamaño y el voltaje correctos. Enrosca el bombillo nuevo con cuidado. Al hacerlo no lo aprietes con fuerza ni lo enrosques demasiado fuerte. Enciende el interruptor y *voilà*.

Destapar la cañería

Si el *toilet*, el fregadero o el desagüe de la ducha están tapados, la solución inmediata es succionarlos con un chupón desatascador. La manera más efectiva de hacerlo es esta:

1. Chuponea o bombea fuertemente.
2. Espera unos segundos para que succione bien y se elimine un poco de aire entre el chupón y lo que está obstruido en la cañería.
3. Luego jálalo con fuerza, desalojando la obstrucción.

Pintar

Pintar es una tarea relativamente fácil. Definitivamente algo que debes aprender a hacer, porque el poder de la pintura es enorme —con solo una manito de pintura logras transformar por completo cualquier ambiente. Es tal vez el elemento más económico que te ofrece mayor efecto transformador.

La manera correcta de hacerlo (y la que te ahorra más tiempo y trabajo extra) es delinear los bordes de las paredes con cinta adhesiva de pintor (la encuentras en lugares como Home Depot) y pintar. También es crucial tapar bien todo lo que no quieres que se ensucie o se manche (muebles, alfombras, pisos, todo).

Mantén un registro de los colores que estás aplicando, de la marca y el producto. De esta manera, si en el futuro necesitas volver a comprar la pintura, será más fácil encontrarla. Mantén también una pequeña lata de la pintura en casa, para hacer retoques.

Bueno, ya lo hiciste, ya pintaste. Pero resulta que no te gustó el color. ¿Qué hacer? Este es uno de los dilemas más típicos. De hecho acaba de sucederme con la habitación de mi hijo Roberto. Para solucionar esto, trata de vivir con el color por algunos días. Tal vez en ese lapso te encariñes con él y cambies de idea (esto es lo que estoy haciendo). Si el color sigue disgustándote, cámbialo. Esta vez hazlo bien, con detenimiento y paciencia. Mira revistas. Busca referencias. Lleva muestras de tela o una foto a la tienda de pintura para que igualen el color. Sobretodo compra una muestra de pintura, aplica dos manos y fíjate cómo se comporta una vez seca, mírala de día cuando le pega la luz, mírala de noche. Si te gusta, entonces compra el galón. Esto tomará obviamente algo más de tiempo pero te garantiza la plena satisfacción y disminuye enormemente la posibilidad de cualquier metida de pata.

Colgar un cuadro

Los cuadros y los espejos son elementos que le agregan un estilo instantáneo a cualquier habitación. Lo más importante es que deben quedar bien derechos. Con los espejos, y con los cuadros pesados también, lo mejor es usar ramplús para prevenir que se vengan abajo. Los ramplús son unas piezas de fibra u otro material que se introducen en los agujeros hechos en la pared para dar fijeza a los clavos o tornillos. Si tus paredes son duras, necesitarás perforarlas con un taladro para colocar el ramplús y luego el tornillo.

Sostén el cuadro contra la pared (vas a necesitar que alguien te de una mano sosteniéndolo mientras tú le indicas si es más a la derecha, más arriba o más abajo).

Una vez que encuentres la posición que te gusta, haz una pequeña marquita por arriba del marco (un puntito con un lápiz será suficiente para servirte de guía).

Mide cuánto hay del centro del alambre templado hasta el tope del cuadro (donde apoyaste el lápiz para hacer la marca). En la pared, toma esa medida de la marquita hacia abajo. Justo allí es donde debes clavar el clavo.

Para obtener medidas más precisas usa un nivelador o balanza de agua (un instrumento lleno de líquido que contiene burbujas de aire utilizado para el balance). Lo puedes conseguir en cualquier ferretería o en lugares como Home Depot. En inglés se lo conoce como "*spirit level*".

HERRAMIENTAS DE LA JEFA DE DECORACIÓN

- cinta métrica metálica
- martillo
- destornillador (Phillips y plano) en varios tamaños
- llave ajustable
- taladro (también sirve de destornillador)
- clavos, tornillos, tuercas, arandelas, anclas de plástico
- masilla
- una lata de cada uno de los colores que hay en las paredes de tu casa
- papel de lija
- cinta de tela (para reparaciones rápidas)
- *C-clamp* (para sostener piezas mientras se pegan)
- pinza fina (para sacar pequeños clavos y hacer reparaciones menudas como de joyería)
- destapador de cañería
- producto destapador de cañerías líquido, como Drano
- aceite WD-40 para lubricar cadenas de bicicletas, puertas que chillan y más

Reparar un agujero en la pared

Cuando descolgamos cosas de la pared, sean cuadros, adornos o repisas, quedan las marcas de esos agujeritos de los clavos o tornillos. Así es como puedes reparar esos huecos:

Lo que necesitas:

> ➢ masilla (conocida como *caulk* en inglés)
> ➢ una lija
> ➢ pintura

1. Rellena el hueco con la masilla. Aplica un poco más de lo necesario para que quede bien relleno (no te preocupes, después vas a lijar lo que sobre).
2. Permite que se seque bien.
3. Lija el exceso de masilla hasta obtener una superficie lisa.
4. Pinta.

Para cualquier otro tipo de hueco más grande, tómale una foto al hueco y sus alrededores y muéstrasela a uno de los trabajadores de la ferretería. Home Depot vende una variedad de kits de reparación dependiendo del tamaño del hueco y tipo de material de la pared.

SECRETOS ENTRE JEFAS

En Walmart y en Target venden unos kits de herramientas muy completos, de buena calidad y económicos. Regálate uno.

LA JEFA ASTUTA DELEGA RESPONSABILIDADES

CONTRATANDO A UN PROFESIONAL DE MANTENIMIENTO
Un profesional de mantenimiento es una gran ayuda para muchos quehaceres de la casa. Una vez que consigas uno bueno y de confianza, ten su número a mano. Te puede ayudar con reparaciones menores o trabajos que no son lo suficientemente grandes como para llamar a un contratista.

Dónde lo consigues
Pídele referencias a tus compañeros de trabajo, vecinos y amigos. Las personas que trabajan en la industria de la construcción y de bienes raíces por lo general conocen o están en contacto con profesionales de mantenimiento, así que ellos son otra buena fuente de información.

Cuánto cuesta y cómo le pagas
El pago y la tarifa de este tipo de servicio depende de cada persona, de la envergadura del trabajo que va a realizar y de su experiencia. Habla de las tarifas con el profesional de mantenimiento antes de encargarle el trabajo.

Pregúntale si cobra por hora, por el día o una tarifa por trabajo terminado. Muchos cobran un mínimo por día.

Lo que debes saber al contratar este servicio

Antes que nada debes saber que hay muchos charlatanes por ahí haciéndose pasar por plomeros y profesionales de mantenimiento. Así que es esencial que tú sepas lo que deseas y que te informes tanto como puedas de tus opciones.

Hazle una buena revisión a tu casa y determina en una lista todas las pequeñas reparaciones que necesitas. También anota otras cosas que, si bien no están dañadas, podrían empeorar.

Establece tus prioridades, decide si puedes mandar a arreglar todo de una sola vez o si debes hacerlo por etapas.

Ubica y entrevista a al menos tres candidatos. Pídeles referencias y ejemplos de sus trabajos anteriores y chequéalas. Asegúrate de verificar si saben hacer y si han hecho antes los trabajos que tú requieres.

Pregúntales cuántos años han trabajado como plomeros, cuáles son sus habilidades y qué es lo que saben hacer mejor.

Muéstrales el trabajo de la casa (con la lista) y pide un presupuesto.

Asegúrate de que todos los candidatos estén asegurados. Cualquier trabajo pequeño donde algo salga mal se puede convertir en un gran y costoso desastre (especialmente si vives en un edificio).

EN EL TELÉFONO DE LA JEFA DE DECORACIÓN

Números importantes que hay que tener a mano
- plomero o profesional de mantenimiento
- electricista
- constructor
- albañil
- pintor
- cerrajero
- técnico de aire acondicionado
- jardinero
- decorador
- organizador profesional

ADMINISTRA LA DECORACIÓN FAMILIAR

A la hora de decorar los cuartos de los miembros de la familia, la Jefa astuta selecciona sus decoraciones, crea una cartelera o presentación del proyecto y le da dos opciones a cada quien para que escojan la opción que más les gusta.

A partir de cierta edad, es importante dejar que los hijos tomen sus decisiones en cuanto a sus habitaciones. Reúnete con ellos. No te amargues ni te desesperes. Recuerda que eres una profesional del diseño de interiores y que ellos son tus clientes. Papel y lápiz en mano, entrevista a cada uno de tus clientes y pregúntales cuáles son las funciones, temas y emociones que les gustaría ver reflejados en sus espacios. Para evitar matarte con tus hijos o tu pareja por escoger una decoración, encuentren un común acuerdo y aprende a ceder.

SECRETOS ENTRE JEFAS

Ve construyendo tu equipo soñado con tiempo y paciencia. Ten gente de confianza en esta lista. Ten más de una opción por categoría. Pregúntales acerca de su experiencia, pregunta si tienen sus permisos, seguros y licencias. Pídeles que te muestren fotos, y pídeles entrar en contacto con sus clientes anteriores para poder visitarlos y ver su trabajo.

EL *PLAYLIST* DE LA JEFA DE DECORACIÓN

"Our House" (Madness)
"Castillo Azul" (Ricardo Montaner)
"Ahora Seremos Felices" (Trío Los Panchos)
"Walking on Sunshine" (Katrina & The Waves)
"U Can't Touch This" (M.C. Hammer)

2

SOY LA

JEFA DE EVENTOS...

la que organiza cumpleaños y saca una fiesta
de la galera para cada ocasión especial

ORACIÓN DE LA JEFA DE EVENTOS

Diosito, ayúdame a organizar la fiesta que mis invitados merecen. Que no
se me pase ni un detalle, que alcance la comida y la bebida, que todos se
diviertan, que no llueva… ¡y que pueda disfrutarla yo también! Amén.

El arte de recibir invitados y dar fiestas, como la mayoría de las cosas en la vida, es algo que se puede aprender. No necesitas haber nacido en el seno de una familia sofisticada, ni siquiera fiestera —claro que ambas cosas te ayudarían. Mi mamá nunca fue una mujer de entretener a invitados ni dar fiestas, por lo que no puedo decir que lo aprendí en casa. Vi un poquito cómo se hacía donde la tía Chila, y luego un poco más en casa de algunas de mis amigas del colegio. Cuando tenía dieciocho años comencé a trabajar como guía de protocolo asistiendo en la organización de los más lujosos y exuberantes eventos, creados para mandatarios internacionales y sus comitivas. Ese fue mi gran encuentro con el mundo de las celebraciones.

En mi vida adulta, mi hermana, mi suegra y mi cuñada han sido una fuerte influencia. También los viajes que he hecho por el mundo, los lugares maravillosos que he visitado, las fiestas a las que he asistido. Mucho de lo que sé lo aprendí gracias a mi trabajo de investigación en el área de estilo de vida. Pero nada queda tan registrado en la mente como lo que uno crea con sus propias manos. De modo que si quieres volverte buena haciendo fiestas, lleva gente a tu casa para comer, compartir y disfrutar de tu espacio. Es la mejor manera. En tu rol de Jefa de Eventos básicamente se espera que puedas sacar una fiestita de la galera en cualquier momento. Si bien no es necesario que te conviertas en una organizadora de fiestas profesional, sí es preciso que al menos sepas defenderte y armar una celebración decente. Aquí comparto algunos de mis secretos contigo. ¡Espero te sirvan!

¿QUÉ HAY QUE HACER?

Entre todas las fiestas que nos toca planificar como Jefas de la casa, seguramente las más comunes son los cumpleaños y las reuniones familiares. Claro que hay quien hace un fiestón para las Navidades, otros celebran Rosh

Hashannah, hay muchas familias cuya celebración más grande del año es el Día de Acción de Gracias y para otros el día más especial para juntarse en familia es el Día de las Madres, y ese día botan la casa por la ventana. Están también los cumpleaños infantiles, los *baby showers*, y tantas otras ocasiones especiales más.

En esta sección me concentraré en darte algunas coordenadas para organizar una reunión en casa. Considero que esta es la fiesta básica con la que toda Jefa de Eventos debe saber lidiar. Una vez que tengas esta fiesta agarrada por los cuernos, podrás hacerle variaciones para convertirla en temas específicos.

Lo mejor de este papel es que puedes lucirte a pleno. Sí, como lo lees, siéntete orgullosa de tu esfuerzo, de lo que sea que hayas preparado, deja la modestia de lado y acepta los halagos con humildad pero con dignidad.

Otra cosa buena de ejecutar el rol de Jefa de Eventos es que haciendo fiestas en casa ahorras dinero, porque te sale más barato que salir a celebrar a la calle. ¡Y ni hablar de cómo te motiva para limpiar! Además, te alegra el espíritu —una casa llena de amigos y familiares es una casa feliz. Lo peor de este rol es que no te puedes desentender absolutamente de todo, y entregarte a la diversión como el resto de los invitados, pues tú eres la anfitriona y responsable de que todos estén a gusto y no falte nada.

ALGUNAS FIESTAS O REUNIONES QUE SEGURITO TENDRÁS QUE ORGANIZAR

- Cena, coctel o reunión en casa
- Piñata o fiesta infantil
- Picnic o barbacoa
- *Baby shower*
- Cumpleaños para una amiga o un familiar
- Aniversario de bodas

LA PRODUCCIÓN BÁSICA DE UNA FIESTA

Trata tu fiesta como una producción, por etapas. Atacar la larga lista de cosas por hacer en grupos, por orden de prioridad, te ahorra tiempo y te hace la vida mucho más fácil.

Preproducción

La Jefa de Eventos ejecuta la mayoría de las tareas de la fiesta con anticipación. A esta gran etapa yo la llamo la preproducción y puede comenzar tan temprano como un par de meses antes, si así lo deseas. La idea aquí es darte una buena cantidad de tiempo para adelantar el trabajo con tranquilidad, evitando el estrés y las carreras a última hora.

En esta etapa es cuando haces *brainstorming* y creas el concepto. Miras revistas, recortas lo que te gusta, buscas referencias *online*. En la etapa de preproducción haces la lista de invitados, envías las invitaciones y obtienes un conteo preliminar de quiénes asistirán a tu evento (vas a tener que torturar a las personas para obtener una respuesta). El número de personas es imprescindible para organizar tus compras. En esta fase también delegas detalles y consigues ayuda.

Producción

Le llamo producción a todo lo que sucede el día de la fiesta —que debería ser la menor cantidad de cosas posibles. Obviamente hay cosas que no se pueden hacer con anticipación, como cocinar ciertas comidas que se arruinan o hacer los arreglos con flores que no duran. La producción involucra también las atenciones que le dispensarás a tus invitados mientras dure la fiesta.

Postproducción

Ya se acabó la fiesta. Ahora a encargarse de lo que se hace "después de", como limpiar, lavar y guardar todo, devolver lo que pediste prestado y enviar notitas de agradecimiento.

LA FIESTA PASO POR PASO

Tres semanas antes

Mientras más temprano comiences a hacer las cosas de la fiesta, mejor. Estarás menos angustiada, tendrás menos corre-corre de última hora, y también con tiempo te será más fácil descubrir cualquier detalle que se te haya escapado.

Haz la lista de invitados. Como norma, debes invitar un 20% más de los que te caben en la casa, ya que típicamente solo asisten entre un 70 y un 80% de los invitados.

Escoge el tema. Si quieres que tu reunión tenga un tema especifico, este es el momento de escogerlo. Planifícalo, busca referencias en libros y en revistas. Haz, compra o pide prestada cualquier decoración o música que puedas necesitar para crear el tema.

Manda las invitaciones. Sea por correo tradicional, por correo electrónico o por teléfono, es bueno darle tiempo a las personas para que reserven la fecha y puedan prepararse. Pide RSVP, es decir, que te confirmen si pueden asistir o no.

Planifica el menú. Piensa en lo que vas a servir. Busca las recetas. Escoge platillos que pueden ser preparados por adelantado, inclusive congelados solo para calentarlos el día de la fiesta. Vacía todas las recetas en una sola lista para hacer la compra. Encarga el pastel o los postres en la pastelería, o con alguien particular. Crea tarjetitas para identificar los platos del bufet. Puedes inclusive escribir los ingredientes que lleva cada plato. Esta cortesía es muy bien recibida, sobre todo por quienes padecen de alergias o intolerancia a ciertos alimentos.

Busca toda la ayuda que puedas necesitar. Si vas a contratar a alguien para que te ayude ese día, es el momento de hablarle y reservar la fecha. Puede ser desde un mesero para ayudar a pasar aperitivos y bebidas, mantener el bufet con comida y recoger vasos y platos sucios, hasta una asistente para la cocina y un ayudante para la limpieza previa y posterior a la fiesta. Hay muchas cosas con las que alguien te puede quitar un poco de trabajo de encima ese día (ver página 54).

Otra ayuda que puedes conseguir es la de tus familiares y amigas, por ejemplo: una amiga que pase recogiendo el pastel, tu mamá o suegra que te ayude a cocinar, tu marido (si logras coaccionarlo) para que mueva los muebles de lugar o cargue las cosas más pesadas, o tus amigas para que te ayuden a armar los arreglos de flores.

Dos semanas antes

Limpia. Es hora de limpiar la cristalería, cubertería y vajilla que vas a usar, y también de lavar y planchar todos los manteles.

Crea un playlist. Dependiendo de la ocasión y del ambiente que quieras crear, la música debe ser más animada o más serena para permitir conversar, pero nunca aburrida ni que te provoque sueño. Tu *playlist* debe incluir suficientes canciones como para durar toda la fiesta.

Haz las compras. Trae a casa absolutamente todo lo que vas a necesitar.

Selecciona lo que vas a usar el día de la fiesta. Elige tu ropa, zapatos, accesorios, de tal manera que ese día puedas enfocarte en los detalles de la fiesta y en que todo salga bien, sin dejar tu apariencia de lado.

Una semana antes

Haz una limpieza profunda de la casa. De esta manera solo necesitarás darle una sacudidita antes de la fiesta.

Monta el escenario. Arregla los muebles como desees que estén el día de la fiesta, asegurándote de crear un flujo agradable, donde los invitados se puedan mover con facilidad por la casa. Asigna la mesa donde vas a colocar el café y el postre —puede ser una mesita auxiliar o la mesa de la sala. Recoge las cosas que no vas a usar y guárdalas en otra parte. También guarda los objetos de valor que se puedan romper o perder. Retira todo el desorden.

Iluminación. Piensa en la iluminación de la fiesta. Usar bombillos de bajo voltaje o velas te ayudará a crear un ambiente acogedor y especial.

Selecciona y separa todos tus platos de servir. Elige el recipiente adecuado para cada comida, aperitivo, salsa, etc. Separa también los cubiertos de servir y, si te hace falta algo, ve y cómpralo o pídelo prestado. Escribe lo que va en cada plato colocándole a cada uno un Post-it con el nombre de lo que irá allí servido el día de la fiesta. ¡Es el mejor método para no olvidarte!

Monta el bar. Para una fiesta de tres horas, planifica aproximadamente tres botellas de vino por cada cuatro personas, y de tres a cuatro cócteles por invitado.

Empieza a cocinar. Prepara aquellos platillos que pueden ser congelados.

Tres días antes

Notifica a los vecinos. Avísales que vas a tener una fiesta, especialmente si será una grande, con mucho ruido, o si van a haber muchos carros bus-cando lugar para estacionarse.

Decora. Arregla las velas, pon las decoraciones.

Separa algunos esenciales de limpieza. Deja a mano lo que necesites para remover manchas de vino. En caso de no tener un producto específico, una caja de sal, agua con gas y un par de paños te servirán para actuar en caso de emergencia.

Asigna un lugar para los abrigos y las carteras. Estos siempre quitan mucho espacio y hasta afean tu decoración. Abre espacio en un clóset y llénalo con perchas. También puedes comprar un perchero económico (búscalo de se-gunda mano), o puedes colocar todo sobre una de las camas. Solo asegúrate de que el cuarto que escojas para esto esté en orden y que tus prendas de valor estén guardadas.

Termina la compra de comida. Organiza un plan detallado de cocina para los platos que te faltan.

Un día antes

Pon la mesa. Monta el bufet. Coloca cada plato donde intentas ponerlo en el bufet y asegúrate de que funcione en ese lugar con el resto de las decoracio-nes, que la altura sea la apropiada, etc. Coloca las tarjetitas para identificar cada plato.

Compra y arregla las flores. Asegúrate de adornar la mesa de la comida, la mesa del centro, la entrada de la casa, y el baño que usarán las visitas.

Termina lo más que puedas de la comida. También aprovecha para adelantar todo lo posible aquellos platillos que se cocinarán el mismo día de la fiesta. Por ejemplo, puedes cortar y marinar las carnes, lavar los vegetales, etc.

Haz una limpieza de mantenimiento. Limpia pisos, superficies, muebles, aspira las alfombras y dale una limpiada a los baños.

Retira tus productos personales del baño. Remueve cualquier producto que no te gustaría que vieran los invitados. Chequea también el gabinete de las medicinas.

Dale los toques finales a tu casa. Date un paseo por toda la casa enderezando, organizando y componiendo cualquier detalle.

El día de la fiesta

Termina de cocinar. Este día te debería quedar solo lo que sea absolutamente necesario cocinar el mismo día ¡y nada más!

Compra suficiente hielo. El hielo es de las cosas que se compran el mismo día de la fiesta, para que no se descongele, especialmente si no tienes espacio para guardarlo en el congelador. Si este es tu caso, colócalo en una nevera portátil.

Sirve la comida. Una hora antes de que lleguen los invitados, coloca los aperitivos y comidas para picar que no se dañan. Cúbrelos con papel plástico para asegurarte de que estén bien frescos. Minutos antes de que lleguen tus visitas, retira los plásticos.

> **HUMOR: ¡COLMOS!**
>
> **P:** ¿Cuál es el colmo de una organizadora de fiestas?
>
> **R:** Que en su propio cumpleaños ponga la torta.

Recibe a los invitados con una enorme sonrisa e invítalos a divertirse. Ya todo debe estar en su lugar, y tú debes lucir preciosa, así que relájate y dedícate a atender a tus invitados, a socializar. Si has seguido los pasos que aquí te sugiero, no deberías quedarte metida dentro de la cocina.

DOS ACTOS DE MAGIA QUE TODA
JEFA DEBE CONOCER

Preparación

Como hemos dicho anteriormente, puedes facilitar tu trabajo haciendo cosas por adelantado. Dar una reunión íntima en casa o hacer una pequeña cena para reunir a los amigos no es tan difícil como piensas, especialmente si haces algunas cosas con tiempo. Como vimos, si se trata de cocinar por ejemplo, es mucho lo que puedes preparar con anticipación (cortar, marinar, lavar); y si es el caso de la decoración, puedes adelantar desde las compras hasta el ensamblaje y montaje de adornos, bufets y centros de mesa.

Presentación

En nuestras comidas de todos los días generalmente no le damos mucha importancia a la presentación de los platillos (aunque esto deberíamos hacerlo siempre, pues sentarse a una mesa bonita realmente hace una gran diferencia). Pero en ocasiones especiales como las fiestas, tenemos que hacer un esfuercito extra para que la comida se vea apetecible y maravillosa, y que luzca atractiva en la mesa. Aquí algunos consejos para una presentación espectacular:

> ➢ Ten unos lindos platos de servir, preferiblemente blancos pues en ellos la comida resalta, y además los platos blancos combinan con todo tipo de comida.
> ➢ Agrega un toque de color. Para decorar un bonito plato, y que se vuelva atractivo a la vista, debes crear un poco de contraste. Esto lo puedes lograr con una salsa, con hierbas o con vegetales. Para que los vegetales tomen ese color fuerte, nítido, sumérgelos en agua hirviendo por unos segundos, y luego inmediatamente mételos en agua con hielo. Este contraste de temperaturas hace que se fijen los pigmentos de color, haciéndolos lucir más deliciosos.
> ➢ Agrega textura. Igual que el color para dar vida al plato, las texturas en los alimentos deben verse apetecibles. La forma de lograr esto en las carnes es sellándolas —se conoce como "*searing*" en inglés— pasando la carne de res, el pollo o el pescado por una plancha bien caliente para lograr esa capita tostadita que los hace ver tan ricos.

> Utiliza hojas de plátano, hojas de lechuga o de achicoria roja como base del plato sobre las cuales vas a colocar la comida. La idea es que queden sobrando un poco hacia los extremos y te sirva como una base de contraste.
> Por último, sirve los alimentos con estilo, dándole protagonismo a la pieza principal y decorando con los contornos. Dale un toque final al plato con unas hierbitas o con un poco de salsa.

HACER DE ANFITRIONA CON SEGURIDAD Y CONFIANZA

Para celebrar mis cuarenta años quise juntar a mis amigas en una fiesta íntima y acogedora. Mi deseo era pasar tiempo con las chicas, atenderlas de manera especial y poder conversar un poquito con cada una de ellas.

Ahora, ¿cómo meter a casi cien mujeres en mi apartamento? La solución me vino rápido: cuatro cenas de veinticinco chicas cada una. Una vez por semana, durante casi un mes (la última cena tuve que cancelarla) di la misma fiesta una y otra vez. Serví el mismo tipo de comida, armé arreglos florales bastante similares, con decirles que hasta me vestí igual en todas las ocasiones. Lo curioso fue que la segunda fiesta me quedó mejor que la primera, y la tercera fue la mejor de todas. Y es que cada vez fui corrigiendo y perfeccionando hasta los detalles más insignificantes. Después de este ejercicio de repetición, te aseguro que puedo hacer una cena para veinte con los ojos cerrados. Inténtalo tú también y verás que mientras más lo haces, más fácil se te hará. Con el tiempo y la práctica verás que pronto puedes crear una hermosa fiesta con el aplomo y la confianza de una profesional.

SECRETOS ENTRE JEFAS

Practica una reunión en casa y conviértela en una escena que sabes crear, desarrollar y ejecutar con naturalidad y ligereza. Fotografía tu decoración para poder repetirla con más facilidad. Ten un menú estándar y ten a mano tu lista de compras con todo lo que necesitas para lograr ese ambiente y ese menú.

No te cohíbas por lo que no tienes

Lánzate al ruedo hoy. No esperes a tener la vajilla perfecta ni la casa de tus sueños para hacer fiestas y llevar gente a tu casa. Nadie va a juzgarte por el tipo de cuadros que tienes o si tus servilletas son de papel o de lino. Y si alguien lo hace, tal vez no deberías tenerlo de amigo. ¡Así que comienza ya!

LOS GRANDES PROTAGONISTAS DE LA FIESTA (ADEMÁS DE TI)

Las invitaciones

Las invitaciones se pueden hacer de varias maneras y esto va a depender del estilo de fiesta, de tu gusto, de la formalidad de la ocasión, del tiempo del que dispones para invitar y hasta de cuánto quieres gastar. Por correo tradicional, por correo electrónico, por teléfono, cualquiera de estas formas están aceptadísimas hoy.

Invitación por correo. Cada día son más escasas. A mí, como amante del papel que soy, me encanta esta versión clásica de la invitación. Si quieres darle una connotación especial a tu reunión, envía invitaciones por correo. No necesitas que sean hechas por un calígrafo, ni gastar una fortuna. Unas bonitas notas hechas a mano con un marcador o un Sharpie es todo lo que necesitas para darle ese toque chic y personalizado a tu evento.

Invitación por teléfono. Lo bueno es que aprovechas para hablar con los amigos, saludarlos y ponerte al día. Lo malo es que llamar a todo el mundo toma tiempo, y la mayoría de las veces te cae el contestador con lo que vas a pasar el rato dejando mensajes de voz y repitiendo una y otra vez la misma información.

Invitación por Evite o Facebook. Cada vez son más populares estas invitaciones. Lo bueno es la inmediatez con que las puedes crear y enviar. Lo malo es lo impersonal que resultan, y que no todo el mundo usa Internet con la misma frecuencia, por lo que muchas personas pueden quedarse afuera. El otro día me perdí del cumpleaños de mi amiga Meche porque la invitación electrónica nunca me llegó. Resulta que mi dirección de correo electrónico conectada a ese servicio la tenía llena. Para hacerles el cuento corto, ella se extrañó de que yo no llegara, y yo nunca me enteré de la fiesta. Si haces invitaciones por este medio, confirma con tus invitados para asegurarte de que hayan recibido el mensaje.

Más consejos sobre las invitaciones

Si tienes pocos días, un Evite sería lo más rápido. Si cuentas con más tiempo, puedes enviarlas por correo.

Da una alerta anunciando que viene la fiesta para que las personas reserven la fecha. Un simple correo electrónico será suficiente para que los invitados se reserven fecha y horario.

En cualquiera de los casos, la invitación debe contener la información esencial de la fiesta: el qué, cuándo, dónde, cómo y quién. También debe ir acorde al tema general y al espíritu de la celebración.

No olvides de pedir una confirmación o RSVP; necesitarás un conteo de invitados para comprar la comida y saber para cuántas personas tienes que cocinar. Coloca en la invitación el número de teléfono o correo electrónico donde deberán enviar las confirmaciones.

RSVP, ¿NADIE LO HACE YA?

Es impresionante como cada vez menos personas se preocupan por confirmar si asistirán o no a una fiesta. Yo sé que a veces uno no sabe hasta el último momento si va a poder asistir, si la niñera va a llegar, etc. Pero por piedad, esto es absolutamente necesario para que la Jefa de Eventos pueda proseguir con la planificación, hacer las compras y coordinar el espacio. Cada vez que hago una fiesta y sufro con las confirmaciones que nunca llegan, me hago la firme promesa de ser una buena chica y responder a tiempo cuando me invitan.

La comida

La comida es la gran protagonista de la fiesta, siempre. Las personas van entusiasmadas esperando comer algo lindo y sabroso. Aunque hagas un buen cálculo del número de invitados, siempre es mejor que sobre la comida a que falte. En un bufet, siempre deberás calcular más comida por persona y ofrecer más variedad de opciones que en una cena servida. Los aperitivos se calculan de cuatro a seis por persona por cada hora de fiesta. Para el platillo principal (carne, pollo, pescado), calcula de seis a ocho onzas por persona. Si hay más opciones, reduce esa cantidad.

A la hora de planificar el menú, anota en una lista las comidas que se encargan o se compran hechas y las que se prepararan en casa. Algunas cosas debes encargarlas con anticipación.

Si quieres facilitarte la vida utiliza el estilo bufet. Es la forma más fácil de entretener en casa.

Si no vas a estar cerca para responder las preguntas de tus invitados, coloca tarjetas o cartelitos indicando lo que es y lo que contiene cada comida (puedes hacerlas doblando una cartulina y con un marcador Sharpie).

Si los invitados van a contribuir con algo, ayúdalos a saber qué es ese "algo", o directamente asígnale a cada cual lo que debe traer. Si dejas las cosas al azar fácilmente puedes terminar con muchas bolsas de papas y bebidas repetidas, y sin ensalada ni postre.

¿Alguien tiene intolerancias o alergias? Si es una cena pequeña, asegúrate de preguntar a tus invitados si alguien tiene una restricción dietética o una alergia a algún alimento. Algunas personas son alérgicas a ingredientes específicos como las nueces o los mariscos y si entran en contacto con esos alimentos puede resultar en algo muy peligroso que puede arruinar cualquier fiesta y poner en peligro la vida de la persona.

La bebida

Yo prefiero servir pocas opciones de bebida, pero de buena calidad. Piensa en los que no toman alcohol y ten algunas bebidas no alcohólicas como jugos, sodas o cócteles sin alcohol.

¿Cuántas botellas se calculan por persona? Cuenta el número de invitados y multiplícalo por el número de horas de la fiesta (ejemplo: 10 invitados x 3 horas de fiesta = 30). Ese número representa la cantidad de bebidas que necesitas para la fiesta. Divide el número por 5, que es la cantidad de tragos que hay en una botella de vino (30/5 = 6) y este resultado te dará el número de botellas que necesitas. Agrega un 20% más para estar segura y que no te falte bebida (esto sería una botella extra, para un total de siete botellas).

Las botellas en tamaño familiar son más económicas que las de tamaño común.

Si vas a ofrecer una fiesta donde se sirvan cócteles, o bebidas preparadas, una buena idea es contratar un barman.

Desde el momento que se empieza a servir alcohol deben haber algunos aperitivos o cositas que picar a disposición de los invitados, para evitar que se embriaguen.

Mucho cuidado con el estado de ebriedad de las personas. Si ves que alguien se ha pasado de tragos, lo correcto es que le llames un taxi y le quites las llaves del auto para que no maneje. Y si es posible que otra persona lo escolte mucho mejor.

Donde hay hielo hay esperanza. Nada más fastidioso que que se acabe el hielo en una fiesta. Asegúrate de tener suficiente para enfriar las bebidas y para servir dentro de los vasos. Acuérdate que el hielo se derrite, por lo que no está demás tener una bolsa extra, especialmente si el evento es en el verano o al aire libre.

CÓMO MONTAR UN BAR

En una bandeja, coloca una o dos botellas abiertas y una cerrada, destapador o saca corchos, un par de vasos o copas (dependiendo de la bebida), servilletas, hielo en una hielera pequeña y agua. Para agregar el toque final, a un costado de la bandeja coloca un pequeño florero con un sencillo bouquet o una flor individual.

Algunos elementos esenciales para el bar
- vino, tinto y blanco
- sodas, normal y de dieta
- agua, con y sin gas

La mesa

La mesa es el punto focal de toda celebración. Si es una cena pequeña, estarán sentados en ella. Si es una reunión estilo bufet, en la mesa estará la comida.

Cómo hacerla lucir bonita

Para vestir la mesa, coloca antes que nada un mantel de vinilo que la proteja. Puede ser estampado, barato o cualquiera que tengas, esto simplemente servirá como una capa de protección. Encima, coloca el mantel que vas a usar. Yo tengo un clásico mantel color blanco crudo que he usado en un sinfín de ocasiones. Mi secreto para cambiarle la cara a la mesa es tener varios caminos de mesa.

Si es un bufet, crea diferentes alturas en la mesa. Algunos platos apóyalos sobre una base, un bloque de vidrio, o muchas veces te puede servir un bol volteado al revés.

Coloca papelitos o pañitos ornamentales para decorar las bandejas (se los conoce como *doilies* o *napperons*).

Decora bien la comida al servirla en los platos de mesa o en las bandejas. Copia ideas de revistas, y también fíjate cómo decoran los platos en los restaurantes.

Crea un circuito alrededor de la mesa, simulando un bufet. De manera que las personas comiencen tomando un plato, los cubiertos, servilletas, y luego vayan por la comida, primero el plato principal y luego los acompañamientos. Otra forma de distribución es colocar la comida primero y una pequeña estación con cubiertos, servilletas y bebidas contigua a la comida o en otro lugar. De esta manera evitas que se cree un embotellamiento alrededor de la mesa.

Para hacerlo más fácil, fotografía tus creaciones, así vas a poder repetirlas sin miedo a que no te queden iguales. Y si necesitas pedir ayuda, a cualquier persona con una foto le será fácil copiar lo que aparece en la imagen.

CÓMO PONER UNA MESA ELABORADA PARA UNA CENA

- Extiende el mantel sobre la mesa o coloca los individuales.
- Coloca el plato en el centro del individual (si los utilizaste) y una servilleta sobre el plato (otra opción es ponerla del lado izquierdo).
- El tenedor del lado izquierdo del plato. El cuchillo del lado derecho del plato, con las sierras hacia adentro.
- El tenedor para la entrada (el más pequeño) colócalo del lado izquierdo del tenedor de mesa. El cuchillo de entrada (cuchillo más pequeño) ponlo a la derecha del cuchillo de mesa. La cucharilla de sopa colócala a la derecha del cuchillo de entrada.
- El tenedor de postre debe quedar arriba del plato, con el mango hacia la izquierda. Y la cucharilla de postre, arriba del tenedor de postre, con el mango hacia la derecha.
- La copa de vino tinto va arriba de la punta del cuchillo de mesa (del lado derecho del plato). Si hay copa de vino blanco, colócala a la derecha de la copa de vino tinto, y la copa de agua del lado izquierdo de la copa de vino tinto, todas en una línea diagonal.

El escenario

Aunque no cambies la decoración de tu casa, es posible cambiarle la cara y crear un escenario de fiesta sólo con algunos detalles:

> Ten suficientes sillas para todos tus invitados. En mi casa tengo espacio exactamente para veinticinco personas sentadas. Significa que no puedo tener más invitados que eso. O sientas a todos o debes quitar todas las sillas para que la fiesta sea un coctel de pie. Si es un coctel, no te preocupes por tener sillas para todo el mundo. Tener una menor cantidad de sillas hace que la gente se vea forzada a circular y hablar con otras personas.

> No es necesario que las sillas sean todas iguales. Igual que con la vajilla, agrégale interés y carácter a tu decoración creando un ambiente de piezas mixtas.

> Posiciona las sillas en pequeños grupos creando una especie de salita de conversación, puede ser en forma de media luna. Esto ayuda al flujo de la fiesta y a que los invitados encuentren un lugar cómodo donde sentarse a comer y conversar.

> Recoge todo y guárdalo.

> Crea un bello mantel, como el que yo hice con poco dinero, comprando una tela que estaba en rebaja.

> En los baños, recoge todos los productos de uso de la familia. Limpia todo y crea un escenario de fiesta. Vacía la papelera, coloca un rollo de papel nuevo y hazle un doblez en forma de "V" en la punta, como lo hacen en los hoteles.

> Trata de escoger un tema y una paleta de colores. Todos tus elementos, o la mayoría de ellos, deberían entrar dentro de esa gama de colores y armonizar.

> Dale un nuevo uso a tus muebles. Siempre es bueno tener una mesa de apoyo para un vaso cerca de donde están sentadas las personas. Las otomanas o pufs y los baúles cumplen la doble función de sillas y mesas de apoyo. Todo lo que necesitas hacer es agregar una bandeja encima para hacerlos cumplir el rol de mesa.

Las flores

Para hacer una buena compra de flores donde no gastes demasiado ni te quedes corta, hace falta que hagas un poco de planificación.

Lo primero es determinar cuántos arreglos florales vas a necesitar. Para decorar la mesa, para la sala, la entrada de la casa, para el baño… Decide cuántos y dónde irán.

Unos días antes de la fiesta saca tus jarrones de flores, coloca cada uno donde irá y asegúrate de que queden bien. Mide la altura de cada florero y anótalo junto a un dibujito en un papel o simplemente divide los jarrones de acuerdo a su tamaño. Deberás saber cuántos son para flores altas y cuántos para flores cortas. Luego, lleva esta hoja con el dibujo o la lista como referencia para comprar las flores adecuadas.

Compra las flores de acuerdo a la paleta o esquema de colores de la fiesta, o también puedes determinarlas de acuerdo al mantel, la vajilla o las decoraciones de la casa.

Si se trata de una comida sentados a la mesa, asegúrate de que las flores no vayan a obstruir la vista de los invitados. Los arreglos florales en estos casos deberán ser bien bajitos —no mas de nueve o diez pulgadas de altura. Si las flores van a decorar el bufet, ahí sí te puedes lucir con arreglos altos y exuberantes.

Te recomiendo comprar las flores igual que compras los vegetales, las frutas y las verduras: mirando lo que está más fresco y disponible en tu zona y en cada temporada.

SECRETOS ENTRE JEFAS

Para que las flores se mantengan frescas por más tiempo, no te olvides de cambiar el agua del florero cada dos días, y coloca una aspirina machacada en el agua. Otras cosas que ayudan a extender la vida de tu arreglo floral son:

- un multivitamínico
- una cucharadita de azúcar
- una pizca de sal y bicarbonato de sodio
- una moneda de cobre
- ¼ cucharadita de cloro por cada litro de agua

Ahorra: flores al por mayor o en oferta

Si vas a decorar muchas mesas, te conviene comprar las flores al por mayor. Para mi primer *baby shower*, mi amiga María José me regaló las flores. Las pidió por Internet a un mayorista. Las cajas de flores llegaron la mañana del evento directo al salón de fiestas, donde entre mi hermana, suegra y varias amigas armamos los centros de mesa. Este fue un gran regalo y una opción mucho más económica que encargar las flores a una floristería o comprarlas al detal.

Otra forma de ahorrar es comprar las flores que están en oferta en el supermercado o la floristería. Las flores que ponen en descuento son las que ya tienen varios días en exposición, de modo que no te van a durar mucho. Pero si son para una fiesta, tu objetivo es que estén bonitas para esa ocasión —si te duran un poquito más considéralo una suerte.

Para que un arreglo se vea bonito no es necesario que uses las flores más caras. Las flores lucen por la forma en que las arreglas.

Para un efecto más clásico o elegante, junta varios tipos de flores diferentes en tonos similares. O haz un arreglo de un solo tipo de flor, en un solo color. Los arreglos con diferentes tipos de flores y mezclas de colores crean un efecto más casual.

Si no tienes mucho dinero como para llenar un florero alto y grande, usa vasos pequeños y de boca angosta.

SECRETOS ENTRE JEFAS

Un bol con frutas es una opción económica y bonita en lugar de flores.

La iluminación

La iluminación puede crear el ambiente perfecto en una fiesta —o, por el contrario, arruinarlo por completo.

Las luces con *dimmer* son ideales porque puedes graduarlas a tu gusto y por áreas. Si tienes luces con *dimmer* en tu casa, baja las luces y complementa la iluminación con velas. Las velas son tus grandes aliadas para crear un ambiente de intimidad y calidez.

Velas perfumadas

Decide a qué quieres que huela tu ambiente. ¿A lavanda? ¿A rosas? ¿A pino? Pero decídete por un solo perfume y sé consistente. No mezcles olores. Mis velas perfumadas favoritas son las de Dyptyque y las de Carolina Herrera. Son un poco más costosas que muchas otras, pero sus perfumes son intensos y duran muchas horas.

Para la mesa del comedor prefiero las velas sin olor, pues no me gusta que se mezcle el perfume de la vela con el aroma de las comidas.

Esenciales de la iluminación

Lo que no debe faltar en casa de la Jefa de Eventos es lo siguiente:

➢ Velas largas para candelabros (siempre tengo a mano velas blancas que van con todo).

➢ Velas cortas, votivos para los vasitos pequeños.

➢ Velas perfumadas (con la misma esencia para mantener una uniformidad).

➢ Candelabros.

➢ *Bobeches* o arandelas de vidrio o plástico transparente para poner en la base de la vela larga y evitar que la vela se derrame en la mesa.

La música

Antes de la fiesta, crea tu *playlist* o banda sonora; esto lo puedes hacer con bastante anticipación. Si tienes un iPod será mucho más fácil pues no hay que cambiar los discos; solo asegúrate de colocar suficientes canciones para que duren hasta el final de la fiesta. Si lo que tienes son CDs, necesitarás estar pendiente de cambiarlos cuando se acaben, o deberás encargarle esta tarea a alguien.

Selecciona la música de acuerdo al ambiente de la fiesta, ya sea de adultos, infantil, una cena tranquila para conversar, un coctel o una fiesta bailable —cada tipo de fiesta requiere un tipo de música, un ritmo. Esto es clave para crear el ambiente que deseas.

Estate pendiente de ajustar el volumen para que sea agradable para todos: ni muy alto que no se puede hablar, ni muy bajito que casi ni se escucha y, sobre todo, no olvides que tienes vecinos.

SECRETOS ENTRE JEFAS

Uno de mis secretos es mantener una vajilla en tonos blancos o blanco crudo, de manera que la puedo ir completando con piezas de color similar sin necesidad de que sean del mismo juego o de la misma marca.

La vajilla, cubiertos, copas y vasos

Siempre que puedas usa platos de la vajilla. Aunque hoy se consiguen unos platos desechables muy bonitos, deja los platos de cartón para ocasiones más casuales, como fiestas infantiles o un picnic.

Asegúrate de tener suficientes platos, vasos y cubiertos para todo el mundo. Calcula de acuerdo al número de invitados y a los platillos que vas a servir. Por ejemplo, platos hondos si servirás sopa, platos llanos, platos para postre, etc. Deberás tener una cantidad mayor al número de invitados (un 20% más).

Si no tienes suficientes para cada comida que vas a servir, compra piezas sueltas que te combinen, y no te preocupes por no tener todo igual. La mezcla de piezas le agregará mucho carácter y personalidad a tu fiesta.

Por último, si te hacen falta platos de servir en la fiesta, pídelos prestados, solo que debes estar preparada para pagarlos o reponerlos en caso de que se rompan o se dañen. Y no vayas a pedir nada que no pueda ser repuesto (una pieza de familia, una herencia de la abuelita, una antigüedad). Las cosas que son difíciles de encontrar, que tienen un valor sentimental, o que no se venden más, ¡mejor no tomarlas prestadas!

SECRETOS ENTRE JEFAS

Vajilla versus platos desechables

Si no quieres tener que lavar platos al final de la fiesta, o la cantidad de invitados es mucho mayor que el número de platos en tu vajilla, los desechables pueden ser una gran solución. Si te decides por los desechables, compra los más bonitos que puedas y asúmelo con mucho estilo. Hoy hay excelentes opciones de platos que son a la vez fuertes y elegantes. Lo mismo para vasos y cubiertos. Algunos lucen casi como si fueran piezas de una vajilla real.

Para eventos infantiles, y cualquier reunión afuera como barbacoas, picnics o fiestas en la piscina, definitivamente opta por el plástico o el cartón.

Las fotos

Las fotos son parte vital de una fiesta. Y deberían serlo, porque después de tanto trajín, ¡es lo único que nos queda como recuerdo! Para la anfitriona no hay nada mejor que delegar la fotografía en otra persona. Realmente es difícil lidiar con todos los detalles, atender a los invitados y a la vez tomar las fotos… Tienes dos opciones: o le pides a alguna amiga que se encargue de la fotografía o contratas a un fotógrafo. Si quieres que tus fotos queden bien profesionales, la segunda opción será la mejor.

LOS PEQUEÑOS GRANDES DETALLES

Actúa como si fueras uno de los invitados entrando a la fiesta. Haz todo el recorrido, hacia dónde van a moverse, sentarse, dónde pondrán sus bolsas las mujeres, paséate por todos los rincones y mira la casa desde todos los ángulos. Podrá parecer ridículo pero esto es lo que hago yo para asegurarme de que todo esté en su santo lugar. Muchas veces he podido captar pequeños y grandes errores de esta manera.

Piensa dónde va a estacionar la gente, si debes brindar alguna ayuda, si es preciso avisarles a los vecinos o pedir prestado un poco de espacio, si necesitas llevar la lista de invitados a la puerta del condominio.

Es importante que haya alguien pendiente de los baños, del teléfono, de atender la puerta. Si esa persona no eres tú, delega las funciones entre varias amigas o contrata ayuda.

Pídele un milagrito… al patrón de las fiestas

El Rey Momo

QUÉ HACER CUANDO TODO SALE MAL

Hasta en las mejores fiestas, a veces las cosas salen mal. Si te ves atacada por la fatídica ley de Murphy, sigue los siguientes pasos.

Se dañó lo que pediste prestado

Para decorar el altar de mi boda, quise utilizar las hermosas figuras religiosas de la tía Thereza. Ella las colecciona, las ha traído de Portugal, de España y otros rincones del planeta. Me las concedió con mucho cariño y para mí fue muy especial tenerlas ese día. Pero resulta que en medio del trajín de los preparativos, uno de los santos perdió el resplandor, una piecita pequeña de plata que traía en la cabeza. Esto me dejó desconsolada, avergonzada… y aunque ella fue muy amable y trató de hacerme sentir bien haciéndome ver que no tenía la menor importancia, yo sabía que sí la tenía, y por más disculpas que le ofrecí, siempre me he sentido en deuda con tía Thereza.

Qué hacer

1. Sé honesta.
2. Comunícalo lo antes posible.
3. Pide sentidas disculpas.
4. Trata de buscar una solución junto con la dueña —no la sorprendas con tus propias alternativas y soluciones. Lo que tú consideras como la mejor solución, a ella puede no agradarle, y quedas peor.

No llegó nadie

Invitaste a un gentío. Te dijeron que sí. Preparaste una linda fiesta. Pasa media hora, pasa una hora, no llega nadie.

Qué hacer

1. No te desanimes. Diviértete con los cuatro gatos que hayan llegado. Dedícate a disfrutar de todos los detalles y conectar con los que están presentes. Estas cosas pasan. ¡A veces se interponen obstáculos en la vida de las personas! No tienes por qué sentirte avergonzada.
2. Si hay algún servicio que puedas cancelar, hazlo de inmediato.
3. No te llenes de odio contra las personas que te embarcaron (al menos no con las que te han dado una excusa real y valedera por el plantón), especialmente si alguna vez has dejado plantado a alguien. La que esté libre de pecado, ¡que lance la primera piedra!

Se acabó la comida

Esto es muy común. A veces uno calcula mal. Y otras veces llega más gente de la que esperábamos (especialmente con esto de que ahora nadie te confirma).

Qué hacer

1. Saca lo que tengas (aperitivos, unos quesitos, lo que sea) y agrégalo a la mesa.
2. Si tienes algo en el congelador que se pueda descongelar rápido, úsalo también.

3. Pide una pizza o un arroz chino.
4. Corre al súper o pídele a alguien el favor de que te vaya a comprar algo.

SECRETOS ENTRE JEFAS

Al mal tiempo buena cara
Un toque de buen humor mejora hasta la peor de las catástrofes. Concéntrate en lo bueno y trata de vivir el momento. Recuerda que una fiesta dura solo unas poca horas. Para mañana ya todo habrá pasado. Respira profundo. Mira a tu alrededor, date cuenta de lo lindo que fue reunir a todo el mundo. Diviértete y agradece.

COCINAR PARA OCASIONES ESPECIALES

Basta con que empiece a aproximarse una fiesta o fecha especial, se nos prende la vena gourmet y nos animamos (a veces nos obsesionamos) con preparar un platillo especial para la ocasión. No voy a intentar persuadirte de que no lo hagas. Por el contrario, celebro tu ánimo festivo. Lo que sí quiero es recordarte que en días de gran estrés, como cuando nos transformamos en anfitrionas, agregar la ansiedad de probar nuestras dotes de chef ante una audiencia es como ponernos la soga al cuello. Yo llevo unas cuantas malas experiencias a cuestas. La última fue el cumpleaños de mi hijo, donde se me dio por probarme de alta pastelera, metiéndome en el compromiso (autoadquirido) de hacer una torta del Rey León. Para hacerles la historia bien cortita, ¡me las vi negras!

SECRETOS ENTRE JEFAS

- Ensaya el plato antes. Hazlo en otro momento sin presión. ¿Para qué arriesgarte a que tu primer intento te salga mal y sea un desastre?
- Encarga el plato principal, la estrella del menú, a un restaurante, servicio de *catering* o cocinera, y cocina los acompañantes en casa.
- Decora el plato con estilo (ver página 38).

El pastel

Pocas cosas le ponen a mi hijo Roberto una carita de satisfacción tan increíble como cuando le horneo un pastel. Se pega a la ventana del horno, y cuenta los minutos sentadito en un rincón de la cocina esperando que esté listo. Verlo tan feliz con tan poco no tiene precio. Y yo, honestamente, me siento como una heroína. Mi favorito es el pastel de banana. La receta que más hago es una del libro de cocina de Lion House, con algunas sustituciones. Me encanta porque es demasiado fácil. Ni siquiera necesitas usar un asistente de cocina —puedes batirlo a mano con ayuda de una paleta de madera.

BANANA BREAD DE *LION HOUSE*

½ taza de mantequilla o margarina
1 taza de azúcar morena
2 huevos
1 taza de bananas hechas puré
¼ taza de leche al 2%
1 cucharadita de jugo de limón
2 tazas de harina
1 ½ cucharaditas de polvo de hornear
½ cucharadita de bicarbonato de sodio
¼ cucharadita de sal
1 cucharadita de canela en polvo
½ taza de nueces trituradas

Bate la mantequilla y el azúcar hasta volverlos una pasta cremosa. Ve agregando los huevos uno por uno y continúa batiendo la mezcla. Agrega las bananas, la leche y el jugo de limón. Incorpora los ingredientes secos a la mezcla. Por último agrega las nueces. Engrasa un molde. Vierte la mezcla en el molde y hornea a 350°F por 1 hora.

ANFITRIONAS QUE TE INSPIRAN EN LA GRAN PANTALLA

¿Conoces a Joe Black? (Meet Joe Black): Allison (Marcia Gay Harden), hija mayor del magnate William Parrish (Anthony Hopkins), se desvive por organizar una gran gala para celebrar los sesenta y cinco años de su padre. Él no se interesa en los esfuerzos de Allison por complacerlo, pues en la

víspera es contactado por la muerte, que viene con intensiones de llevárselo, personificada en el cuerpo de Joe Black (Brad Pitt).

No nos dejes colgadas (Hanging Up): Eve (Meg Ryan) es una organizadora de eventos y la hija del medio de un escritor neurótico y alcohólico, que debe atender a su padre que se deteriora cada vez más. Todo en medio de la organización de una gran fiesta para la Biblioteca Nixon.

Planes de bodas/Experta en bodas (The Wedding Planner): Mary Fiore (Jennifer López) es la más prestigiosa organizadora de bodas de San Francisco pero está demasiado ocupada para tener una vida amorosa propia. Mientras celebra el último y más lucrativo contrato, Mary conoce accidentalmente a quien ella cree es el amor de su vida, y que termina siendo el novio de la boda que organiza.

LA JEFA ASTUTA DELEGA RESPONSABILIDADES

CONTRATANDO A UN COORDINADOR DE EVENTOS
El coordinador de eventos se encarga de todo. Tú solo tienes que aparecer el día de la fiesta como un invitado más. Su trabajo incluye presupuestar la fiesta, seleccionar y reservar el lugar del evento, adquirir permisos, desarrollar un tema para el evento, negociar con los proveedores de servicios, así como ocuparse de la decoración, la música, el alquiler y la decoración de mesas, las sillas y la carpa. También coordina el transporte y el parqueo y más.

Dónde lo consigues
Por recomendación de alguien; a través de la amiga de una amiga que haya usado su servicio; en periódicos locales, revistas, sitios web y blogs sobre fiestas; a través de hoteles y salas de fiesta; en el directorio de negocios de tu ciudad.

Cuánto cuesta y cómo le pagas
En Estados Unidos generalmente se cobra entre el 15% y 20% del presupuesto total del evento. El precio total del paquete se establece por anticipado. La mitad de la tarifa se paga al firmar el contrato. Por ejemplo, para una fiesta de $3.000 la anfitriona deberá agregar de $450 a $600 para pa-

garle al coordinador del evento. También puedes encargarle al coordinador porciones especificas de la fiesta, para lo cual debes hacer una consulta y determinar cuánto cuesta su ayuda puntual. Muchos tienen una tarifa por hora. Los coordinadores de eventos que cobran tarifas más altas generalmente tienen más de una década de experiencia y sus trabajos han sido destacados en los medios de comunicación.

Lo que debes saber al contratar este servicio
Pide referencias, conoce al coordinador personalmente y pide ir a ver algún evento que vaya a organizar previo al tuyo. También es bueno que te muestre fotos de otros eventos, para que te cerciores de que su estilo va con tu gusto.

Asegúrate de buscar un coordinador de eventos con experiencia, recursos, contactos y tarifa acorde a tus necesidades. El coordinador de eventos que hace las fiestas de una empresa multinacional no será el mismo que necesites para organizar los quince de tu hija. Cuando lo entrevistes, hazle las siguientes preguntas:

- ➢ ¿Cuál es tu peor pesadilla en una fiesta?
- ➢ ¿Cuál es la parte que menos te gusta manejar?
- ➢ ¿Proporcionas todos los servicios directamente (máquinas, equipos, personal) o los subcontratas?
- ➢ ¿Quién va a estar constantemente presente en la fiesta?
- ➢ ¿Cuántas fiestas tienes por día/noche al mismo tiempo?
- ➢ ¿Qué es lo peor que puede pasar en mi fiesta y cómo estás preparado para solucionarlo?

CONTRATANDO A UN MESERO

Un mesero te sirve para preparar las bandejas y servir, atender a los invitados, mantener el orden durante la fiesta, recoger vasos, platos y servilletas. Algunos te ayudan a lavar los platos y recoger todo al final de la fiesta.

Dónde lo consigues
Empresas locales que ofrecen este servicio, sitios web, compañías de *catering* o por recomendación de alguien.

Cuánto cuesta y cómo le pagas

Los meseros usualmente cobran por el evento o por hora. La tarifa depende de la experiencia de cada persona, y de la ciudad. Si contratas a una persona directamente, por lo general el pago es en efectivo o en cheque. El pago se efectúa al final de la fiesta. Si al mesero lo contratas a través de una empresa, seguramente estarán preparados para recibir tarjeta de crédito.

Lo que debes saber al contratar este servicio

Establece las expectativas. Se específica en cuanto a los detalles de lo que la persona debe hacer y comunica bien lo que deseas. Pídele que venga uniformado o, si no tiene uniforme, que se vista de un color liso. Por lo general se usan el negro y el blanco para este trabajo. El atuendo más popular es pantalón de vestir y camisa de manga larga, zapatos cerrados y cabello recogido. Pídele que llegue al menos media hora antes de que comience la fiesta para darle una buena orientación, mostrarle la casa, cuál será la circulación de los invitados y dónde puede montar su estación de trabajo.

EN EL TELÉFONO DE LA JEFA DE EVENTOS

Números importantes que hay que tener a mano
Ten varias opciones para cada tipo de servicio:

- florista
- pastelería o alguien que haga tortas
- proveedor de *catering*
- calígrafo
- decorador de fiestas
- tienda de insumos para fiestas
- servicios de alquilar de artículos para fiestas (mesas, sillas, manteles, vajilla)
- *delivery* de bebidas y de hielo
- licorería
- mesero
- coordinador de eventos
- entretenedor, animador o monitor de fiestas infantiles
- DJ

CONTRATANDO A UN FOTÓGRAFO

Un fotógrafo profesional registra los momentos importantes, la decoración, a los invitados, es decir, documenta toda la fiesta.

Dónde lo consigues

Por recomendación, preguntándole a las amigas o utilizando un buscador en Internet como Google.com.

Cuánto cuesta y cómo le pagas

En general el costo del fotógrafo está asociado a su nivel de experiencia y al servicio que ofrece. También el costo lo determinan la duración y el tamaño del evento. La tarifa por hora típicamente oscila entre $50 y $300. Algunos te dan un CD con las imágenes, algunas de ellas retocadas. Otros ponen las fotos *online* para que las veas, escojas las que te gusten y las compres. Dependiendo de cuán lejos tenga que viajar el fotógrafo para llegar a la fiesta, puede que te cobre algunos gastos de viaje calculados por las millas del carro o por hora. También ten en cuenta que los fines de semana los fotógrafos están más ocupados. En días de menos trabajo, tal vez hasta puedes conseguir un mejor precio. Generalmente se paga el 50% del paquete por adelantado para reservar el servicio, y el restante al recibir las pruebas de las fotos.

Lo que debes saber al contratar este servicio

Lo más importante es saber si te gusta el estilo de fotografía de ese profesional. Lo ideal es conocer y hablar con el fotógrafo con anticipación. Así puedes ver qué tipo de personalidad tiene.

Al firmar el contrato deja definido por escrito lo siguiente:

- ➢ Cuántas impresiones y cuántas imágenes digitales vas a recibir.
- ➢ Cuántas horas estará presente el fotógrafo en el evento.
- ➢ Quién es la persona que tomará las fotos en la fiesta (a veces sucede que contratas a un fotógrafo y quien se aparece en tu fiesta es otro).
- ➢ Cuándo te entregará las fotos y en qué formato.
- ➢ Deja definido que las fotos serán en alta resolución.

Antes de la fiesta dale al fotógrafo instrucciones claras y precisas de lo que deseas que fotografíe, como el escenario, la decoración, los invitados. Explícale si quieres fotos cándidas (la gente conversando, bailando) o si prefieres fotos posadas. Y recuerda indicarle cuáles son las personas clave que deben ser fotografiadas (tu pareja, hijos, padres, suegros y familiares o amigos más cercanos).

SECRETOS ENTRE JEFAS

Si estás gordita, párate de costado y gira la cabeza hacia la cámara. Nunca te pongas completamente de frente porque quedas más cuadrada.

LA FIESTA EXPRESS

El atajo instantáneo, barato y sencillo para salir del paso
Para sacar una fiesta de la galera en un instante, esto es lo que necesitas hacer:

➢ Coloca todo el desorden en un cuarto.
➢ Baja las luces, enciende unas cuanta velitas pequeñas, también una vela perfumada.
➢ Pon música.
➢ Saca algunos aperitivos (ver página 163 para la lista esencial que debes mantener siempre en casa).
➢ Abre una botella de vino.
➢ Cámbiate la blusa, bátete el cabello, coloca un poquito de brillo en tus labios ¡y *voilà*!

HERRAMIENTAS DE LA JEFA DE EVENTOS

Para una fiesta impromptu:

- queso manchego
- queso brie
- aceitunas
- nueces, almendras

- galletas, biscochos, papitas
- sodas
- vino

Para una fiesta en casa:

- base para pastel
- floreros
- candelabros
- velas

- mantel
- platos de servir o bandejas
- mesa plegable

AHORRA CON ESTOS CONSEJITOS

En las bebidas
Sirve Prosecco o Cava en lugar de Champagne. En lugar de los europeos, explora vinos de Sudáfrica, Chile, Argentina y California.

En los aperitivos
Evita las galletas caras. Prepara una linda tabla con trozos de pan francés y una variedad de quesos locales.

En el plato principal
Sirve un *brunch* en lugar de un almuerzo. Los huevos cuestan menos que la carne. Una tortilla de huevos o una *fritatta* son opciones excelentes y económicas.

En el postre
No te compliques, ofrece opciones simples. Frutas cortadas, helado de vainilla, bombones de chocolate, hacen un postre delicioso.

En la decoración
Usa piezas de la casa, haz tus propios arreglos florales e imprime las invitaciones en casa.

EL *LOOK* DE LA JEFA DE EVENTOS

El look *real*
A pesar de que es un trabajo duro, de muchas carreras y largas horas, la Jefa de Eventos nunca pierde el glamour. Ten a mano unas cómodas y elegantes balerinas y un buen bolso donde quepan la agenda, las muestras de telas o adornos y una cámara aunque, hoy en día, un buen teléfono inteligente o *tablet* pueden resolver muy bien ese tema.

Cuando doy una fiesta siempre quedo muerta. Aunque hago un montón de cosas anticipadamente, el día de la fiesta es tanta la agitación que acabo cansada —y el trabajo de recibir, atender y socializar apenas empieza. Si bien es fabuloso recibir a tus invitados vestida como salida de una pasarela, lo más recomendable es mantener un poco de comodidad para que la energía te alcance hasta que la última persona se haya marchado.

El look *de fantasía*

No existe un disfraz específico de coordinadora de eventos, pero si deseas interpretar este rol, viste como lo haría una ejecutiva glamorosa: una falda lápiz hasta la rodilla, una blusa de seda, zapatos altos estilo *pump*, una bolsa de piel grande, y por supuesto, que no te falten en la mano un celular y una agenda.

EL *PLAYLIST* DE LA JEFA DE EVENTOS

"Fiesta" (Rafaella Carrá)
"Girls Just Wanna Have Fun" (Cyndi Lauper)
"I Gotta Feeling" (Black Eyed Peas)
"Conga" (Gloria Estefan)
"Get the Party Started" (Pink)

3

SOY LA

JEFA DE TRANSPORTE...

la que lleva y trae a todo el mundo, va y viene, recoge y entrega

ORACIÓN DE LA JEFA DE TRANSPORTE

Dame, Señor, mano firme y mirada vigilante para que a mi paso no cause daño a nadie. A ti, Señor, que das la vida y la conservas, suplico humildemente guardes hoy la mía en todo instante. Libra, Señor, a quienes me acompañan, de todo mal: choque, enfermedad, incendio o accidente. Enséñame a hacer uso también de mi coche, para remedio de las necesidades ajenas. Haz, en fin Señor, que no me arrastre el vértigo de la velocidad y que, admirando la hermosura de este mundo, logre seguir y terminar mi camino con toda felicidad. Te lo pido, Señor. Amén.

Hay días en que detesto ser la Jefa de Transporte. Tener que transitar por toda la ciudad resolviendo diligencias, interrumpir cualquier actividad que esté haciendo para buscar a fulanito o llevar algo a algún lugar, a veces me hace sentir que se aprovechan de mí.

Pero cuando lo analizo, soy yo la que permite el desarrollo de mis hijos, llevándolos y trayéndolos, soy yo quien les brinda esa oportunidad de crecer, de asistir a una clase, de reunirse con otras personas. Cuando realmente me conecto con la importancia de este papel, lo siento verdaderamente relevante y siento que es una gran responsabilidad hacerlo bien.

Cuando pensé en escribir este capítulo me dije: "Ok, tengo que hablar sobre el papel de chofer, o Jefa de Transporte. Este capítulo va a ser bien cortito". Lo cierto es que, a medida que lo fui desarrollando y fui pensando en lo que implica este rol, fueron saliendo muchísimos temas, ideas e interrogantes que no quise dejar afuera. Espero que este capítulo te ayude a tomarle cariño a tus largas horas detrás del volante desempeñando uno de los trabajos más indispensables y llenos de amor del mundo: el de Jefa de Transporte.

PRIMERO, LO BÁSICO

Antes de salir a cualquier parte, acostúmbrate a seguir los siguientes pasos:

➤ Mira las gomas del carro y confirma que estén las cuatro en buenas condiciones y con la presión correcta.
➤ Revisa los frenos para asegurarte de que funcionan bien.
➤ Fíjate si están funcionando las luces delanteras y traseras, así como la bocina, los espejos y el medidor de la gasolina.
➤ Asegúrate de poder girar el volante a ambos lados sin dificultad.

➤ Colócate el cinturón de seguridad y que hagan lo propio quienes viajan contigo.
➤ Ajusta tus espejos laterales y el retrovisor.

Ahora sí estás lista para salir. Sigue leyendo para descubrir las recomendaciones que harán que tu papel de Jefa de Transporte sea más fácil y efectivo.

MAXIMIZA EL USO DE TU TIEMPO AL VOLANTE

Para comenzar, escribe una lista de las diligencias que haces todas las semanas fuera de la casa. Nada mejor que anotar en un papel las cosas para poder verlas con claridad y luego organizarlas. Un ejemplo de tal lista sería:

➤ Ir al trabajo.
➤ Ir al supermercado.
➤ Ir al banco.
➤ Ir a citas médicas.
➤ Poner gasolina.
➤ Hacerte las uñas.
➤ Buscar el correo.
➤ Llevar a los chicos a la escuela, al fútbol, a ballet.
➤ Llevar y recoger la ropa a la tintorería.

Consolida las diligencias. Atácalas en grupos y asigna días específicos para resolverlas. Trata de hacer lo más que puedas en un solo día. Cuando salgo a hacer diligencias, prefiero pasarme el día entero dando vueltas y resolver la mayor cantidad de ítems en mi lista. Dedica un día fijo de la semana para ir a la tintorería, el supermercado, a la farmacia, al banco, al correo. Así es más fácil organizar tu semana, y cuando haces algo constantemente en un día específico, se te vuelve una rutina. Como tengo flexibilidad de tiempo, para mí el mejor día es el lunes, pero quienes trabajan de lunes a viernes usualmente prefieren hacer estas vueltas el sábado. Asegúrate de llevar todos los papeles que necesitas en caso de trámites y lleva una lista de lo que vas a hacer (aunque parezca chistoso, varias veces me he regresado a la casa después de haber olvidado la mitad de las cosas que tenía que resolver).

Diseña un itinerario. Planea un itinerario de acuerdo a la distancia de los lugares a donde tienes que ir, de modo de ir al lugar que queda más lejos primero y de regreso vas parándote en los puntos más cercanos hasta llegar a tu casa o punto de partida. Cuando sea posible, trata de frecuentar tiendas y centros comerciales que te queden cerca de la casa y del trabajo, para ahorrar tiempo. También, no olvides verificar horarios y direcciones de los lugares adonde vas. El otro día llevé a mi hijo a una barbería infantil que me recomendaron. Luego de casi hora y media en el auto, cuando llegué a la dirección me llevé la ingrata sorpresa de que el lugar ya no existía.

Evita las olas de tráfico. Si te es posible, resuelve tus diligencias en horarios donde el tráfico ha bajado o intenta ir a los lugares en contra del sentido del tráfico pico. Otra opción hoy en día es tratar de resolver todo lo posible por teléfono, correo u *online*.

Saca un pase rápido del peaje. En cada estado de Estados Unidos tienen un nombre diferente (en Florida se llama SunPass, en New York es EZPass, en Texas TollTag, etc.). Este pase te permite pasar por el peaje sin tener que parar y pagar, ya que lo cargas previamente con dinero por teléfono, con tu tarjeta o directamente desde tu cuenta bancaria. La cantidad de tiempo y tráfico que me he ahorrado desde que uso este sistema es invaluable.

Pídele un milagrito... al patrón del manejo

San Cristóbal de Licia

QUÉ HACER MIENTRAS MANEJAS...

Noventa por ciento de los norteamericanos pasan un promedio de cien minutos por día detrás del volante. Las colas y el tráfico pueden resultar sumamente frustrantes, pero para muchos manejar es sinónimo de relajación e independencia. ¿Cómo puedes sacarle el mayor partido a tu tiempo en el auto? Aquí te propongo algunas ideas.

¿Te gusta la música? ¡Canta! Dale plena libertad a tus pulmones y a tu voz. Nadie te está escuchando, así que aprovecha y practica. Haz de cuenta que

estás en *The Voice* o en *American Idol*. Para grandes o para chicos, no hay nada mejor.

¿Prefieres el silencio? Los ratos de soledad en tu auto pueden resultar una maravilla para reflexionar y conectarte con tu yo interno. Practica el silencio, una de las cosas más bellas del mundo.

¿Te interesan los idiomas? Aprovecha el tiempo en el auto para aprender uno nuevo. Esta es una excelente opción para hacer con tus hijos. Si lo hacen juntos, busca un curso que sea de un nivel que tus chicos puedan manejar.

¿Necesitas ponerte al día con tu pareja? Mi esposo siempre está muy ocupado, y también viaja mucho. Con el corre-corre de la semana es difícil sentarse a conversar. Cuando estamos juntos en el auto, aprovechamos para hablar y contarnos cosas pequeñas y grandes que nos han sucedido. ¡Pruébalo!

¿Tienes llamadas pendientes? Usa el tiempo en el auto para hacer o devolver llamadas —solo con el manos libres, por supuesto.

¿Te interesan las noticias? Ponte al día con lo que está ocurriendo localmente y en el mundo mientras manejas. Busca el programa o canal que más te interese y disfruta de las noticias en el auto. A mí me gusta sintonizar NPR (National Public Radio).

¿Quieres aprovechar el tiempo con tus hijos? Habla con ellos mientras vas conduciendo. Cuando el esposo de una de mis amigas le propuso contratar un chofer para llevar y traer a los chicos, ella le respondió: "¡No te atrevas a quitarme eso! Ese es MI tiempo con ellos". Averigua qué les gusta, qué están sintiendo. Escúchalos. Sí, lo que quiero decir es, ¿cuántas veces nos detenemos simplemente a escuchar? Este es un buen momento para eso.

Día internacional del chofer

28 de diciembre

CÓMO LLEGAR SIN GPS

Desde que apareció el GPS ya nadie sabe llegar ni a la esquina sin su ayuda. La cuestión es cómo encontrar una dirección cuando no hay GPS. Mi forma favorita es buscarla en Google, imprimir las instrucciones y el mapa, y llevarlos conmigo. Esto obviamente es posible cuando tienes un poquito de tiempo extra y una impresora, pues requiere de preparación previa.

Cuando estás en la vía, ¿qué hacer? Recurre al método más antiguo y efectivo: busca la dirección en el mapa. Si no tienes uno a mano, o no encuentras la dirección que buscas, apela a otro sistema: el viejo y clásico método de pedir ayuda. Detente en un lugar iluminado y con gente, como un puesto de gasolina, escribe la dirección en un papel (es más fácil visualizar el lugar cuando lo vemos escrito) y pídele ayuda a alguna de las personas del lugar. Otra opción más moderna es buscar la dirección en tu teléfono inteligente, que puede servir en algunos casos como un mini GPS.

SECRETOS ENTRE JEFAS

Nunca actives el GPS (Global Positioning System) mientras estés manejando. Tienes que meter tantos datos que puede resultar muy peligroso. Ingresa la dirección antes de salir, cuando el auto no está en marcha. Si ya estás conduciendo, estaciona el auto primero y luego ingresa todos los datos. Este detalle no es menor, ya que puede evitar un accidente.

CARPOOLING: EL PODER DE LAS JEFAS UNIDAS

Si no fuera por Paola, María Beatriz y Claudia, que me trajeron a Roberto de la escuela y del fútbol en repetidas ocasiones, no hubiese podido terminar de escribir este libro. En los días más intensos, preparando este material, me dieron una mano y me salvaron la vida. ¡Amo el *carpooling*! El *carpooling* es un concepto que aprendí acá en Estados Unidos en donde uno comparte los viajes en auto. No solo te salva de situaciones, como la mía mientras escribía este libro, sino que te ayuda a reducir los costos de gasolina, peajes y el estrés que causa manejar. Además, ¡es bueno para el medio ambiente!

Cómo armar tu propio *carpool*

Antes que nada, solo hazlo con personas que conoces, con quienes tienes confianza. En cuanto al *carpooling* para tus hijos, nunca dejaría ir a mis hijos con alguien que no conozco o solo he visto un par de veces. Además, asegúrate de que no sea una incomodidad o una tarea difícil para quien se lo pides. Si la señora ya está cargando con sus tres hijos, lo más seguro es que no pueda ayudarte.

Lo siguiente es pedir el favor con honestidad. Aquí funciona la regla de la cortesía y la reciprocidad. Ofrécete a devolver el favor apenas puedas o cuando la otra persona lo necesite. Si tu hijo es pequeño, es bueno tener un asiento de coche para bebés extra en casa para que lo pueda llevar alguien más en su auto con seguridad, y tu también para ofrecer traer a otro niño en el tuyo. Asegúrate de que la otra persona lleve a los niños con los cinturones de seguridad puestos. Que no te de pena preguntar y reconfirmar.

El *carpooling* también es una gran alternativa para ir al trabajo. Verifica quiénes de tus colegas del trabajo viven por tu área y proponles la idea a ver quiénes están interesados.

CHOFERES QUE TE INSPIRAN EN LA GRAN PANTALLA

Thelma y Louise (Thelma and Louise): Thelma (Geena Davis) es una ama de casa casada con un marido controlador. Junto a su amiga Louise (Susan Sarandon) decide tomarse dos días de vacaciones en el Thunderbird convertible de Louise, pero muy pronto el paseo se convierte en una pesadilla con un final impredecible.

Máxima velocidad (Speed): Annie Porter (Sandra Bullock) tomó el autobús para ir al trabajo porque le revocaron su licencia por manejar a alta velocidad. Lo que nunca se imaginó fue que iba a terminar manejándolo para salvar a los pasajeros de un una bomba que colocaron en el autobús.

Erin Brokovich: Erin Brockovich (Julia Roberts), una madre divorciada, comienza a trabajar en el despacho de un abogado y descubre que este encubre un fraude de contaminación de agua. Además descubre que los vecinos de unas instalaciones de gas y electricidad padecen cáncer. Entonces decide luchar en contra de la injusticia para defender lo que cree justo, viajando casa por casa y manejando mucho a las zonas afectadas para buscar pruebas.

CÓMO SALIR MÁS RÁPIDO DE LA CASA

Los días en que no puedo atrasarme ni un segundo usualmente son los días en que no encuentro las llaves o, al salir, se me olvida el proyecto de la escuela de mi hijo. O mucho peor, cuando ya una vez dentro del carro me doy cuenta de que el celular quedó sobre mi mesa de noche. En mi rol de Jefa de Transporte *extraordinaire*, lo que más quiero es resolver todo lo que está en mi lista, llegar a los lugares sin retrasos y pasar la menor cantidad de tiempo en el auto. ¡Si solo pudiera salir de la casa rápido y sin contratiempos! Esta exitosa salida de casa es una función de cuán organizadas dejas las cosas la noche anterior. Aquí algunas cositas que puedes hacer para mejorar tu tiempo de salida:

La noche antes...

➤ Deja la mesa del desayuno puesta.
➤ Decide qué es lo que van a comer de desayuno.
➤ Deja la ropa afuera, la tuya y los uniformes de los niños separados y a mano.
➤ Deja las loncheras ya listas dentro de la nevera.
➤ Deja las llaves, la cartera y lo que tengas que llevar cerca de la puerta.

EL LOOK DE LA JEFA DE TRANSPORTE

El look *real*

En la vida real los uniformes de chofer varían de compañía a compañía, pero lo que una mujer que va al volante nunca debe olvidar son unos buenos lentes de sol para protegerse los ojos. Para no dañar tus mejores zapatos, al conducir cámbiatelos por unas balerinas o usa los que se conocen como *driving shoes* —mocasines que tienen unas bolitas de goma en el dorso del talón, hechos precisamente para que tu pie no se resbale cuando manejas. Tod's hace los más bellos y clásicos, pero los hay de todas las marcas y para todo tipo de presupuestos.

El look *de fantasía*

Si quieres disfrazarte de chofer sexy, el *look* es un vestido minifalda de chaqueta color negro, con doble botonadura. Compleméntalo con medias de malla negras, botas de tacón de piel negras hasta los muslos y, por supuesto, una gorra de conductor. Lo consigues donde venden disfraces de Halloween o de seguro también lo tendrán en un sex shop o, si no, por Internet.

SIEMPRE A MANO EN MI AUTO

A mi carro lo considero una extensión de mi casa y oficina. Siempre tengo a mano todo lo que necesito para que mi día fluya con agilidad cuando estoy en la calle haciendo diligencias. Tengo siempre en mi carro un cargador de teléfono, una libreta y una par de bolígrafos para tomar nota de mensajes o apuntes importantes en una llamada de conferencia, en caso de que me agarre en el tráfico. Mientras más preparada salgas, mejor. Estas son algunas de las cosas esenciales que llevo en mi coche:

> Toallitas para bebé (*baby wipes*), Kleenex, servilletas y un trapo: para limpiar lo que sea que se ensucie, para los mocos de los niños, por si se derrama alguna bebida. Nunca están de más.
> Agua: es bueno tener a mano un par de botellas de agua potable, para beber, por si alguno de tus pasajeros siente sed (usualmente los chicos), y hasta para lavar algo. Asegúrate de que sean botellas que pueden resistir el calor. Después de un par de semanas, sustitúyelas por otras.
> Sweater o *pashmina* para ti, y abrigo para los niños.
> Un cambio de ropa para tus hijos, ya que con chicos siempre pasa algo.
> Cucharita plástica, para comer algo que se les antoje a los chicos por el camino.
> Mapa de tu ciudad, por si te falla el GPS.
> Paraguas: ojo, tenlo dentro del auto y no en el maletero como hace mi marido, ya que cuando está lloviendo ¡tiene que mojarse para buscarlo!
> Bolsa para el supermercado y para botar basura o cualquier otra cosa.
> Monedas: te sirven para los peajes y para los parquímetros (después de que te han puesto unas cuantas multas empiezas a apreciar

tus moneditas en el auto). Asegúrate de no dejarlas a la vista para no tentar a ladrones.

➢ Lápiz y papel: casi siempre surge la necesidad de anotar algo, sea un recado una lista de compras o una nota para alguien al entregar un paquete.

➢ Tus tarjetas de presentación o *business cards*: nunca sabes con quién te puedes encontrar en el camino.

➢ Para niños pequeños: algunas cositas para entretenerlos (juguetitos, calcomanías, libros).

➢ Botiquín de primeros auxilios.

➢ Cargador del teléfono y de los demás aparatos electrónicos que lleves encima.

➢ Kit de emergencias mecánicas.

➢ Documentos básicos (ver siguiente recuadro para la lista específica).

DOCUMENTOS QUE DEBEN ESTAR EN TU GUANTERA

- copia del registro del auto
- copia del seguro del auto
- copia de tu seguro médico
- manual del auto
- una hoja donde diga a quién se debe contactar en caso de emergencia, tu tipo de sangre y cualquier otra información médica importante como enfermedades crónicas y medicinas que tomas con regularidad

El kit de emergencia que toda Jefa de Transporte debe tener en su auto

En Walmart venden unos kits de emergencia para el auto que son muy buenos, ya vienen con todo lo que necesitas, así que colócalo en tu lista de compras. El mío me lo gané en el intercambio de amigo secreto de Univisión. Me pareció un regalo inusual y fantástico, porque no es algo que piensas en comprarte, pero definitivamente todas debemos tener uno en el auto.

Lo que debe haber en tu kit de emergencia:

➢ un triángulo de seguridad
➢ un gato para alzar el carro
➢ llave de cruz
➢ destornillador 2 en 1
➢ cables de batería

➢ una linterna con pilas
➢ un paquete extra de pilas AA
➢ un extinguidor de fuego
➢ un rollo de cinta adhesiva de tela (*duct tape*)

- una botella de líquido limpia parabrisas
- un par de bolsas Ziplock
- guantes de mecánica, para agarrar algo caliente, aceitoso, sucio

- un poncho de plástico para protegerte de la lluvia
- un chaleco de seguridad fosforescente para que puedan verte en la oscuridad

También en la maleta de tu auto debes tener una goma de repuesto inflada y en buen estado.

SECRETOS ENTRE JEFAS

Mantén una estación de refrigerios cerca del carro para facilitar la logística de tus viajes a los juegos de fútbol y actividades de los niños. Una amiga mía tiene una amiga que mantiene una pequeña refrigeradora en el garaje, cerquita del carro. Cada vez que los niños van a sus clases, ella llena las loncheras allí. Cuando regresan de las actividades, del parque o de la playa, ese es el lugar para descargar las bebidas y *snacks* refrigerados. Una alternativa más económica a la refrigeradora es una hielera.

Otras cositas que ayudan:

- Una bolsa de playa, con toalla, traje de baño, gorra y protector solar, por si acaso aparece la ocasión de bajarse en la playa o en un parque.
- Un libro o un par de revistas, por si te toca esperar a alguien.
- Un par de zapatos balerina para cambiarte cuando vienes en tacos.
- Unas chancletas para cuando decides ir a hacerte un *pedicure*.

CINCO ESTILOS PELIGROSOS DE CONDUCIR

¿Cuál de todas eres tú?

La tortuga

Este conductor es aquel que va demasiado lento y lleva una fila de autos desesperados detrás. Por favor amiga, si tienes que ir bien lentito porque recién aprendes a conducir, o porque no sabes bien la dirección o porque no conoces el barrio, pégate al canal de la derecha que es el de ir más lento. Si eres este tipo de conductor, tienes que saber que tu lentitud excesiva en el tránsito causa estados colectivos de ansiedad, y que hasta podrías llevarte una multa.

La pegadita

Este es el tipo de conductor que casi te anda chocando el maletero. Es como esos hombres que se te pegan bien cerquita para bailar y no te dejan ni espacio para respirar. Los conoces, ¿cierto? Si eres este tipo de chofer, debes saber que le causas mucho estrés a la persona a quien casi vas chocando y, más importante aún, si no dejas un espacio entre el auto de adelante y el tuyo, no tendrás suficiente tiempo para reaccionar ante cualquier imprevisto, como un frenazo rápido. Esto podría terminar en un accidente y un dolor de cabeza.

La "zigzaguera"

Este es el conductor desesperado, que tiene como una especie de déficit de atención y no logra concentrarse en un solo canal. Se la pasa de aquí para allá, haciendo piruetas que ponen en peligro a todos los que están cerca y a los peatones. Si tú eres una zigzaguera, debes tener en cuenta que tu conducta en la vía pública es una de las peores. Pero tranquila que no todo está perdido: solo hace falta que dejes de ver las calles como si fueran un video juego. Tal vez te ayude meditar un poco dentro del auto para afinar la concentración y bajar la ansiedad. Ommmm.

La automaquilladora

Me atrevo a decir que esta somos casi todas las mujeres. Esto es terriblemente peligroso. Ponerse rímel o lápiz labial o cualquier otro tipo de maquillaje en el auto mientras conduces, es simplemente una invitación a una fatalidad porque pierdes la concentración y puedes perder el control del auto (¡y también puedes llegar a sacarte un ojo!). Debes mantenerte alejada de cualquier conducta que distraiga tu atención de lo que está pasando en la vía. Así que chicas, las invito a que, junto conmigo, dejemos los retoques de maquillaje para cuando ya hayamos llegado a nuestro destino.

La hazlo-todo

Este tipo de chofer es el que hace muchas (demasiadas) cosas a la vez. A veces veo personas en los autos de al lado que me dejan impresionada: van hablando y escribiendo, mientras que con la rodilla hacen girar el volante.

Atención, si te puedes identificar con esta descripción, eres de las conductoras más temibles. Deja cada cosa para su momento ya que, hasta hacerlas por separado y una a la vez, puede resultar en un accidente fatal.

OTRAS COSAS PELIGROSAS AL VOLANTE

Mensajes de texto

Por favor prométeme que no lo harás. Yo sé. Yo también lo he hecho. Pero no lo estoy haciendo más. No quiero morirme al volante y tampoco quiero que lo hagas tú por un bendito mensaje de texto. No vale la pena. ¿Te imaginas si, por el afán de responderle a un amigo o familiar, te tienes que ir de este mundo, o te llevas por delante la vida de otro? Al manejar, siempre hazte presente de cuerpo y mente. Cualquier cosa que pueda esperar un par de minutos, no vale la pena el riesgo de una fatal tragedia.

Hablar por teléfono

Tener mi celular mientras manejo me parece imprescindible. Me sirve para llamar a alguien en caso de un desperfecto mecánico, para llamar al auxilio mecánico o al 911 en caso de emergencia. Pero para hablar por teléfono mientras manejo, la única manera aceptable es con el manos libres. Te hace lucir como si estuvieras hablando sola, pero sin lugar a dudas es mejor para la seguridad de todos. En algunas ciudades multan a las personas por hablar por el celular mientras manejan, así que ojo y, con más razón, no lo hagas.

Tomar bebidas calientes

Ya me ha pasado, y puede que a tí también. Llevas tu taza de té o café hacia tu boca, lista para deleitarte con un sorbo, cuando un movimiento inesperado hace que se te vuelque encima. ¡Ay, qué dolor! Y no solo sufres un dolorcito repentino, sino que esto causa que te desconcentres de la vía y hagas movimientos inesperados, lo cual puede culminar en una tragedia. Ten mucho cuidado cuando tomes bebidas calientes mientras manejas. Lo mismo va para comidas resbalosas o complicadas de comer que requieren de tu atención. No puedes darte el lujo de la distracción mientras conduces.

SECRETOS ENTRE JEFAS

Cuando vayas a dar marcha atrás, fíjate muy bien por el espejo retrovisor y por los espejos laterales. Ya me ha pasado en algunas ocasiones que, por confiarme en lo que me muestra un solo espejo, choco con algo. "¡Pero si yo miré por el espejo y no había nada!", termino diciendo frustrada. Si te dejas llevar solo por lo que te muestra la cámara, igual. Tanto los espejos como las cámaras tienen puntos ciegos, o dejan de mostrar cosas que no son visibles a sus alturas. Y a veces esas cosas las está tapando parte del carro. Para evitar un golpe en tu auto o, peor aún, arrollar a alguien, fíjate por todos los ángulos y retrocede con máximo cuidado.

LA ESTACIÓN DE GASOLINA

Cuando estés en la estación de gasolina, se precavida, estate atenta a tus alrededores, no descuides tu auto ni tus pertenencias. El otro día había unos tipos muy extraños merodeándome. Yo estaba sola, con el niño en el auto. En cuanto me percaté de la situación, paré de echar gasolina, me monté al auto, cerré los seguros y salí de la estación lo más rápido que pude. Tal vez no tenían intención de hacerme nada, pero yo preferí confiar en mi instinto de que algo andaba mal.

Por otro lado, si tienes que ir a pagar la gasolina adentro, cierra las puertas con seguro, no dejes nunca tu bolsa sola en el auto ni las ventanillas abajo, y mucho menos a tu bebé o tu mascota dentro.

Aparte de echarle gasolina a tu auto, aprovecha la parada en la estación para limpiar el parabrisas, llenar el tanque de agua, revisar la presión de las gomas y el aceite.

Un último consejo que puede parecer extraño es el de no hablar por teléfono. Por alguna razón que desconozco, parece que las ondas del celular y las del combustible no se llevan bien, y por ahí dicen que hasta se podría producir una explosión. Como te digo, no sé si es cierto, podría ser un mito, pero mejor evitarlo.

PASOS FÁCILES PARA PONER GASOLINA

- Apréndete de qué lado está la boca del tanque de combustible de tu coche y acércate a la bomba por ese lado.

- Apaga el motor, bájate del auto y abre la tapa del combustible.
- Pasa la tarjeta de crédito o débito o ve a pagar adentro de la estación.
- Selecciona el tipo de combustible que requiere tu auto (regular, premium, diesel). Es importante elegir el combustible correcto. Si le pones otro que no le corresponde, puede fundir el motor.
- Saca la manguera, colócala dentro del agujero del tanque de gasolina, aprieta hasta llenar el tanque con la cantidad de combustible que deseas o hasta llegar al límite del dinero que quieres pagar.
- Devuelve la manguera a su lugar y tapa el tanque.

La Jefa con el tanque lleno

Tengo el malísimo hábito de esperar hasta que la raya del indicador del tanque llegue hasta "écheme" para acordarme de ir a la estación de gasolina. Y es un súper mal hábito, que recomiendo romper, porque ya he pasado algunos sustos… como cuando se me apagó el auto en medio de la vía. De noche. Sola. Y sin mi celular. O cuando tuvimos que salir de emergencia para llevar a la abuelita de mi cuñado al hospital y mi carro no tenía ni pizca de gasolina. No quiero ni recordarlo. Para evitarte serios dolores de cabeza, el coche siempre debe tener el tanque lleno, punto. ¿Cómo lograrlo? Asigna un día fijo de la semana para ir a poner gasolina, no importa si está casi lleno o a la mitad. Elige un día como el domingo, cuando no tengas prisa de llegar a ningún lugar. Yo sigo luchando contra mi mal hábito. Gracias a Dios he mejorado bastante.

SECRETOS ENTRE JEFAS

Tanque lleno a precio económico
En lugar de manejar como loca buscando quién tiene el galón más barato, bájate alguna aplicación como GasBuddy, que detecta el lugar donde estás, y te muestra un mapa de las estaciones de servicio más cercanas y sus precios. Si no puedes bajarte esta aplicación, como alternativa puedes ir a su sitio web: www.GasBuddy.com.

CÓMO CAMBIAR UNA GOMA

Una goma pinchada le puede pasar a cualquier persona en cualquier momento, pero es más probable que suceda si tus gomas están desgastadas o infladas incorrectamente, o si pisas objetos puntiagudos en la calle. Lo más importante de todo es mantener la calma. Seguramente te llevarás un buen susto con el sonido del pinchazo de la goma. Mantén el volante agarrado con firmeza y evita pegar un frenazo. Saca tu pie del acelerador con suavidad, sigue manejando hasta que tengas el carro controlado, y luego ve frenando poco a poco con mucho cuidado.

Asegúrate de colocar las luces de emergencia para indicarle a los que vienen detrás de ti que estás en una situación de emergencia. Sin embargo, mantente enfocada en todo momento en maniobrar el carro lo más derecho que puedas mientras desaceleras y te haces hacia un lado de la carretera.

Luego de parar en un lugar seguro, llama a una grúa. En caso de que tengas que cambiar la goma tú misma, esto es lo que debes hacer:

1. Enciende las luces de emergencia.
2. Pon el freno de mano.
3. Quítate cualquier prenda de ropa que no quieras engrasar. Si tienes guantes, es el momento de usarlos (están incluidos en el kit de emergencia, ver página 71).
4. Saca la goma de repuesto, el gato y la llave de cruz de la maleta.
5. Afloja las tuercas con la llave de cruz (todavía no las saques, solo aflójalas).
6. Coloca el gato (el carro necesita estar alzado antes de sacar las tuercas). Pon el gato en el suelo, cerca de la goma pinchada, debajo del chasis. Apóyalo en alguna parte de la estructura que sea fuerte. Palanquea el gato para subir el carro. Nunca te metas debajo del carro cuando está suspendido por un gato.
7. Una vez que esté alzado, saca las tuercas y cambia la goma pinchada por la goma de repuesto. Coloca de nuevo todas las tuercas, y por último apriétalas todas con fuerza con la llave de cruz. Asegúrate de que todas queden bien firmes (vas a necesitar usar toda tu fuerza de brazo y abdomen).
8. Baja el gato. Guarda todo y dirígete al taller más cercano para buscar una goma nueva de repuesto y para que te instalen todo bien, con las herramientas apropiadas.

SECRETOS ENTRE JEFAS

Mantén una copia de la llave de tu auto en casa para poder buscarla, o que alguien pueda llevártela, en caso de que se te queden las llaves trancadas dentro del auto.

EN EL TELÉFONO DE LA JEFA

Números importantes que hay que tener a mano

- AAA u otro sistema de auxilio mecánico
- servicio de grúa
- taller mecánico
- chofer
- taxi
- amigas del colegio de los niños con las que puedes hacer *carpool*

ORDEN Y LIMPIEZA EN TU AUTO

Tu coche habla de ti, de tu personalidad, delata quién eres. Si andas en uno sucio, lo que reflejará de ti es exactamente eso. Si manejas un auto prolijo, el mensaje en cambio es que eres una mujer impecable, ordenada, responsable. Nunca se sabe a quién vas a montar en tu auto, así que mantenlo limpio y presentable en todo momento. Esto no siempre es tarea fácil, especialmente si tienes niños pequeños, como yo. Para facilitar tu trabajo, organiza lo que tengas dentro y vacía cualquier basura inmediatamente al llegar a tu casa. Usa las toallitas para bebé (*baby wipes*) y el trapo que te recomendé que tuvieras a mano anteriormente, para limpiar lo necesario y dale estrellas a tus hijos por ayudarte.

Limpieza profunda
Cada cierto tiempo mando a hacerle una buena limpieza profunda a mi auto. En Estados Unidos le dicen "*detailing*". La frecuencia con que lo debes hacer depende del uso que le des a tu coche, y cuán sucio se te ponga. Como regla general, deberías hacer esto una vez al año. Si tienes niños o mascotas seguro tendrás que hacerlo más seguido que otra persona que no

los tiene. Los niños comen, beben, juegan dentro del carro. Las mascotas pierden pelo, ensucian con las patas y dejan mal olor. Para garantizar que me quede bien limpio, vacío por completo el auto. En una gran bolsa saco absolutamente todo del auto (todo), además de indicarle a la persona que hará la limpieza cuáles son los lugares que están más sucios. Aparte de la indicación, dejo etiquetas adhesivas fosforescentes en forma de circulitos en donde hay manchas o donde deseo que limpien en profundidad —el mismo método que se usa en la tintorería. Las etiquetas adhesivas las puedes conseguir en tiendas de artículos de oficina como Office Depot o Staples.

Mantenimiento de un auto prestado

Si algún amigo o familiar te ha prestado su auto, trátalo como si fuera la casa de esa persona. No dejes desperdicios, vasos, papeles ni nada de basura desparramada por el auto. No montes los zapatos en los asientos ni fumes sin pedirle permiso a esa persona (el humo se impregna en el interior del auto y puede ser muy desagradable para una persona no fumadora). Asegúrate de siempre dejarlo impecable antes de devolvérselo a quien te lo prestó.

> **HUMOR: ¡COLMOS!**
>
> **P:** *¿Cuál es el colmo de una chofer?*
>
> **R:** Que su familia la maneje a su antojo.

PASEOS EN CARRO

Hace varios años ya que venimos haciendo un viaje anual en carro desde Miami hasta Carolina del Norte. Es un viaje de once horas y, para lograrlo, hay que planear y coordinar con anticipación. Estos son los pasos que tomo para mi viaje, que se pueden aplicar a viajes de larga distancia más cortos. ¡Espero te sirvan!

Planificación y preparación

Planifica el trayecto. Con mapa en mano, decide cuál es la mejor ruta a seguir. Consulta con personas que ya hayan hecho ese viaje por carretera. Averigua por Internet haciendo una búsqueda desde tu casa hasta la dirección del destino. Seguramente la búsqueda te devolverá un par de resultados. Estudia cuál es el camino más conveniente para ti.

Si es un viaje largo, divídelo en tramos. Esto es lo que hacemos cuando viajamos a Carolina del Norte. Desde nuestra casa hasta nuestro destino son once horas. Lo dividimos en dos días y cada viaje visitamos un par de ciudades nuevas, una de ida y otra a la vuelta.

Aparta tiempo para hacer paradas para comer, cargar gasolina, ir al baño, comprar algo. También calcula el tiempo extra que necesitas por si te pierdes o por si encuentras tráfico.

LAS PIPI-EMERGENCIAS DE LOS NIÑOS EN LA RUTA

Mantén un par de pañales desechables en el carro y bolsas de plástico para botarlos luego. Este consejo me lo pasó una amiga. A mí me parece asqueroso, y nunca se me hubiese ocurrido, pero pienso que en una situación de emergencia de ese tipo, donde no se encuentra un baño por ningún lado, ¡bien podría funcionar!

Lleva cosas para distraer a la familia, especialmente a los niños. También lleva refrigerios y algunas cosas fáciles de comer como sándwiches y frutas cortadas. Lleva suficiente agua, y también un botiquín de primeros auxilios y el kit de emergencias mecánicas. Recuerda tener los mapas necesarios a mano. Imprime las confirmaciones de hotel y de los servicios contratados, referencias de sitios por visitar y cualquier otro número importante.

Previamente a cualquier viaje de larga distancia, es clave hacerle una revisión profunda al carro. Asegúrate de que tenga:

- el tanque lleno
- aceite y cualquier otro líquido necesario (como el del limpiaparabrisas)
- las gomas con la presión de aire indicada
- el interior limpio y listo para el viaje

MASCOTAS A BORDO

Mientras manejas, tus mascotas deben ir bien seguras dentro de una jaula. De lo contrario, si hay algún accidente, tus animalitos no estarán protegidos y serán los primeros en salir disparados. No coloques más de un animal por jaula —aunque el perro y el gato sean íntimos amigos en casa, bajo una situación de estrés puede que se comporten de otra manera.

El secreto de un viaje exitoso realmente yace en la preparación previa. Con esto no te quiero decir que lleves todo en tu mente perfectamente milimetrado. ¡No! Los viajes también deben dejar lugar para un poco de aventura y para darle la bienvenida a lo que sucede en el momento. Pero sí es recomendable planificar lo mínimo indispensable, para no perder tiempo y poder disfrutar aún más.

Cómo distraer a los niños en el auto

Roberto ama el carro de la mamá de Valeria. Me dice y me repite que ese es su carro favorito. Y es que el carro de la mamá de Valeria tiene un par de pantallas de televisión en la parte de atrás, una para cada niño. Yo trato de limitar al mínimo el uso de los video juegos y aparatos electrónicos. En el carro intento incentivar la conversación, o el silencio al que me parece importante también acostumbrarse y aprender a manejar. Pero para viajes largos o paseos por carretera, un reproductor de DVD es absolutamente imprescindible.

Si eres como yo —de las que no desea instalar uno en su carro, ni se anima a cruzar ese umbral del que luego no hay retorno— entonces puedes comprar uno portátil. Venden unos estuches para abrochar el reproductor de DVD a la parte posterior del asiento delantero. Esto ya lo probé en un viaje largo con Roberto y mis tres sobrinos y puedo decirte que fue todo un éxito.

SECRETOS ENTRE JEFAS

Seis juegos divertidos para sobrevivir un viaje largo
Si viajan en dos carros, con amigos o con otros miembros de la familia, resulta muy divertido tener *walkie-talkies* conectados entre los dos vehículos. Es recomendable usar los verdaderos, para adultos, porque tienen una señal más potente. Inventa juegos, como que el primer carro que ve una antena de televisión gana un punto, o jueguen *trivia* entre los dos autos. Dentro de cada auto, también pueden hacer lo siguiente:

1. Jueguen cartas.
2. Cuenten chistes.
3. Cuenten cosas que ven al pasar, como carros rojos, vacas, avisos, carros de policía. El primero en llegar hasta diez gana.

4. Prepara bolsitas de sorpresas con pequeños juguetitos para los niños. Lleva suficientes y entrégaselas a cada hora, o cuando sientas que el aburrimiento está atacándolos de nuevo.

5. Pon a los chicos a llevar un diario del viaje, como un álbum de recortes, donde pueden colorear, escribir sus experiencias y pegar cositas que van recolectando en el viaje.

Para más opciones, ve al capítulo 8, "Soy la Jefa de Turismo".

LA JEFA DE TRANSPORTE MÁS BELLA Y ELEGANTE

Por ser Jefa de Transporte no quiere decir que dejes a un lado tu belleza y elegancia. Aquí te dejo algunos consejos para mantener tu estilo mientras conduces de un lado a otro.

Bolsito de maquillaje

Queda clarísimamente mencionado anteriormente que uno no debe maquillarse mientras maneja, ya que puede causar un accidente. Sin embargo, eso no quiere decir que no debes tener a mano un bolsito con maquillaje de emergencia para hacerte un retoque al llegar a tu destino. Lo que recomiendo tener en este bolsito mágico es:

- corrector
- rubor
- humectante labial o Chapstick
- brillo de labios
- rímel
- una cremita para las manos
- perfume (compro siempre una versión pequeña de mi perfume para tener en el auto)
- desodorante
- chicles o mentitas para refrescar el aliento
- pinza o cola para agarrarte el cabello
- y lo más importante de todo, un protector solar (no salgo sin él a ningún lado)

Evita los rayos dañinos del sol en el auto

Hoy el sol quema de una manera impresionante. El lado de tu cara cuello y brazo que dan a la ventana del conductor son los que se queman más. Si quieres verificarlo, mírate en el espejo, en ese lado es donde primero te empiezan a salir pequitas y manchas. Para protegerte contra los efectos nocivos del sol en tu piel (léase envejecimiento), usa un buen protector solar a diario (como ya te dije, no voy ni a la esquina sin hacer esto) y manda a poner papel ahumado en todas las ventanas. Pide el producto que ofrece protección solar. Lleva también en tu auto un sombrero y una sombrilla pequeña hecha de tela con protección solar. Úsalos si hay mucho sol al bajarte en tu destino.

Cómo cambiarte de ropa dentro del auto

Parecería que no es algo común tener que cambiarse de ropa en el auto, pero como he tenido que hacerlo en más de una oportunidad, pensé que sería bueno mencionarlo. En mi caso, cuando grabamos los exteriores de *El peso del matrimonio*, me tocó hacer muchos cambios de ropa y grabar en lugares de la vía pública como una acera, una fuente, una plaza, donde no había un baño ni un restaurante. Como Jefa de Transporte alguna vez te tocará ajustar tu *look* dentro del auto. Cuando llegue ese momento, con la siguiente lista, estarás preparada:

- ➢ Agarra una *pashmina*, pañoleta, toalla o cualquier pieza de tela o ropa grande que te pueda cubrir.
- ➢ Trata de tapar las ventanas o hacer una carpa a tu alrededor para que te tape. Lo más importante por cubrir es la parte de adelante y los laterales. Otra opción es tapar el parabrisas con uno de esos acordeones tapa sol.
- ➢ Ten lista y a mano la ropa que te vas a poner.
- ➢ No te saques toda la ropa al mismo tiempo. Hazlo por partes. La parte de arriba es una operación. La parte de abajo es otra.
- ➢ Agáchate dentro del auto y cámbiate. Hazlo muy rápido. No pases mucho tiempo mirando a tu alrededor. No te hagas mucho rollo. No llames la atención. Mientras más lo pienses, peor. Para que esta sea una operación exitosa, tiene que ser veloz y fácil.

BÁJATE DEL CARRO CON UNA MINIFALDA (SIN MOSTRAR EL ALMA)

Lucir nuestras bellas piernas, que tanto esfuerzo nos toma mantener toni-ficadas, es muy femenino, pero bajándote del auto puedes mostrar mucho más de lo que debes y deseas. Así es como puedes evitarlo:

• Antes de abrir la puerta, estira la minifalda. Fíjate que no la tengas en-rollada hasta la cintura.
• Muévete hacia la punta del asiento y, con las rodillas juntas, gira las piernas hacia la puerta por donde vas a salir.
• Estira la pierna que está más cerca de la puerta, mientras te ayudas a salir del asiento apoyándote con el brazo de ese mismo lado.
• Con la otra mano, tapa delicadamente tu falda para no mostrar nada, y trata de mantener las rodillas juntas al salir del auto.

Etiqueta esencial para la Jefa de Transporte

Aunque el tránsito a veces puede sacarle el lado más agresivo a cualquiera, es posible mantener la clase en esa verdadera prueba de resistencia que es conducir. Sigue mis recomendaciones y evita meter la pata detrás del vo-lante.

Lanzar basura por la ventana

Por favor deja la basura dentro del auto y sácala cuando llegues a tu des-tino. ¡Una vez vi salir volando de un auto un pañal de bebé! Siempre ten una bolsita en tu auto y ve echando allí todos los desperdicios así, apenas llegas a una parada, los colocas debidamente en un bote de basura.

Insultar al conductor del auto vecino

Yo sé que a veces provoca. Cuenta hasta mil para no caer en la tentación. No hay nada peor que luego encontrarse con esa persona auto a auto en la próxima luz. Groserías con el dedo tampoco valen.

Tocar la bocina

No importa cuál sea la razón, y sobre todo si tienes una de esas con to-nos exóticos como sonidos de animales y otras cosas extrañas, evita tocar la bocina, a menos que sea una emergencia.

Dártelas de viva

Evita trancar el paso de dos calles solo para no perderte la luz amarilla. También, no intentes pasar al frente de una fila por el carril izquierdo, intentando después que otros te dejen pasar primero en la fila como si nada. Una *lady* no hace tal maniobra.

La decoración excesiva

Yo comprendo que todos queremos personalizar nuestro auto, pero evita excederte cuando se trata de decoración en tu auto. Perritos, payasos, los zapatitos del bebé, etiquetas adhesivas varias, todo esto es recomendable evitarlo para mantener un auto elegante que refleje tu sofisticación.

El cuidado personal

La higiene personal es para hacerla en la privacidad del baño de tu casa, no en el auto. Por favor, piénsalo dos veces antes de públicamente sacarte cosas de la nariz, limpiarte los oídos, exprimir las espinillas o sacarte las cejas. Todo esto es privadísimo, y les resulta desagradable a los demás. Por algo es que lo tendemos a hacer en nuestra casa y no en público. Recuerda: ¡podemos verte!

> **SECRETOS ENTRE JEFAS**
>
> Ármate de paciencia. Deja pasar al otro auto, ¿qué te cuesta? Una fracción de segundo no te va a hacer llegar más temprano ni más tarde, y sí te vas a sentir mejor por ser más amable y, en lugar de propagar agresividad, vas a crear más vibraciones positivas en el mundo.

QUÉ HACER CON EL MARIDO EN EL AUTO

Cuando llevo a mi marido de pasajero, automáticamente me pongo nerviosa. Parecería como si quien viene a mi lado fuera el instructor de manejo o, peor aún, el examinador de la licencia. Ahí se me olvida todo, cometo un montón de disparates, y me sale todo mal.

Lo que te sugiero para conducir con tu marido dentro del auto y no terminar en una pelea, es más que nada la concentración. Ponte atenta al volante, deja todas las distracciones de lado (especialmente el celular), relájate y encomiéndate a Papá Dios. Pero aún más importante, recuerda que sabes manejar, ¡lo haces todos los días, caramba! Así que ¡ten presente que tú SÍ PUEDES!

LA JEFA ASTUTA DELEGA RESPONSABILIDADES

CONTRATANDO A UN CHOFER

Como todo en este mundo, hay veces en que, como Jefa de Transporte, necesitarás delegar ciertas tareas. Bien sea para una ocasión especial, como una fiesta, un evento, celebración o para trabajar para ti de forma fija (sea a destajo o a tiempo completo), un chofer te ayuda a resolver las llevadas y las traídas de toda la familia, las entregas y cualquier otra diligencia que requieras hacer en la calle. Aquí algunos consejos para conseguir esta ayudita que a veces resulta súper necesaria.

Dónde lo consigues

Busca en Internet choferes privados disponibles en tu ciudad. Las compañías que ofrecen servicio de alquiler de limosinas y furgonetas te pueden indicar dónde conseguir un chofer. Muchas veces sus mismos choferes ofrecen servicios privados. Asegúrate de contactar compañías serias, establecidas y con buena reputación.

Cuánto cuesta y cómo le pagas

Las tarifas varían bastante dependiendo de la ciudad. También influye el número de horas y días que necesites a la persona. Compara precios antes de contratar a alguien. Lo mejor es obtener las tarifas de varias personas antes de tomar una decisión.

Si es a través de una compañía, seguramente tendrás la opción de pagar con tarjeta de débito, crédito o cheque. Si contratas un chofer que ofrezca el servicio de forma privada, tal vez puedas acordar algún otro método de pago (como en efectivo o con un cheque). Usualmente se paga por día, por semana o por mes, dependiendo del acuerdo de trabajo.

Lo que debes saber al contratar este servicio

Entrevista al chofer con anticipación. Asegúrate de pedirle sus credenciales de conductor. Antes de contratarlo, necesitas verificar que tiene la licencia correcta (en la mayoría de los estados se requiere una licencia de chofer para desempeñar este trabajo). Pide también una copia de sus antecedentes de manejo. Es recomendable averiguar si tiene un antecedente limpio, si ha tenido infracciones y de qué tipo (si ha tenido un DUI por manejar bajo la influencia del alcohol, quizá no sea la persona indicada). No quieres ponerte en manos de alguien con una conducta irresponsable detrás del volante. Comunica claramente cuáles son tus necesidades y expectativas y cómo lo compensarás por su trabajo, y ponlo por escrito para que quede un registro de las necesidades y el acuerdo.

CONTRATANDO A UN MECÁNICO

Un buen mecánico o taller te ayuda a mantener tu carro en orden. No solo te ofrece un servicio sencillo que incluye cambio de aceite y filtro y medición, regulación y rotación de las gomas, sino que también te asiste en el arreglo de cualquier problema o falla del auto en sus sistemas principales, que son: el motor, la transmisión, los frenos, la dirección, el arranque, enfriamiento y calefacción, y el sistema eléctrico.

Dónde lo consigues

Haz una investigación en Internet de mecánicos en tu zona y pide referencias a tus amigos, vecinos y colegas de trabajo. Habla con personas que tienen carros similares al tuyo y que estén contentos con sus mecánicos. Lo mejor es ir a un lugar recomendado por alguien de tu confianza.

Cuánto cuesta y cómo le pagas

Pagarás por el servicio específico o reparación que se le ha hecho a tu carro. Cada servicio tiene un valor diferente. No cometas el error de escoger un mecánico basándote solamente en el precio. Los talleres más baratos puede que no sean los mejores. De igual manera, los lugares más caros pueden no ofrecerte el mejor servicio. Averigua bien, compara precios, anota las recomendaciones de gente de tu confianza, y luego toma la decisión que más te convenga.

Si vas a un taller reconocido, seguramente aceptarán cheques personales y las principales tarjetas de crédito. Si contratas a un mecánico directamente, deberás negociar la forma de pago conveniente para ambos.

Lo que debes saber al contratar este servicio

Si sabes qué tiene tu auto, lleva una listita con los servicios que deseas. Comunícate en forma clara y directa, expresa con simplicidad lo que quieres. Asegúrate de que el mecánico que seleccionas tenga experiencia haciéndole servicio a tu tipo de carro. Da una mirada en el taller y cerciórate de qué clase de carros están atendiendo. Trata de usar una cadena conocida o un taller grande y con buena reputación. A mi me gusta usar el servicio mecánico de Sears; por años me ha dado muy buen resultado. También me han recomendado la cadena de talleres de Midas. Si escoges un taller pequeño, averigua con la oficina de negocios de tu ciudad si ese negocio ha tenido algún tipo de quejas o problemas.

Antes de contratar el servicio, pide una explicación detallada de lo que se le hará a tu carro. Pregunta qué tipo de garantía tiene el servicio o la reparación y no aceptes nada menor a treinta días. Averigua si la garantía cubre tanto piezas como el trabajo mecánico. Averigua también cuál es el horario de atención del taller. Es importante saber si estará abierto cuando salgas del trabajo para recoger tu auto. También, no olvides preguntar si te pueden dar un carro en préstamo mientras el tuyo está en servicio, cosa que te sacará de varios apuros.

SECRETOS ENTRE JEFAS

No esperes a que tu carro se quede parado para buscar un buen mecánico. Hazle los chequeos regulares, de la misma manera que planificas visitas médicas regulares para chequeos de control. Si tratas tu carro con el mismo cuidado, te durará más y tendrás la tranquilidad de que no va a dejarte botada en la calle.

EL *PLAYLIST* DE LA JEFA DE TRANSPORTE

"Drive my Car" (The Beatles)
"Get Out of My Dreams, Get into My Car" (Billy Ocean)
"Gasolina" (Daddy Yankee)
"Freeway of Love" (Aretha Franklin)
"Chasing Cars" (Snow Patrol)
"Fast Cars" (Tracy Chapman)
"El Cacharrito" (Roberto Carlos)

4

SOY LA

JEFA DE LIMPIEZA...

la que lava, plancha, limpia y toma el ruedo de los pantalones

ORACIÓN DE LA JEFA DE LIMPIEZA

Fuerzas del Universo, acompáñenme en mi jornada de hoy y llénenme de energía para que las tareas no se me hagan una carga. Ayúdenme a mantener limpio y reluciente mi hogar. Que me rinda el día, que me alcance el tiempo. Y que, como por arte de magia, la casa me quede como una verdadera tacita de plata. Amén.

Tengo que confesar que adoro vivir en una casa limpia. Sentir que todo a mi alrededor está nítido me da una enorme sensación de bienestar físico y de paz mental. Con la llegada de mi primer hijo, Roberto, me di cuenta de que no siempre se puede tener la casa como una tacita de plata. Tuve que adaptar un poco mis altísimos estándares de limpieza, aprender a convivir con un poco de caos y, sobre todo, utilizar mejor mi tiempo, dándole prioridad a unas áreas antes que a otras (la cocina y los baños antes que cualquier otro lugar). En esta sección comparto técnicas, atajos, consejos, estrategias y unas listas súper útiles. Espero te sirvan para organizar el trabajo de tu casa de la manera más conveniente para ti.

Afortunadamente, hoy en día cuento con ayuda para la limpieza. Pero sé hacer muy bien cada una de las tareas, y las he hecho toda la vida, con lo que puedo pedir lo que deseo y explicarlo a las personas que colaboran conmigo. Como le he dicho a algunas amigas, si tú misma no sabes hacerlo, no puedes exigirlo de otra persona y tampoco sabrás qué esperar. Así que lo mejor en cualquier caso es aprenderlo.

La limpieza es un estilo de vida y una experiencia que se percibe con todos los sentidos. Lo he dicho en televisión muchas veces: lo perciben tus ojos cuando ven todo armoniosamente organizado y limpio, tu nariz lo detecta de inmediato, tu tacto lo sabe apenas pasas la mano por las superficies… es una experiencia multisensorial que afecta nuestro estado de ánimo y las relaciones que se dan en ese ambiente.

Estoy firmemente convencida de que podemos crear hogares más amorosos y placenteros solo a través de la limpieza, y es que ¡yo lo experimento a diario en mi casa! Basta con que haya cocinado pescado, para que mi esposo llegue y se ponga de mal humor. En cambio, ocurre todo lo contrario cuando lo que percibe al entrar es una casa perfumada —ahí, hasta besitos me gano.

En tu rol de Jefa de Limpieza, se espera que organices, recojas, sacudas, limpies, barras, aspires, trapees, cuides de la ropa de todos —y un sinfín de cosas más. Lo peor de este rol tiene que ser el cansancio, el dolor de espalda, ¡el desorden que parece nunca acabar! Y muchas veces lo peor de todo es simplemente comenzar a limpiar. Más adelante te doy algunos consejos para hacerlo más fácil y divertido.

Lo mejor de esta posición es saber que manteniendo tu casa limpia proteges la salud de tu familia, el orgullo de verlos salir a todos vistiendo ropa impecable y planchadita, la delicia que es acostarse en unas sábanas perfumadas… Para mí no hay mayor lujo que vivir en armonía, ¡así que regálate el lujo de una casa limpia!

LIMPIEZA EN DOSIS

Mantenimiento diario

El mantenimiento diario quiere decir arreglar y colocar las cosas donde corresponde. A veces necesitarás pasar un paño húmedo sobre las superficies. Cuando mantienes un área con frecuencia, reduces el esfuerzo que hay que hacer en los días de limpieza profunda. ¡De modo que empieza a ver el mantenimiento como tu mejor aliado!

RUTINA DE MANTENIMIENTO DIARIO

- Barrer y pasar paño húmedo en el piso.
- Aspirar las alfombras y los tapetes.
- Quitar el polvo de los muebles con paño húmedo.
- Limpieza general de los baños y cuartos.
- Lavar y secar los platos.
- Limpiar la cocina.
- Botar la basura.
- Guardar ropa y objetos que estén fuera de su lugar.

Para evitar que la casa se te llene de mugre, lo mejor es limpiar sobre la marcha, recoger suciedades cada vez que se caen al piso, pasar un trapito húmedo al piso cada vez que se chorrea algo (y si tienes niños o mascotas, ya sabes que esto es a cada rato). El secreto es no esperar que la suciedad se acumule.

Limpieza profunda

Este tipo de limpieza es… profunda. Se hace para eliminar suciedad, polvo, gérmenes y bacterias. Incluye fregar, estregar, enjuagar, secar, pulir y el uso de ciertos productos como limpiador líquido, bicarbonato de sodio, cloro o jabones especiales. Toma su tiempo (tarda más que el mantenimiento diario). Con los planes de la Jefa que te doy a continuación podrás reducir el tiempo significativamente.

HERRAMIENTAS DE LA JEFA DE LIMPIEZA

- limpiador para todos los usos en una esencia que te guste
- desinfectante para matar las bacterias en el baño
- limpiador de grasa
- bicarbonato de sodio
- cloro
- vinagre blanco
- alcohol de frotar

- aceite de teca
- limpia vidrios
- limpiador de alfombras
- OxiClean
- jabón de lavar platos
- jabón de lavar ropa
- suavizante de ropa
- jabón suave para ropa delicada

PLAN DE LIMPIEZA PARA LA SALA

Una vez a la semana…

- ➢ Organiza el desorden.
- ➢ Limpia vidrios, espejos, mesas, televisor, con sus productos correspondientes.
- ➢ Sacude muebles, lámparas, portarretratos.
- ➢ Vacía cestos de basura.
- ➢ Desecha o recicla periódicos.
- ➢ Arregla cojines y almohadas decorativas.
- ➢ Aspira alfombras.
- ➢ Aspira o barre (dependiendo del piso) debajo y detrás de los sofás.
- ➢ Pasa paño húmedo en el piso.

¿Alfombra en el cuarto?

En las habitaciones es mucho mejor tener piso duro en lugar de alfombra. Pero si tienes alfombra, asegúrate de aspirarla frecuentemente con una aspiradora con filtro HEPA (filtros en forma de esponja capaces de filtrar partículas tan pequeñas que el ojo humano no logra ver). Hazlo al menos dos veces por semana. Y si tienes un piso de superficie dura, es esencial limpiarlo regularmente utilizando productos desinfectantes que eviten que el polvo y los alérgenos se dispersen por el aire.

Cómo sacar tinta de bolígrafo del sofá de cuero

La mañana del Día de Acción de Gracias, Roberto me despertó diciendo: "Mami, hice un dibujo, *come see it*". Le dije: "Mi amor, qué bueno, tráemelo". Me responde: "No puedo, muy pesado". En efecto, había hecho un dibujo, pero en el sofá de la sala, que es de cuero, y lo hizo con un bolígrafo.

Antes de intentar remover la tinta de bolígrafo del cuero, es crucial saber el tipo de cuero que tienes y buscar el producto adecuado, ya que la mayoría de los limpiadores pueden dañarlo. Yo intenté sacar las rayas de bolígrafo rociándolas con fijador de cabello, y puedo decirles que el remedio fue mucho peor que la enfermedad. Para otros tipos de cuero puede ser una maravilla, pero el tipo de cuero de mi sofá tiene un acabado semibrillante, y este producto se lo quitó. De modo que, como primera medida, averigua de qué tipo de cuero es, busca el producto adecuado y luego haz una pequeña prueba en un lugarcito lo menos visible posible. Haz unas pequeñas marquitas con el mismo tipo de tinta en un lugar escondido, y prueba si funciona. Si no ves resultados, busca ayuda profesional.

PLAN DE LIMPIEZA PROFUNDA PARA LA HABITACIÓN

Una vez a la semana...

> Desviste la cama. Retira las sábanas, cobijas y edredón y colócalos fuera del cuarto.
> Organiza el desorden.
> Cuelga la ropa en el clóset.
> Saca la ropa sucia.
> Limpia espejos, vidrios, muebles, estantes, fotos.
> Vacía el cesto de basura.
> Aspira alfombras.
> Aspira el colchón de la cama con la herramienta específica.
> Viste la cama con sábanas limpias.

> Aspira o barre (dependiendo del piso) debajo y detrás de la cama.
> Pasa un paño húmedo por el piso (donde no hay alfombra).

Durmiendo con el enemigo

En nuestra propia cama, donde dormimos y descansamos, se encuentran durmiendo con nosotros una enorme cantidad de alérgenos y ácaros, por lo que es sumamente importante que hagas un buen aseo de la cama, que le pases un trapo a los colchones, los aspires y rotes, y que laves las sabanas, cobijas, cobertores y edredones al menos una vez a la semana con agua caliente.

> **HUMOR: ¡COLMOS!**
>
> **P:** *¿Cuál es el colmo de una empleada doméstica?*
>
> **R:** Que se deje lavar el cerebro.

Cómo se hace la cama estilo hotel

¿Hay algo más sabroso en el mundo que encontrar una cama bien arreglada, con sábanas limpias y bien estiradas? Pienso que no. Para mí este definitivamente es uno de los mayores placeres de la vida. Para recrearlo en tu casa, sigue los siguientes pasos:

1. Comienza estirando el forro del colchón, si lo hay.
2. Extiende la primera sábana sobre el colchón, con el lado derecho hacia arriba. Métela debajo del colchón por todos los lados de la cama. Coloca primero los laterales y por último el lado del pie de la cama. Asegúrate de que quede bien estirada. Este paso se simplifica usando una sábana esquinera (las que tienen elásticos).
3. Extiende la segunda sábana sobre el colchón, con el lado revés expuesto hacia arriba. Mete el lado del pie de la cama bajo el colchón. La parte que da para la cabecera debe quedar más grande y suelta para luego lucir el doblez o detalle decorativo.
4. Tiende la cobija (lado derecho hacia arriba). Déjala del mismo largo que la sábana. Mismo procedimiento anterior.
5. Dobla la parte superior de la sabana sobre la cobija, exponiendo el detalle decorativo. Mete los lados de la sábana y cobija debajo del colchón.
6. Extiende la colcha o edredón y, para finalizar, arregla las almohadas. Dales unas palmaditas para que retomen su forma. Hay quien prefiere tener las almohadas debajo del edredón.

Si tienes niños...

Cuidado con la mesa para cambiar pañales

Si tienes bebés y estás en la etapa de los pañales, asegúrate de limpiar muy bien y desinfectar la mesa para cambiar los pañales, ya que en ella se acumulan los peligrosos gérmenes y bacterias que están en la orina y las heces. Limpia la superficie de la mesa utilizando un producto limpiador desinfectante, alcohol, o simplemente pasa una toallita desinfectante de cloro.

Dos maneras prácticas y seguras para desinfectar los juguetes

1. Solución cloro/agua: para los juguetes de plástico lo mejor es sumergirlos en una solución de cloro con agua. La proporción es 3/4 de taza de cloro por un galón de agua. Remójalos por cinco minutos, enjuágalos muy bien y luego déjalos secar al aire.
2. Al agua o al congelador: para los juguetes de tela, métetlos a la lavadora con agua tibia y jabón de ropa regular. Si estás realmente preocupada por los gérmenes, escuché que puedes colocar los peluches en una bolsa de plástico cerrada y meterlos al congelador por veinticuatro horas. El frío matará cualquier germen y ácaro de polvo, inclusive los que ya se hayan metido dentro del juguete. Esto se puede hacer una vez por mes.

PLAN DE LIMPIEZA PROFUNDA PARA EL BAÑO

Una vez a la semana...

➢ Retira todo del baño. Las toallas y alfombras van a la ropa sucia, los productos y accesorios colócalos fuera del baño.
➢ Rocía producto limpiador fuerte en la bañera o piso de la regadera y las paredes.
➢ Coloca producto desinfectante en el inodoro.
➢ Limpia el espejo.
➢ Limpia el lavamanos.
➢ Limpia y abrillanta las piezas de cromo con producto específico.
➢ Limpia la ventana (de haberla), el marco, el mueble y el estante.
➢ Limpia y desinfecta el cesto de basura y cambia la bolsa.

> Barre o pasa la aspiradora, y pasa un paño húmedo por el piso.
> Coloca toallas limpias.
> Limpia todos los productos y accesorios y colócalos de vuelta.

Extremo cuidado con el moho

El temido moho es esa sustancia verde, negra y azul a la que le gusta crecer del lado interno de la cortina de tu ducha. Es un hongo que se reproduce ampliamente en medios ambientes tibios y húmedos. En los baños es donde se acumula la mayor humedad en nuestras casas, creando el ambiente ideal para que crezca el moho.

Una gran cantidad de moho en tu hogar puede ser dañina para tu salud, por lo que debes hacer todo lo que esté a tu alcance por mantenerlo bajo control. Asegúrate de mantener las superficies limpias, ventilar tu baño y tomar medidas para disminuir la humedad.

1. Si tienes una cortina de baño, estírala a lo largo del tubo que la sostiene, y ábrela completamente para que se seque más rápido que si está fruncida de un lado, ya que el moho puede crecer entre los dobleces.
2. Haz lo mismo con las toallas, extiéndelas bien o sácalas afuera para secar.
3. Si tienes un ventilador, ponlo a funcionar de cinco a diez minutos después de haberte duchado para hacer que el aire circule.
4. Limpia las bañeras, las puertas de las duchas y los pisos con un producto desinfectante.
5. Si se crea mucha humedad en tu baño y no tienes ventilación a través de una ventana, utiliza un deshumidificador o extractor de humedad.

Cómo limpiar el inodoro

A nadie le gusta limpiar el inodoro, pero es esencial y necesario. Un inodoro sucio, además de lucir desagradable y oler mal, es uno de los lugares predilectos para la proliferación de bacterias y gérmenes. Aquí te explico cómo hacerlo:

1. Remueve todos los productos y artículos que tengas colocados sobre el inodoro. Si tienes algún accesorio, como una tapa de tela acolchada, sácala.

2. Ponte los guantes y pasa una esponja humedecida en agua caliente por todo el inodoro para remover el exceso de suciedad. Frota bien la manija, todo el tanque, la tapa, el asiento, la base y el exterior de la taza.

3. Rocía un producto desinfectante dentro de la taza, asegurándote de llegar a los bordes internos de la parte superior de la taza. Deja que el producto actúe por un rato.

4. Friega la taza con un cepillo. Cepíllala muy bien, prestando especial atención a los depósitos minerales y a las manchas de agua que se acumulan en ella.

5. Descarga el tanque para enjuagar la taza y el cepillo. Continua fregando la taza con el cepillo y vuelve a descargar. Repite esta operación varias veces hasta enjuagar por completo la taza y el cepillo.

6. Rocía el resto del inodoro con un limpiador desinfectante. Limpia muy bien todo el exterior del tanque, la base, el asiento, la tapa y la manilla. Puedes utilizar un paño de tela o toallas de papel.

7. Limpia las cosas que estaban sobre el inodoro y colócalas de vuelta en su lugar.

Día internacional de la Empleada Doméstica

30 de marzo

PLAN DE LIMPIEZA PROFUNDA PARA LA COCINA

Una vez a la semana...

➤ Recoge lo que esté disperso, limpia y organiza.

➤ Limpia la cocina, la refrigeradora, el lavaplatos y otros equipos grandes por fuera.

➤ Limpia los electrodomésticos y dales brillo con el producto correspondiente.

➤ Limpia bien por dentro del microondas.

➤ Limpia la ventana.

➤ Limpia la mesada.

➤ Limpia y desinfecta el cesto de basura y cambia la bolsa.

> Barre o pasa la aspiradora y pasa un paño húmedo por el piso.
> Cambia los paños de cocina.

Inspecciona el horno. ¿Lo has usado? Si es así, límpialo. Lo mismo es aplicable al microondas: dale una buena limpiada por dentro y por fuera.

Coloca bolsas de basura extra en el fondo del bote de la basura. Así, al sacar la bolsa de basura llena ¡ya tienes una bolsa de repuesto esperando para ser usada!

Busca en la refrigeradora y elimina sin piedad cualquier comida que haya sobrepasado su fecha de consumo. ¡No te arriesgues!

Reemplaza las esponjas una vez por semana o desinféctalas con cloro para disminuir los niveles de bacterias. Lava tus trapos de cocina al menos una vez por semana.

Limpia la refri en veinte minutos

Minutos 1 a 3: Desconecta la refrigeradora. Colócate guantes de goma. Vacía el hielo de las bandejas del congelador, colócalo en una hielera (o si no tienes una, dentro de una bolsa de basura en el fregadero). Friega las bandejas de hielo con agua y jabón líquido y una esponja. Colócalas aparte para que se sequen.

Minutos 4 a 7: Desocupa el congelador. Desecha cualquier cosa que haya pasado su fecha de vencimiento, se haya quemado con el frío o se haya cubierto con cristales de hielo. Coloca el resto en la hielera o en la bolsa con hielo.

Minutos 8 a 11: Saca las gavetas y los estantes removibles y colócalos en el fregadero. Restriégalos bien con agua y jabón y una esponja. Déjalos secar.

SECRETOS ENTRE JEFAS

La mayoría de los congeladores se descongelan solos cada 8 a 12 horas. Si el tuyo tiene más de 1/4 de pulgada de hielo en la base o en las paredes, descongélalo manualmente. Antes de proceder al siguiente paso, moja un paño en alcohol y cubre el hielo con este paño. Desprende el hielo con una espátula plástica.

Minutos 12 a 13: Prepara una solución de una taza de agua, una cucharadita de vinagre blanco y una cucharadita de jabón de platos. Colócala dentro de una botella de rociar. Agítala bien.

Minutos 14 a 17: Rocía el interior de la refrigeradora con la solución jabonosa. Frota bien paredes y estantes y retira con papel toalla.

Minutos 18 a 20: Conecta de nuevo la refrigeradora. Coloca dentro una cajita de bicarbonato para absorber y eliminar los olores. Coloca de vuelta las gavetas y estantes y la comida.

HERRAMIENTAS DE LA JEFA DE LIMPIEZA

- guantes de goma
- hielera grande
- esponja suave
- paño
- alcohol
- espátula plástica
- vinagre blanco
- jabón de fregar platos
- papel toalla

Cómo llenar el lavaplatos

Primero necesitas desechar los restos sólidos de los platos en la basura —los líquidos que queden en vasos y demás échalos en el fregadero.

Luego coloca los platos debajo del agua para limpiar el exceso de comida y salsas que se hayan quedado muy pegadas. El lavaplatos es una maravilla pero tampoco hace milagros, así que tendrás que adelantar un poquito del trabajo.

Coloca los objetos en una posición segura. Si quedan bailando pueden golpearse unos contra otros y quebrase.

La regla general para llenar el lavaplatos es la siguiente: vasos y tazas arriba, platos y objetos más grandes abajo, y cubiertos en la cestita plástica (trata de colocarlos mirando hacia arriba para que se limpien bien).

OTROS PLANES DE LIMPIEZA PROFUNDA

Dos veces a la semana

- ➢ Lavar ropa.
- ➢ Doblar.
- ➢ Planchar.

Cada quince días

➢ Higienizar la lavadora, la plancha y la mesa de planchar.
➢ Limpiar alfombras y tapetes con los productos correspondientes.
➢ Aspirar los sofás de la sala.

Una vez al mes

➢ Limpiar las ventanas y los marcos.
➢ Lavar las cortinas que se pueden limpiar en casa.
➢ Limpiar paredes y azulejos.
➢ Limpiar techos, ventiladores, lámparas y cuadros.
➢ Limpiar electrodomésticos y aparatos de ejercicio.
➢ Limpiar la nevera.
➢ Limpiar los estantes de libros. Remueve todo y limpia los libros y detrás de ellos.
➢ Limpiar los metales. Pule la plata.
➢ Darle vuelta a los colchones.
➢ Organizar los juguetes.
➢ Limpiar la pantalla de la TV con paño y solución especial.
➢ Limpiar el filtro del aire acondicionado.
➢ Limpieza detallada de todas las puertas.
➢ Limpieza interna de armarios y estantes.
➢ Pulir los muebles de madera.

LOS OLVIDADOS

No te olvides que también se limpian:

• el aire acondicionado
• las lámparas
• los electrodomésticos
• los tejidos (forros de sillas, fundas de cojines)

Cada seis meses

➢ Descongelar y limpiar el congelador.

Una vez al año

➤ Contrata asistencia para todo lo que requiere limpieza profesional.

➤ A la calle: te recomiendo hacer un viaje anual a la lavandería para las colchas, los edredones y las alfombras.

➤ Cortinas y persianas: bájalas para una buena limpieza anual de primavera (las cortinas de tejidos que se lavan en casa se pueden lavar con mayor frecuencia).

➤ Polvo: ataca todo los rincones, las ranuras, agujeros, arriba y abajo y por detrás que no se limpian en la limpieza semanal o mensual.

➤ Investiga: qué es lo que tienes guardado realmente en los clósets y debajo de las camas y de la escalera. Reorganiza y separa lo que sea para donar o regalar.

CÓMO DISEÑAR TU PLAN DE LIMPIEZA PERSONALIZADO

Los planes de limpieza que te propongo arriba son bastante generales, y si bien te darán una buena idea de lo que debes hacer en cada área y de cuándo debes hacerlo, no reflejan exactamente la realidad de tu casa.

Cada casa es físicamente diferente, con diferente número de cuartos y baños, algunas tienen jardín o porche, otras no. En cada casa también hay muebles y artefactos distintos, por lo que te recomiendo crear tu propio plan de limpieza personalizado. Para ello, todo lo que necesitas es hacer una lista de cada cuarto, cada área de tu casa, y colocar exactamente lo que hay que hacer en este para organizarlo, limpiarlo a fondo y mantenerlo limpio. Luego de crear esa "lista maestra", distribuye las tareas a través del año. Al final deberás tener una lista maestra de limpieza y mantenimiento de la casa para el año entero. Sigue estos pasos para crearla:

1. Haz una lista de todos los cuartos que hay en tu casa y de los muebles, objetos y áreas que hay que limpiar en cada uno de ellos.
2. Establece la secuencia en que se van a limpiar las áreas, cuál va primero, cuál va después. Un ejemplo de secuencia que se utiliza frecuentemente es: cuartos, baños, sala, cocina, área de servicio o lavandería.

3. Determina la frecuencia de limpieza. Identifica las prioridades y las áreas que deben ser aseadas una, dos o tres veces a la semana de acuerdo a tus necesidades y deseos. Para determinar esto, piensa cuál es el flujo de actividad que hay en tu casa, cuántas personas viven en ella, si tienes niños o mascotas, y si tienes ayuda de una empleada doméstica. Las áreas de tráfico pesado típicamente van a necesitar ser limpiadas más a menudo.

4. En una hoja o en tu computadora, dibuja un cuadro con columnas y filas. Las columnas (verticales) indican los días de la semana y las filas (horizontales) indican cada cuarto y/o área de la casa.

5. Asigna tareas específicas para cada día, creando un ciclo de limpieza que alterne limpieza profunda con mantenimiento diario de acuerdo a tus necesidades.

TÉCNICAS BÁSICAS DE LIMPIEZA QUE DEBES CONOCER

Dependiendo de la superficie, del tipo de tela o del acabamiento, hay una mejor manera para limpiar. Como regla general, fíjate bien de qué está hecho el mueble o la superficie, y luego averigua cómo se limpia para no dañarlo.

Pisos

Alfombrados. Este revestimiento retiene mucho polvo, así que para mantener las fibras de la alfombra bien limpias, aspira al menos dos veces por semana.

De cerámica. El primer paso de limpieza es barrer el piso y el rodapié con una escoba de cerdas suaves. Después pasa un paño mojado con jabón neutro o algún producto específico para tu tipo de cerámica.

De granito o mármol. Barre con una escoba suave. Luego usa solamente jabón neutro y agua y seca con una franela suave. Jamás utilices productos abrasivos ya que abren los poros de la piedra y la dejan con una apariencia terrible.

Paredes

Azulejos. Lava con una esponja suave embebida en agua y jabón con movimientos circulares de arriba para abajo.

Pintadas. Limpieza leve con paño humedecido en agua.

Muebles

De madera. Utiliza un paño levemente humedecido para quitar el polvo. Luego una franela para secar y dar brillo.

De cuero. Limpia con paño húmedo y jabón neutro, luego con un paño con agua para retirar el jabón y por último una franela suave para secar y dar un poco de brillo.

De tela. Lo primero es retirar el polvo con una escoba de cerdas suaves o con la aspiradora. Luego analiza qué tipo de tejido es, los tejidos sintéticos, mixtos y delicados necesitan limpieza profesional para que no le salgan manchas.

LA LIMPIEZA RELÁMPAGO (EN MENOS DE DIEZ MINUTOS)

Una amiga te habla. Dice que está a la vuelta de la esquina y que va a pasar un segundito para saludarte. Pánico. Tu casa no podría estar peor. ¿Qué hacer para que parezca limpia? Flotando de una habitación a la otra a la velocidad de un rayo, sigue el orden y las indicaciones siguientes paso por paso.

1. **Sala**
   - Recoje todo lo que esté fuera de lugar, llévalo a un cuarto o clóset y cierra la puerta.
   - Endereza los cojines del sofá.
   - Apila los periódicos, las revistas y los libros en una esquina.
   - Enciende una vela perfumada.

2. Cocina

➤ Esconde los platos en el lavaplatos o coloca todo dentro del fregadero. Echa suficiente jabón de lavar platos y deja correr el agua
hasta que se haga una buena cantidad de espuma para cubrir la
pila de platos sucios.

➤ Limpia la suciedad visible del piso con un Swifter o con papel toalla humedecido en agua o Windex.

➤ Cambia la bolsa de basura.

3. Baño

➤ Descarga el tanque.

➤ Endereza las toallas.

➤ Desocupa el cesto de basura.

➤ Recoge pelos y limpia cualquier suciedad del piso con un papel
toalla humedecido en agua.

4. Cuarto

➤ Lanza dentro del clóset ropa, zapatos, cinturones, carteras y todo
lo demás.

➤ Cierra la puerta del clóset.

➤ Extiende la colcha sobre la cama.

➤ Si te sobran algunos segundos: lávate las manos, cámbiate la camisa,
échate un poquito de perfume ¡y ya está! Ahora relájate y sonríe.

¿A QUIÉN LE TOCA ESTA SEMANA?

Cuando todos los miembros de la familia colaboran, el trabajo se hace mucho más liviano. Cada semana asigna un responsable por tarea. Crea una
lista similar a esta, imprímela, escribe el nombre del responsable de la tarea
y la fecha en la que debe completarla y pégala en la nevera.

_____	Organizar la casa
_____	Limpiar la cocina
_____	Limpiar los baños
_____	Limpiar la sala de TV
_____	Barrer y trapear el piso
_____	Quitar el polvo

_____ Pasar la aspiradora
_____ Limpiar las alfombras
_____ Hacer las camas
_____ Cambiar las sábanas
_____ Lavar la ropa
_____ Llevar la ropa a la lavandería
_____ Sacar la basura
_____ Lavar el carro
_____ Regar las plantas
_____ Podar el césped
_____ Limpiar las ventanas

¿CÓMO ELIMINAR...?

El olor a pescado

En la hornilla, pon a calentar agua en una olla. Apenas comience a hervir el agua, agrégale una tapita de limpiador de pisos con una fragancia que te guste. También puedes usar suavizante de ropa. Con sumo cuidado pasea con la olla caliente por la casa entrando a cada habitación. El vapor que despide el calor junto con el producto eliminará el olor a pescado.

El olor a perro

Antes que nada, retira a tu mascota del lugar que vas a limpiar. Rocía bicarbonato de sodio en las alfombras. Ventila el lugar, abre ventanas o puertas para crear circulación de aire. Barre el piso. Aspira muebles y alfombras para retirar el bicarbonato que esparciste. Limpia bien el piso con algún producto desinfectante. Por último, aplica el atajo anterior para eliminar el olor de pescado.

> **HUMOR: ¡COLMOS!**
>
> **P:** ¿Cuál es el colmo de una empleada doméstica?
>
> **R:** Fregar hasta la paciencia.

El mal olor de la alfombra

Para sacar el mal olor de la alfombra, espolvorea bicarbonato de sodio sobre la alfombra seca. Déjalo actuar toda la noche. A la mañana siguiente aspira la alfombra.

El olor a orina

Si tienes bebés y estás en la etapa de los pañales, el bicarbonato de sodio también funciona para contrarrestar el olor a orina. Agrégalo al lavado o al remojar los pañales en una cubeta con agua. Con los pañales desechables sucios, la mejor opción es retirarlos de la casa lo antes posible.

Los pelos de perro

Los tercos pelos de perros y gatos que no se van con la aspiradora, los puedes quitar con un rodillo adhesivo de los que se usan para sacar las pelusas de la ropa. Si no tienes uno de estos, fórrate la mano con cinta adhesiva y pásala por la superficie que tiene pelos.

PARA LAVAR LA ROPA

Una vez, por estar apurada, puse a lavar los *shorts* de mi esposo y no me di cuenta de que en uno de los bolsillos estaba su tarjeta magnética para entrar a la oficina. Cuando los pantalones salieron de la secadora, ya era demasiado tarde. El detalle me costó una discusión y $35 para reponer la tarjeta.

Antes de comenzar a lavar, recuerda:

➢ Revisa y saca todo lo que esté dentro de los bolsillos de la ropa.
➢ Retira de las prendas broches, cinturones, rellenos o cualquier accesorio de las ropas que pueda soltarse durante el lavado. Estos objetos se pueden perder y pueden dañar la lavadora.
➢ Las piezas rasgadas o descocidas deben ser arregladas antes de lavarlas para que no se rasguen más y no suelten hilos dentro de la lavadora. Separa todo a lo que le falte un botón y arréglalo de inmediato o llévalo a arreglar.
➢ Cierra los cierres y los botones de presión para que no se enganchen en otra ropa ni se queden golpeando la maquina.
➢ No se lava todo junto.
➢ No todo se lava con la misma temperatura.
➢ Hay cosas que debes fregar primero, aparte, antes de echarlas a lavar. Por ejemplo, las piezas que estén llenas de barro o muy sucias deben ser colocadas en remojo para refregarlas antes de meterlas en la lavadora.

> Hay ciertas prendas y tejidos que no se lavan con agua, sino que se limpian a seco.

¿Cómo dividir la ropa sucia?

Antes de iniciar el lavado a mano o a máquina, es necesario retirar la ropa sucia del cesto y separar la del mismo tipo. Esto hará que tu trabajo sea más eficiente y que ninguna pieza sufra daños durante el lavado. Separa la ropa en estas categorías:

> piezas delicadas que obligatoriamente deberán ser lavadas a mano
> piezas que destiñen y que serán lavadas aparte
> ropa blanca
> ropa oscura
> ropa de colores
> toallas de baño, bata de baño
> manteles y paños de cocina
> trapos y paños de limpieza, que serán lavados por separado

¿Qué tejidos puedo lavar a mano?

El algodón por supuesto. Y aunque no lo creas, la lana, la cachemira y ciertas sedas (seda pura, shantung y dupioni) también pueden lavarse a mano. El secreto está en hacerlo solo con agua fría y utilizando una pequeñísima cantidad de detergente muy suave o un jabón especifico para lavar lana o cachemira. Luego de lavar las prendas con delicadeza, enjuágalas y déjalas secar en una superficie plana, sobre una toalla. Las prendas de seda déjalas secar colgadas. Otros tejidos que se pueden lavar a mano son el poliéster, el nylon y el rayón. Las pieles y las gamuzas, esas sí debes llevarlas a un profesional.

PARA ESTIRAR EL USO DE TUS PIEZAS DE TINTORERÍA Y AHORRAR DINERO

1. Cuelga la ropa inmediatamente después de quitártela para evitar que se arrugue.
2. Cepilla los trajes y las chaquetas con un cepillo de ropa para eliminar el polvo y las pelusas.
3. Deja orear la ropa —esto significa ponerla al aire, a ventilarse.

Cómo matar tiempo en la lavandería

Ese tiempito de espera en la lavandería es algo que nos vuelve un poco locas. Aquí comparto algunas ideas de qué hacer mientras tus medias sucias están dando vueltas en el agua.

> ➤ Chequea tu correo electrónico y las redes sociales. Mientras esperas por tu ropa, organiza tus mensajes de correo electrónico, paga cuentas *online*, mira las últimas fotos que subieron tus amigas a Facebook o ponte al día con tus blogs favoritos.
> ➤ Juega con tus hijos. Si los chicos te han acompañado a lavar, olvídate de todo lo demás y aprovecha para conectarte con ellos. Un partido de cartas o un juego de memoria pueden ser muy divertidos.
> ➤ Devuelve llamadas. Este rato de espera es perfecto para salir de tu lista de llamadas, esas que tienes pendiente desde hace rato.
> ➤ Lee un libro. Este puede ser el único momento de tu semana para adelantar la lectura de tu libro. Sea tu curso de inglés, algo de autoayuda o ciencia ficción. ¡Aprovéchalo al máximo!

GASTA MENOS EN TUS LAVADAS

No enciendas la lavadora para lavar una camiseta o solo un par de cositas. Espera a tener suficiente ropa de ese color para realizar una lavada. De esta manera ahorrarás dinero.

Quitando manchas de maquillaje

El 31 de diciembre estaba arreglándome en mi habitación de hotel en Punta Cana para recibir el año nuevo. Llevaba un vestido divino de seda blanco y maquillaje en tonos suaves, con énfasis en los labios, que me los pinté de rojo ultra-híper intenso. Mi toque final, ya por salir del cuarto, fue dar una fuerte sacudida de cabeza hacia abajo, como me ha enseñado mi estilista, para obtener el *look* de las modelos de Victoria's Secret, solo que al bajar la cabeza lo que logré no fue un pelo sexy, sino manchar el cuello de mi vestido con labial rojo. ¿Qué hacer?

Ni intentes frotar la mancha con agua. Eso fue lo que hice yo, y la mancha se regó y se fijó aún más a la tela. Lo que sí funciona es frotar suavemente la mancha con una toallita desmaquillante. Si nada parece servir, o si tienes mucha prisa, como tenía yo, coloca un accesorio sobre la mancha, como un broche o un prendedor. ¡Los accesorios muchas veces te sacan de apuros!

PARA SECAR LA ROPA

Algunas cosas que necesitas saber...

➤ Limpia el filtro de la secadora para retirar todas las pelusas antes de cada uso. También limpia bien el interior de la secadora con un trapo húmedo, así evitarás que las pelusas se peguen a la ropa.

➤ Seca la ropa solo el tiempo suficiente como para que desaparezcan la humedad y las arrugas. Algunas prendas inclusive puedes retirarlas cuando aún están un tanto húmedas, así te será más fácil plancharlas. Secar demasiado la ropa es un error, pues el exceso de calor debilita las fibras de la tela.

➤ Cuando laves una prenda con manchas, verifica si las manchas han desaparecido antes de secarla.

➤ Nunca coloques prendas en la secadora que han estado en contacto con productos inflamables como gasolina o pintura, puesto que el calor las podría encender.

Para evitar que se pierdan las medias
Uno de los lugares favoritos donde desaparecen las medias es en la secadora. Y es que a las medias les encanta la estática y se pegan a otras ropas como si tuvieran cola, especialmente dentro de la secadora. Las medias se pierden en estos lugares: las mangas de las camisetas, las piernas de los pantalones y las esquinas de las sabanas esquineras. También se pegan de cualquier cosa que tenga Velcro y de las toallas. A veces pueden pasar meses hasta que encuentras esas medias perdidas, especialmente si se pegaron de algo que no usas muy a menudo.

Para prevenir que se te pierdan, puedes hacer lo siguiente: lávalas y sécalas dentro de una bolsita de malla para ropa interior, o compra clips o ganchos para medias —los venden en tiendas como Target, Bed Bath & Beyond y Container Store. Cuéntalas antes de meterlas a la secadora, y luego al sacarlas. Sacude todas las prendas al sacarlas de la secadora. Y, por último, fíjate que no se te caiga ninguna media al piso cuando vayas camino al cuarto.

Cómo doblar una camisa

Versión rápida. Sostén la camisa por los hombros con el frente hacia ti. Con un movimiento simultaneo, dobla ambos hombros y mangas hacia la parte de atrás. Luego de que has hecho esto, dobla la parte inferior de la camisa hacia atrás también.

Versión de tienda. En las tiendas usualmente utilizan una tablilla para doblar las camisas. Esta tablilla sirve de guía para que todas las camisas queden uniformes y se remueve después de doblarlas. Así es como lo haces sin la tablilla:

- ➢ Apoya la camisa sobre una superficie dura, como la mesa del comedor.
- ➢ Asegúrate de que esté abotonada. Los botones deben estar mirando hacia abajo.
- ➢ Dobla las mangas hacia el medio de la espalda, superponiendo un puño sobre el otro.
- ➢ Dobla los lados hacia el medio, esta vez trayendo hacia atrás los lados donde están las costuras, de manera que se encuentren debajo del cuello.
- ➢ Por ultimo dóblala por la mitad. Esto puedes hacerlo una o dos veces, dependiendo de cuán larga es la camisa. Voltéala y guárdala.

Para evitar las arrugas en la ropa

Saca la ropa de la secadora y dóblala lo antes posible, cuando aún esté caliente.

CÓMO HACER LA DOBLADA DE ROPA MAS RÁPIDA Y DIVERTIDA

1. En frente del televisor, viendo tu novela o programa favorito.
2. Con ayuda de tus hijos o tu marido.

Cómo doblar las sábanas esquineras y las toallas

- ➢ Con la sábana al revés, coloca una mano en cada una de las dos esquinas que están más cerca una de la otra.
- ➢ Trae tu mano derecha junto a la izquierda y coloca la esquina en tu mano derecha sobre la esquina en tu mano izquierda, de manera

que la esquina que está encima quede con el lado derecho hacia afuera.

> Luego, trae la esquina que está más cerca a la que estaba en tu mano derecha y dóblala sobre las otras dos esquinas. Esta tercera esquina va a quedar con el revés hacia afuera.

> Trae la última esquina y colócala sobra las otras con el lado derecho hacia afuera. Coloca la sábana en una superficie plana (como la mesa del comedor). Dobla dos puntas hacia adentro para que los elásticos queden escondidos. Dóblala en forma de rectángulo.

> Sigue doblando hasta que el rectángulo quede del tamaño que deseas. El resultado es una sábana doblada plana, lista para guardar en una gaveta o armario.

PARA PLANCHAR

Importante saberlo...
Usa una almohadilla debajo del forro de la mesa de planchar, preferiblemente de algodón. Esto evitará que se recaliente la mesa y te facilitará el planchado.

A medida que planchas, mueve las superficies que acabas de planchar en sentido contrario a ti. Plancha cuellos, puños y ruedos por el lado revés primero y nunca planches seda por el lado derecho.

Plancha la ropa oscura del reverso, para que no quede brillante.

Si al planchar encuentras alguna mancha, no la planches. El calor hará que la mancha se vuelva permanente.

Rocía las arrugas más difíciles de sacar con un poco de agua, luego plánchalas.

Siempre coloca la plancha a la temperatura recomendada para el tipo de tela (algodón, lino, seda, mezcla sintética). Cuando tengas dudas, usa la temperatura más baja.

Limpia la plancha y la mesa de planchar periódicamente.

Cómo planchar una camisa de hombre o una blusa

Plancha el cuello. Comienza por la parte de adentro, planchando del centro hacia las puntas para evitar que se hagan pliegues. Voltea la camisa, plancha por la parte de afuera.

Plancha los hombros. Mete un hombro en la punta más angosta de la mesa de planchar y plancha del punto donde este se encuentra con el brazo y cuerpo de la camisa hacia el centro de la parte posterior. Repite en el otro hombro.

Plancha los puños y las mangas. Apoya una manga sobre la mesa con los botones u hoyos de los puños mirando hacia arriba. Plancha la parte interior de los puños primero, luego voltea la manga para planchar la parte exterior de los puños. Después plancha la manga comenzando por el frente. Repite con la otra manga.

Plancha lo demás. Sigue con la parte de atrás, luego el frente y no olvides planchar entre los botones.

EMPLEADAS DOMÉSTICAS QUE TE INSPIRAN EN LA GRAN PANTALLA

Sunshine Cleaning: Rose Lorkowski (Amy Adams) parecía tener un futuro prometedor, pero ahora es una madre soltera que intenta mantener a su hijo y a su desastrosa hermana Norah (Emily Blunt) con un trabajo muy particular: limpiar las escenas de crimen después de que la policía ha hecho su trabajo.

Criadas y señoras/Historias cruzadas (The Help): Aibileen (Viola Davis) es una sirvienta negra que ha criado a diecisiete niños blancos. Junto a su amiga Minnie (Octavia Spencer) y la joven Skeeter (Emma Stone), emprenden un proyecto clandestino que les puede costar muy caro: contar su lado de la historia en un pueblo dividido por el racismo y las clases sociales.

Sucedió en Manhattan/Sueños de amor (Maid in Manhattan): Marisa Ventura (Jennifer López) es una madre soltera que trabaja de mucama en un elegante hotel de Manhattan. Allí conoce al candidato al senado Christopher Marshall (Ralph Fiennes) quien confunde a Marisa con una dama de la alta sociedad y ambos se enamoran perdidamente.

Quita las arrugas con vapor

Para sacar las arrugas de una prenda, aprovecha el vapor del baño. Cuelga una falda o blusa en el baño mientras te duchas. El vapor ayudará a sacar las arrugas de la tela, o las dejará mucho más suaves para quitarlas rápido con la plancha.

¿CÓMO ELIMINAR...?

El mal olor de los zapatos
Limpia los zapatos por dentro con un paño húmedo para eliminar la suciedad. Espolvoréalos con bicarbonato de sodio. Deja actuar por unas horas. Sacúdelos bien antes de usarlos de nuevo.

Los aros amarillos en las axilas
Intenta dejar la prenda blanca en remojo de un día para otro con una solución de bicarbonato de sodio, también puedes probar algún producto con oxígeno. Si no sale, ya es hora de despedirte de esa pieza.

LA JEFA ASTUTA DELEGA RESPONSABILIDADES

CONTRATANDO A UNA EMPLEADA DOMÉSTICA
Si ya no das abasto con el trabajo de la casa, o sencillamente lo detestas con toda tu alma, contratar ayuda puede ser la solución. Al fin y al cabo de alguna manera tienes que resolverlo. Una empleada doméstica puede hacer tanto por ti... te ayuda a organizar la casa, a lavar la ropa, secar, planchar, cambiar las camas, te ayuda con la limpieza de la casa en general, e inclusive muchas pueden darte una mano con la preparación de la comida.

Dónde la consigues
Lo mejor sería por recomendación de alguna amiga o colega de trabajo. Pregunta a todo el mundo que conoces. Constantemente me llegan correos electrónicos de amigas pidiendo ayuda a ver si alguien conoce alguna señora de limpieza que trabaje por la zona. Otras me mandan correos electrónicos recomendando a su señora, a quien ya no pueden emplear y quieren ver si alguien tiene trabajo por día o fijo.

Otra forma de buscar, es a través de un boletín de la comunidad local donde circule este tipo de información. JustAskBoo.com es uno que me gusta mucho y que funciona en varias ciudades de Estados Unidos. Otros lugares para buscar: a través de los periódicos de tu localidad, por medio de la iglesia, en las carteleras que ponen en el supermercado y preguntando, preguntando, preguntando.

Cuánto cuesta y cómo le pagas

Hay varios factores que determinan el precio de este servicio. Si lo que estás contratando es una limpieza por día, el precio dependerá principalmente del tamaño del lugar a limpiar (número de habitaciones) y de la ciudad donde vives. Si se trata de un servicio fijo, habrá que tomar en cuenta la cantidad de días y de horas por día. También difiere el precio si es "puertas afuera" (al final de la jornada de trabajo la persona se va a su casa) o "puertas adentro" (la persona vive en tu casa). El servicio "puertas adentro" normalmente cuesta menos que el "puertas afuera", pero deberás proporcionar casa y comida. La forma de pago generalmente se hace en efectivo o en cheque, por día o por semana de trabajo, pero esto es un arreglo entre tú y esa persona.

Lo que debes saber al contratar este servicio

Pide conocer a la persona con anticipación. Haz todas las preguntas que consideres pertinentes. Déjate llevar por tu sentido común y tu intuición, pero también pide referencias tanto de trabajo como personales.

Elabora una lista con las tareas que vas a requerir de la empleada y muéstrasela durante la entrevista. Pregúntale si hay algo que ella no sabe hacer o no le gusta hacer.

Comienza con un día de prueba pagado —de esa manera podrás ver si te gusta o no su trabajo. Expresa con instrucciones claras lo que deseas y cómo te gusta.

Sé precavida con tus cosas de valor. La confianza es algo que se va creando poco a poco, y lo mejor para ambas es llegar a ese punto donde hay tanta confianza como para darle las llaves de tu casa. Al principio es mejor medirse y ser precavido.

Y recuerda, no pagues ningún servicio por anticipado.

EN EL TELÉFONO DE LA JEFA DE LIMPIEZA

Números importantes que hay que tener a mano
- una buena señora de limpieza
- una empresa que ofrezca ese servicio
- servicio de limpieza de alfombras

- servicio de limpieza de muebles
- servicio de lavado de cortinas
- servicio de limpieza de ductos de aire
- servicio de limpieza de ventanas
- lavandería y tintorería
- sastre
- costurera
- planchadora
- zapatero o reparador de zapatos, carteras y artículos de cuero

HERRAMIENTAS DE LA JEFA DE LIMPIEZA

- aspiradora
- balde o cubeta mediana —si es muy grande no entrará bajo el fregadero
- esponjas de nylon con un lado suave y otro áspero para estregar
- chupón destapador de cañerías
- cepillo de mano con cerdas duras (para estregar superficies)
- cepillo de mano con cerdas suaves (para estregar ropa)
- cepillo para inodoros
- escoba
- pala (para recoger la suciedad del piso)
- basurero
- un par de guantes de goma, preferiblemente los que llegan casi hasta el codo
- haragán (para empujar agua o para secar el agua cuando se usa con un paño enrollado en la base)
- paños suaves para limpiar los muebles
- paños más gruesos para limpiar el piso
- mesa de planchar
- plancha de ropa
- perchas para colgar la ropa
- cepillo de ropa
- rodillo adhesivo para sacar pelusas de la ropa
- costurero con aguja, hilos y botones en colores neutros, tijera, alfileres y cinta de medir

EL *LOOK* DE LA JEFA DE LIMPIEZA

El look *real*

Lo más importante a la hora de los quehaceres del hogar es usar ropa cómoda y flexible que te permita alzar los brazos, agacharte, ponerte de rodillas, que no importe si se mancha o descolora con los detergentes y que sea ligera, porque lo más probable es que termines sudando. Si tienes el cabello largo, es importante recogerlo para protegerlo. Claro, eso no quiere decir que tengas que verte desarreglada. A mí me gusta vestir de blanco porque se maneja cloro y otros detergentes que pueden descolorar la ropa, además de que no hay nada que diga limpieza como el blanco.

Remueve todas tus prendas finas y usa poquísimos accesorios pues los collares y las pulseras se pueden enredar en algo y resultar peligroso, y los anillos pueden rallar las superficies de las cosas. ¡Así que mejor no usar casi nada de accesorios! Cuanto más sencillo, mejor. Y recuerda tener guantes y un delantal a mano, para no dañarte las manos ni la ropa que se te pueda desteñir.

El look *de fantasía*

Para disfrazarte de doméstica seductora, la versión más popular es la de la mucama francesa sexy. Todo lo que necesitarás es un vestidito minifalda de seda o satén negro, con vuelitos y delantal blanco, medias panty de liguero, zapatos de tacón alto, un tocado en la cabeza y, por supuesto, no deberá faltarte un lunar en un lugar estratégico (puede ser cerca de la boca), y un plumero en la mano. No estaría mal incorporar algunas palabritas en francés, del tipo "*Oui Monsieur*". Este numero lo consigues por Internet, así como en las tiendas que venden disfraces.

CÓMO HACER EL TRABAJO MÁS DIVERTIDO Y PRODUCTIVO

Más rápido

Coloca todas las herramientas y productos de limpieza en una cesta. Llévala contigo de cuarto en cuarto, de esta manera te ahorrarás tiempo.

En una bolsa, ve recogiendo todos los objetos que no pertenecen a esa habitación. Lleva la bolsa a los otros cuartos y deja lo que va allí. De esta manera evitas entrar y salir varias veces de los cuartos y te ahorras tiempo.

Limpia por áreas, de habitación en habitación, así no te regarás por toda la casa y podrás terminar lo que empiezas más rápido.

Más divertido
Haz varias cosas simultáneamente:

- Lavar la ropa y pagar las cuentas.
- Plancha mientras escuchas tus *podcasts*.
- Limpia a la vez que quemas calorías al ritmo de tu iPod. Al final del capítulo te recomiendo un *playlist* para inspirarte en estas tareas domésticas.
- Friega los azulejos del baño mientras acondicionas tu cabello con un baño de crema.
- Lava las ollas mientras esperas por el platillo que se está cocinando en el horno.

> ### SECRETOS ENTRE JEFAS
>
> Si trabajas fuera de la casa, divide el trabajo en etapas. Haz algunas cosas antes de salir de la casa, como tender las camas y dejar la sala ordenada. Otras, hazlas al volver del trabajo mientras miras la tele (doblar, planchar). Y las que toman más tiempo, déjalas para el fin de semana.

Pequeños rituales efectivos que se vuelven hábitos
Coloca la ropa directamente en el cesto de ropa sucia al quitártela. Así no quedará regada en el cuarto y no tendrás que recoger pilas de ropa sucia del piso.

Lava los platos sucios en el acto, o métetelos lo antes posible al lavaplatos, así no tendrás que atacar una ruma de platos pegados. La manera más fácil es llenar el fregadero con agua caliente y jabón para platos e ir colocando los elementos sucios allí sobre la marcha. Serán mucho más fáciles de limpiar después de que hayas terminado de cocinar o comer. Ir limpiando mientras cocinas es tal vez la mejor costumbre de todas.

Recoge los juguetes después de jugar. Para motivar a Roberto a recoger sus cosas (algo que no le gusta hacer), propongo una competencia a ver quién termina primero, o invento alguna canción. Si no se te ocurre nada, recurre a la pegajosa cancioncita que el famoso dinosaurio Barney se encargó de enseñarle a los chicos en su popular serie. Aquí te dejo la estrofa:

"Clean up, clean up,
everybody, everywhere,
clean up, clean up,
everybody do your share"

Seca el baño cada vez que te bañes. Este hábito es de mi mamá, que lo copió de su amiga Elsa. Si tienes puertas de vidrio en el baño, compra un escurridor y mantenlo dentro de la ducha. Escurre las puertas apenas cierres la llave del agua. Toma solo unos segundos y te garantiza puertas transparentes todo el tiempo.

Pídele un milagrito... a la patrona
de las empleadas domésticas

Santa Marta

LIMPIA PARA EVITAR ENFERMEDADES

Para ganarle la batalla a las alergia, los catarros, los gérmenes y los microbios —y para pasar menos tiempo cumpliendo el rol de Jefa de Medicina, nada como mantener la casa bien limpia.

➢ Higieniza absolutamente todo: lava y desinfecta ropa, zapatos, juguetes, cuarto de los niños, ropas de cama y todos los ambientes de la casa utilizando productos antibacterias.
➢ Presta especial atención al aseo de las manos, lávalas varias veces al día, sobre todo al llegar a casa y antes de las comidas.
➢ Y no te olvides de acentuar la limpieza de todas las superficies que agarramos y tocamos, pues es aquí donde se concentran y transmiten los microbios: las manijas de las puertas, los interruptores de la luz, así como los teléfonos fijos y los celulares.

BUENA POSTURA A LA HORA DE LIMPIAR

Nuestro cuerpo es nuestro mayor tesoro, un instrumento maravilloso que debemos cuidar en todo momento. Cuando no lo hacemos, el cuerpo empieza a quejarse y sentirse incómodo. A la hora de limpiar es importante guardar buena postura.

Por ejemplo, al vestir la cama, extiende la sábana sobre la cama con la espalda recta. Cuando necesites agacharte para arreglar las puntas y las esquinas, bájate con el tronco recto, doblando tus rodillas, no tu espalda. Al lavar los platos o al planchar, la mejor postura es mantener la columna recta y usar un apoyo (una caja, un banquito) para apoyar un pie, doblando la rodilla, alternando las piernas después de un rato. Al levantar peso, acércate al objeto bajando con la columna recta y doblando las rodillas. Cuando alces el objeto, concentra tu fuerza en las piernas, no en la espalda. Al barrer, aspirar o trapear el piso, procura utilizar escobas, haraganes o aspiradoras con mangos o tubos largos para no tener que encorvarte mucho y poder mantener una postura erguida.

SABIOS CONSEJOS DE MI MAMÁ

Mi mamá nos pasó a mi hermana y a mí abundante y valiosa información en lo referente a cómo se manejan una casa y una familia, preparándonos para cuando tuviéramos las propias. Buena parte de sus enseñanzas tenían que ver con mantener la casa y la familia limpia y saludable. Y no solo lo predicaba sino que la veíamos ponerlo en práctica todo el tiempo.

De su repertorio de consejos hay muchos que viven conmigo hasta hoy como, "¡No limpies solo por donde pasa la visita!" o sus típicos, "¿Quién dijo que la pobreza es enemiga de la limpieza?" y "Se puede ser humilde, pero sucio, jamás". Y cómo olvidar este: "Claudia, jamás salgas a la calle con ropa interior sucia ni con huecos: nunca sabes cuándo vas a tener un accidente". Lo cual me parecía chistoso, y siempre me hizo pensar "¿y a mí qué rayos me va a importar cómo luce mi ropa interior en medio de un accidente?", pero hoy en día le encuentro más sentido. Lo que no se ve por fuera es tan importante como lo que sí se ve. Y nuestra apariencia siempre es importante, y debe serlo principalmente para nosotros mismos.

Lo más importante de todo es que con sus consejos mamá me enseñó a disfrutar de un estilo de vida de limpieza, no para mostrárselo a los otros, sino por purita satisfacción personal.

EL *PLAYLIST* DE LA JEFA DE LIMPIEZA

"Casa" (Natalia Lafourcade)
"S.O.S." (ABBA)
"On The Floor" (Jennifer Lopez)
"El reloj de la limpieza" (Barney and Friends)
"I Will Survive" (Gloria Gaynor)

5

SOY LA

JEFA DE MEDICINA...

la que sabe sanar una herida, sacar piojos y bajar la fiebre

ORACIÓN DE LA JEFA DE MEDICINA

Dios omnipotente, Sanador Divino de todos los hombres, dame fuerza y valor en mi profesión. Concede a mi corazón compasión y cariño. Concede a mis manos habilidad y ternura. Concede a mi cuidar conocimiento y sabiduría. Sobre todo, Dios mío, ayúdame siempre a recordar el verdadero propósito de mi vocación: el servicio generoso y la dedicación a los débiles y a quienes desesperan, en su cuerpo y en su espíritu. Amén.

La Jefa de Medicina realmente es un híbrido, mezcla de médico de emergencias con jefe de seguridad y madre tierna. Debe saber algo sobre medicamentos y sus usos, los diagnósticos básicos, cómo aplicar ungüentos, cómo determinar cuándo es necesario buscar un médico y debe conocer el historial de salud de cada uno de los miembros de la familia. También sabe qué preguntarle a los doctores, cuándo llamar una ambulancia y hasta cómo contratar un helicóptero por una suma urgencia si es necesario. Con la misma habilidad puede sacar una espina, preparar una sopa de pollo de esas que curan el alma y rezar una oración que ayude a confiar en que hasta el peor malestar pasará pronto. Si bien sus súper poderes no son capaces de evitar que sucedan ciertas emergencias, una Jefa de Medicina bien preparada y astuta puede evitar que una situación imprevista se convierta en una verdadera tragedia.

Lo peor de este trabajo es que cuando estás de guardia, ¡no tienes permiso para enfermarte! Me parece escuchar a mi mamá quejándose: "Y a mí, ¿quién me cuida?". Hoy soy yo quien se hace la pregunta. Y es cierto que la única que no se puede enfermar en el hogar eres tú. Cuando La Jefa de Medicina se enferma ¡la casa se cae!

Lo mejor de este rol es saber que con tus cuidados, con tus besos, tus abrazos y tu amor, cualquier herida se mejora casi al instante.

Aquí te brindo mis consejos, pero ante cualquier duda, y previo a aplicar cualquiera de estos consejos, por favor consultar con tu médico de cabecera, ya que cada persona es única y puede requerir tratamientos alternativos a los consejos generales que yacen en este capítulo.

LO ESENCIAL PARA TODA JEFA DE MEDICINA

Botiquín de primeros auxilios

No puedes vivir sin un botiquín de primeros auxilios, créemelo. El botiquín usualmente es un maletín o pequeño bolso donde guardas los medicamentos esenciales en caso de emergencias. La razón para mantener estos medicamentos en un botiquín, es tener todo lo necesario a mano y listo para trasladarlo rápidamente hacia la persona herida. De esta forma, evitas que quien necesita atención tenga que moverse del lugar del accidente.

Crea pequeñas tarjetas plastificadas con instrucciones sobre cómo proceder en caso de trauma, primeros auxilios, heridas, vendajes, etc., e inclúyelas en tu botiquín de primeros auxilios. Esto te ayudará a actuar de manera clara cuando tu hogar y tu familia estén en el medio del caos.

Como es para emergencias, es importante tener el botiquín a mano. Si no lo quieres tener en un bolso, también es útil usar una caja transparente (así lo hago yo) y guardarlo en un gabinete ¡fuera del alcance de los niños y de las mascotas!

Lo que sigue es una lista de los artículos esenciales para tu botiquín. Si no deseas armar el tuyo propio, hay botiquines de primeros auxilios que ya vienen listos con todo lo que podrías necesitar. Búscalos por Internet. Muchos traen incluso las tarjetas con instrucciones para supervivencia.

➢ agua oxigenada	➢ tijera
➢ alcohol de frotar	➢ yodo
➢ algodón	➢ pinzas
➢ Merthiolate	➢ alfiler de gancho
➢ gel antibacterias	➢ termómetro
➢ crema antibiótica Neosporin	➢ vaporizador
➢ crema de primeros auxilios para picaduras de insectos	➢ nebulizador
➢ gasa	➢ bolsa para agua caliente
➢ cinta adhesiva para gasa	➢ cabestrillo
➢ Curitas	➢ mascarilla
➢ venda elástica	➢ bolsa de hielo
➢ guantes de látex	➢ bolsas Ziplock
	➢ manual de primeros auxilios

Hay otros medicamentos que no tienen que estar dentro del botiquín de primeros auxilios, pero sí es recomendable que los tengas a mano, como un antigripal y un antialérgico, para curar enfermedades comunes como el resfriado, la fiebre, la tos y la alergia. También es esencial tener calmantes de dolor, antidiarreicos, suero oral y sal de fruta Eno, así como una pequeña reserva de los medicamentos especiales que tus miembros de la familia tomen con regularidad.

EN EL TELÉFONO DE LA JEFA

Números importantes que hay que tener a mano
Hay ciertos números que, como buena Jefa de Medicina, debes tener en marcado rápido o *speed dial*. Ponlos en tu lista de favoritos en el celular, anótalos y pégalos en la refrigeradora; la idea es que sean fáciles de encontrar a la hora de una emergencia cuando toda tranquilidad y normalidad se van por la ventana.

En Estados Unidos, el número de emergencia es el 911. Este número funciona a nivel nacional y, en la mayoría de los casos, es el único que necesitas recordar puesto que funciona como una central de operaciones que recibe las llamadas, obtiene la información necesaria y te envía asistencia de inmediato de acuerdo a tu urgencia —policía, bomberos, rescatistas, técnicos en emergencias médicas, paramédicos, ambulancias, etc. Si no vives en Estados Unidos, por favor asegúrate de tener a mano el número para emergencias de tu ciudad o país, o los números de una ambulancia, de los bomberos y de la policía. Otros números clave que recomiendo tengas en tu lista de números imprescindibles son los siguientes:

- centro de envenenamiento
- hospital público y privado más cercano
- taxi
- vecinos
- amigos cercanos
- farmacia
- médico pediatra
- médico internista
- veterinario

Asegúrate de no solo tener una copia de esta guía de teléfonos de emergencia en tu casa, sino también en tu automóvil. También es clave agregar las direcciones importantes, si es posible, con sus respectivos mapas.

SECRETOS ENTRE JEFAS

Se habla español
Si no te sientes cómoda hablando en inglés, más aún en caso de una emergencia, no te preocupes. La mayoría de estos centros de atención de emergencias, especialmente de ciudades con gran presencia hispana, cuentan con líneas de atención en español.

Con el tanque siempre lleno

Asegúrate de tener gasolina en tu auto, siempre. Puede parecerte extraño que este sea un paso tan esencial para una emergencia, pero realmente puede marcar la diferencia entre la vida y la muerte.

Hace muchísimo tiempo me sucedió una cosa muy desagradable, que pudo acabar en una tragedia. Estando unos días de visita en casa de los suegros de mi hermana, usé uno de los vehículos de la casa y, como siempre me ha dado mucha pereza poner gasolina, al regresar a casa esa noche dejé el auto estacionado con el tanque prácticamente vacío. En la madrugada, la abuela de mi cuñado sufrió un ataque de asma y tuvimos que salir en carrera para el hospital. Para acelerar la salida, tomamos el coche que estaba primero para salir —el mío, ¡el que estaba sin gasolina! Gracias a Dios logramos llegar hasta la puerta del hospital, donde el auto sin más ni menos se apagó. La abuela fue atendida y todo salió bien. Yo por mi parte nunca logré deshacerme de la terrible vergüenza y el sentimiento de culpa por lo que pudo haber ocurrido por mi imprudencia. Gracias a esta lección, hoy en día trato de mantener mi auto con el tanque lleno, pues realmente nunca se sabe qué puede pasar.

Autocontrol y calma

Quizá suene absurdo pero, frente a cualquier emergencia o situación inesperada, el manejo de la Jefa de Medicina en casa es vital. Mi hermana es el mejor ejemplo. Siempre fue la doctora designada en casa; le tocó curarme en muchísimas ocasiones, y su seguridad y la confianza que me transmitía eran tan o más curativas que la propia medicina que me aplicaba.

No puedes ponerte a dar gritos de terror frente a un poco de sangre, vómitos o un desmayo. Especialmente cuando hay niños pequeños, la reacción de la Jefa de Medicina es determinante para que sientan confianza o resulten aterrados. El control que tengas de ti misma es clave para manejar como corresponde una situación y tomar las mejores decisiones en ese momento crítico. Una vez que haya pasado todo, ahí sí que te tiemblen las piernas. Pero a la hora de la emergencia… ¡temple de acero!

PREPÁRATE PARA LAS EMERGENCIAS MÁS COMUNES

En una casa, o de paseo en el parque, puede pasar ¡de todo! Basta solo un segundo para aguar la fiesta y quedar a la deriva por un imprevisto. Hay situaciones en las que salta a la vista que el grado de complejidad amerita de inmediato correr a un centro asistencial. Sin embargo, hay ciertas emergencias comunes que puedes manejar como una experta con una cuota de calma y algunos datos simples.

Dos métodos salvavidas
Son muchas las historias de éxitos así como los finales trágicos, marcados simplemente por conocer o no estos dos métodos esenciales. Toda Jefa de Medicina debe aprenderlos en caso de una emergencia.

Reanimación cardiopulmonar (CPR, por sus siglas en inglés)
Estas siglas en inglés, CPR, significan muchas veces la diferencia entre la vida y la muerte. Se trata de la Reanimación Cardiopulmonar, el tratamiento de primeros auxilios que debes seguir con alguien que está inconsciente o ha dejado de respirar. Esto puede ocurrir, entre otros factores, por asfixia en el agua, un paro cardíaco e intoxicación. Para aprender CPR tienes varias opciones. Puedes acudir a la Cruz Roja o al American Heart Association. Estas entidades muchas veces ofrecen entrenamiento gratis. También existe el entrenamiento *online*. Hay lugares que dan cursos y luego recibes un certificado. Cualquiera sea la opción que elijas, es muy fácil y solo toma un rato de un día hacer algo tan necesario.

La maniobra de Heimlich
También conocida como Descompresión Abdominal, la maniobra de Heimlich es una técnica básica de primeros auxilios usada en niños y adultos para quitar cualquier elemento que esté obstruyendo las vías respiratorias. Es muy común que los niños muy pequeños se ahoguen con un objeto que se llevan a la boca o incluso, en ciertos casos, por el asma. También suele sucedernos a los adultos, que muchas veces respiramos mal al momento de tragar y nos ahogamos con un trozo de comida. Para aprender

más sobre esta maniobra, consulta sitios como este: es.wikipedia.org/
wiki/Maniobra_de_Heimlich. Es importante notar que la maniobra se
aplica de manera diferente en niños y adultos. Si te toca utilizar este método, y si tienes a alguien cerca, pídele que solicite ayuda mientras continúas la maniobra.

Ahogamiento en agua

¿Sabías que para un niño menor de tres años bastan dos pulgadas de agua
para ahogarse? Es vital que nunca dejemos a nuestros niños solos donde
hay agua, sea piscina, mar o la bañera de la casa. Según los Centros para el
Control y Prevención de Enfermedades (CDC, por sus siglas en inglés), el
ahogamiento en agua es la causa principal de muertes por lesiones de niños
entre uno y cuatro años de edad. La mayoría de los casos ocurren en una
piscina. Para prevenir una desgracia como esta, asegúrate de aprender natación de supervivencia, que consiste en habilidades clave para ayudarte a ti
misma o a otra persona en caso de ahogamiento. También es importante
enseñarles natación a tus hijos. La Asociación Americana de Pediatría recomienda clases formales de natación para niños mayores de cuatro años.
Con los menores de cuatro, puedes inscribirte en algún programa para padres e hijos donde se hacen juegos en el agua y se enseñan algunas reglas de
seguridad básicas dentro y alrededor de la piscina.

¿Qué debo hacer si alguien se está ahogando?

1. Lo más importante es sacar a la víctima del agua lo más rápido posible. Si hay otras personas, pide ayuda; si estás sola procede con el
   rescate. Si la persona está lejos, lánzale una cuerda o intenta acercarte lo más rápidamente que puedas. Si puedes, lleva contigo un
   flotador o una tabla de madera o palo, para que la persona pueda
   agarrarse.
2. En su desesperación por conseguir aire, la víctima puede agarrarte
   fuertemente, hundiéndote a ti también, lo que tendría como resultado dos víctimas. Por lo tanto, la manera más segura de evitar
   una reacción violenta de la víctima es acercarse por detrás.
3. Cuando estés detrás de la víctima, pon tus brazos debajo de sus
   axilas. Dobla los brazos hacia atrás y sostenla firmemente. Si estás
   usando un dispositivo de flotación, colócalo a la altura y a lo ancho de tu pecho, entre tú y la víctima.

4. Calma a la víctima cuando estés llevándola hacia la playa o el borde de la piscina, preguntándole si se encuentra bien o diciéndole: "Tranquilo, ya estás seguro".

5. En cuanto llegues a la playa o al borde de la piscina, supervisa el estado físico de la persona. Si no respira y no tiene pulso, se debe efectuar la reanimación cardiopulmonar básica (CPR) hasta que llegue ayuda médica. Mientras tanto, si la persona comienza a respirar espontáneamente, se la debe colocar de costado para que pueda respirar mejor y logre drenar cualquier fluido que haya tragado por el ahogamiento.

Pídeles un milagrito... a los patronos de la salud

Santa Ágata, San Camilo de Lellis y San Juan de Dios

Asfixia

A mi amiga Iris le tocó la desagradable experiencia de tener que atender a su hijito de un año cuando se le quedó atascada una moneda en la garganta. ¿Cómo ayudar a alguien que se está ahogando o asfixiando con algo en la boca? En estos casos se aplica la maniobra de Heimlich (ver página 129). Si hay una persona cerca, pídele que solicite ayuda mientras continúas con las compresiones verificando cada vez hasta que la víctima comience a respirar o hasta que llegue la ayuda. Lo que sigue son los pasos a seguir si el que se está asfixiando es un bebé o un niño. Antes de seguir estos pasos, por favor consulta con tu médico para aprenderlos bien, ya que es una cuestión de vida o muerte.

Si un bebé se está ahogando...

1. Siéntate, inclínate hacia adelante, coloca al bebé boca abajo sobre tu antebrazo teniendo en cuenta que tanto la cabeza como el cuello estén estabilizados y apoya el otro antebrazo firmemente sobre el cuerpo con el fin de lograr un soporte adicional. Si se trata de un bebé grande, en lugar de colocarlo sobre el brazo, se lo puede colocar boca abajo sobre tus rodillas, teniendo en cuenta que la cabeza del niño quede en una posición más baja que la de su tronco y que esté firmemente apoyado.

2. Mientras tanto, pídele a alguien más que se comunique con el servicio de atención de emergencias.
3. Con el borde posterior de la palma de la mano, se dan 5 golpes rápidos en la parte superior de la espalda del bebé, justo por debajo de las escápulas.

Es posible que con estos golpes y la fuerza de gravedad se resuelva la obstrucción. De lo contrario:

1. Voltea al bebé de tal forma que su cuerpo quede extendido a lo largo de tu brazo y su cabeza descanse en tu brazo quedando a un nivel inferior al del cuerpo.
2. Posteriormente, coloca dos dedos de la mano en el centro del pecho del bebé y presiona hacia abajo y hacia adelante rápidamente cinco veces.
3. Debes verificar la respiración observando si se presenta movimiento en el tórax, auscultando la presencia de ruidos respiratorios o acercando las mejillas a la boca del bebé para sentir su respiración.

Este procedimiento se debe continuar hasta que el bebé comience a respirar o llegue la ayuda. Si antes de iniciar este procedimiento el bebé está tosiendo o llorando fuertemente, no se debe hacer nada, ya que probablemente el bebé expulse por sí solo el objeto que causa la obstrucción.

Si un niño se está ahogando...
Se debe utilizar el mismo procedimiento que en los adultos (ver página 130), excepto que no es necesario realizar compresiones muy fuertes, dado que sus cuerpos aún son pequeños y no se requiere tanta fuerza.

Cómo tratar un envenenamiento

1. Reconoce los síntomas. En ocasiones hay desmayo, pero muchas veces los síntomas comienzan con dolor de cabeza, en el pecho, confusión, diarrea, dolor estomacal, vómitos, labios morados y más.
2. Toma en cuenta que, si se trata de una intoxicación por una sustancia química como productos de limpieza, medicamentos o monóxido de carbono, que son los agentes más comunes, siempre lo

primero que debes hacer es llamar al número de emergencias. Ahí te pondrán al teléfono con un paramédico que te irá indicando qué hacer mientras llega un equipo médico.

3. Si hay dificultad para respirar, debes aplicar respiración boca a boca.

4. Si hay vómitos, debes asegurarte de que las vías respiratorias estén despejadas. Para esto, limpia la boca y la garganta con un trozo de tela envuelta en los dedos.

5. Si la intoxicación se debe a que ingirió una planta, guarda el vómito. Esto facilita a los médicos el proceso de averiguar qué antídoto aplicar.

6. Si hay convulsiones, pon a la persona cómoda, sobre su costado izquierdo y mantente junto a ella hasta que llegue la asistencia médica.

Raspaduras y golpes

Si tienes hijos, sabes que las caídas y los aterrizajes en el pavimento, tierra o hasta el césped siempre traen consecuencias. Y eso significa que la Jefa de Medicina debe estar lista para entrar en acción inmediata.

¿Qué debes hacer con una raspadura?

1. Lávate las manos antes de acercarte y tocar la herida. Aunque pienses que no has tenido contacto con nada sucio, la grasa de la cocina, el maquillaje o cualquier sustancia puede provocar que una herida simple se infecte.

2. Limpia la zona afectada. Primero, limpia con agua y luego, si lo tienes a mano, usa suero fisiológico.

3. No utilices algodón, pues la pelusa se adhiere a la piel deteriorada y termina empeorando las cosas. Es mejor usar gasa.

4. Una vez limpia la herida, desinféctala. Puedes poner agua oxigenada o un poco de povidona yodada o Betadine.

5. Cúbrela con un apósito. Solo en caso de emergencia, estando fuera de tu casa, usa Curitas; pero lo mejor es usar gasa y cinta adhesiva para heridas. Esto protege la lesión del polvo y las sustancias que puedan infectarla, pero deja que respire y pueda cicatrizar más rápido. Las Curitas las mantienen húmedas, el proceso de cicatrización tarda mucho más y la herida puede infectarse.

¿Qué debes hacer con un golpe?

Los golpes con objetos pesados, con la pata de una mesa o una silla o por deportes, son cuestión de todos los días. A mí todavía no me ha tocado mucho (¡y lo digo tocando madera!), pero tengo muchas amigas que han pasado semanas enteras como Jefas de Medicina de alguno de sus hijos o maridos por los golpes que se dan jugando sus deportes favoritos. Aquí te dejo unos pasos simples para tratar un golpe:

1. Primero, pon hielo, agua fría o compresas frías sobre el golpe para bajar la inflamación y evitar futuros hematomas. Una de las cosas que siempre tengo a mano son las bolsas de hielo en el congelador o, al menos, algunas bolsas Ziplock para llenar con hielo en estos casos. Siempre es bueno envolver la bolsa con una toalla delgada o una tela suave para que el frío no queme la piel. La idea es mantener la compresa sobre el golpe, por al menos quince minutos.

2. Si hay mucho dolor —especialmente cuando son golpes a una rodilla o un tobillo, por ejemplo, que suelen inflamarse demasiado— es bueno tomar una dosis de ibuprofeno. A diferencia de otras opciones que son solo analgésicas, el ibuprofeno es analgésico y antiinflamatorio. Lo encuentras en cualquier farmacia, existen marcas genéricas, en cápsulas, pastillas, gel, líquido y hasta con sabor a frutas para los niños.

3. Para evitar y curar rápidamente los moretones tras un golpe, es recomendable tomar vitamina C. Lo ideal es que sea de manera natural, consumiendo frutas como naranjas, kiwi, limones, pomelos, etc.

Fracturas

Una de mis peores experiencias de vida ocurrió el día que mi hijo Roberto, con dos añitos, se fracturó uno de sus brazos. Se nos cayó del cambiador, delante de nuestros ojos. Es un momento de horrendo pánico por el que nadie debería pasar, pero mejor estar preparado por las dudas.

1. Antes que nada, revisa bien a la persona, intenta reconocer en qué lugar se dio el golpe.

2. Inmediatamente coloca hielo sobre el golpe, siguiendo el primer paso de la sección anterior sobre golpes.

3. Si hay una fractura, usualmente lo sabrás de inmediato pues el dolor es insoportable. Así fue con Roberto, no paraba de llorar, diciendo "¡mi brazo, mi brazo!", con lo que nos dimos cuenta en el acto de que se trataba de algo serio. Su dolor incontrolable nos indicó que debíamos correr al hospital, cosa que deberías hacer en caso de fractura.

4. Para agilizar el proceso, y molestar lo menos posible a la víctima, te recomiendo usar prendas de ropa que sean fáciles de poner y sacar. En este caso fue un brazo, por lo que una camisa de manga corta y con botones fue la mejor elección para movernos con rapidez y evitarle más dolor.

5. Otro dato clave: no dejes dormir a la persona enseguida después de una caída. Es mejor mantenerla bien despiertita hasta poder confirmar que todos sus signos vitales están bien y su comportamiento es normal.

Cortaduras y hemorragias

Recuerdo que cuando tenía alrededor de doce años, pasaba el tiempo descalza en mi casa. Un día salí corriendo a atender la puerta y tropecé con un espejo de pie que teníamos peligrosamente sin marco, apoyado contra una pared. El tropezón fue con mi dedo meñique del pie derecho donde, hasta el día de hoy, conservo una cicatriz de los nueve puntos que me tuvieron que poner. La cantidad de sangre, de coágulos de sangre debo decir, que sale de las heridas de los pies, al igual que de las heridas de manos y cara, es verdaderamente impresionante. Mi pobre mamá estaba muy impresionada cuando llegó a la casa y me encontró bañada en sangre, intentando detenerla con un pedacito de papel higiénico. En esa época, sin celular, no pude comunicarle lo que me había pasado. ¡Y tampoco sabía qué hacer!

¿Qué debes hacer si tú o algún familiar o amigo se corta?

1. Regla número uno: acudir al chorro de agua fría. También se puede poner la herida en una tina o recipiente de agua fría.

2. Luego, se debe limpiar la piel alrededor con un poco de jabón y un paño suave, evitando que el jabón entre a la zona afectada para evitar que se irrite. Aunque parezca lo lógico utilizar sustancias más fuertes como agua oxigenada o algún antiséptico, es mejor evitarlos pues pueden irritar la herida.

3. Si existe alguna basura que retirar, se pueden utilizar unas pinzas desinfectadas previamente con alcohol.

4. Si la herida es profunda, llama al número de emergencia o acude a un centro de atención médica para que la revisen y hagan lo necesario para curarla.

Cómo parar una hemorragia

Cuando ocurre un incidente donde hay una importante pérdida de sangre, es importantísimo que sepas cómo proceder para detener la hemorragia mientras acudes a un centro de atención médica.

1. Eleva la parte del cuerpo para ayudar a disminuir el sangrado. Por ejemplo, si se trata de un dedo de la mano, alzar el brazo.

2. Llama de inmediato al número de emergencias o pídele ayuda a alguien para llevar a la víctima a la sala de urgencias más cercana.

3. Trata de limpiar la zona con sumo cuidado utilizando solamente agua templada o fría. Si hay algún objeto incrustado no intentes sacarlo. Ya que uno no sabe si al hacerlo puede lesionar tejidos, hueso o músculos. Es mejor que eso quede en manos de los expertos.

4. Presiona la herida con una gasa estéril. Si no tienes, puedes usar un trozo de tela limpia, idealmente lavada previamente con cloro. Si tienes que presionar la herida con las manos, asegúrate de que estén limpias o, mejor aún, si tienes guantes de látex, póntelos.

5. Si la hemorragia no se controla, puedes recurrir al torniquete.

CÓMO HACER UN TORNIQUETE

En caso de una herida mayor, con hemorragia, por supuesto que necesariamente terminarás en un hospital o centro de urgencia. Pero en el camino o mientras esperas que llegue la ayuda, puedes evitar que la pérdida de sangre sea excesiva haciendo un torniquete. Sigue estos pasos:

1. Usa un trozo de tela largo, de unas doce pulgadas.

2. Si la herida está en la pierna o el antebrazo, debes poner la tela donde comienza la extremidad, lo más cerca posible a la articulación, átala alrededor de la extremidad y haz un nudo simple.

3. Luego, toma un palo u objeto rígido y haz un segundo nudo en torno al objeto. Utilizando el palo u objeto como llave, comienza a girarlo hasta que se vea que la hemorragia se ha detenido.
4. Una vez frenada la hemorragia, pon el palo paralelamente a la extremidad y fíjalo a ella con otro trapo.
5. Debes anotar la hora en que hiciste el torniquete y trasladarte a un hospital lo antes posible. Si dejas pasar demasiado tiempo, puede traer consecuencias más graves por la falta de circulación.

Quemaduras

Siempre debes tener claro qué grado de quemadura es la que tienes enfrente. Esto dependerá del nivel de profundidad y extensión del tejido. Cuando se trata de una quemadura simple, de primer grado, podemos tratarla en casa. De segundo grado en adelante, mientras más pronto llegues a un centro médico, mejor. Si hay ropa comprometida, no debes quitarla si está pegada a la piel, pues se puede agravar la lesión. Esta es una señal inconfundible de que debes acudir a un centro médico cuanto antes. No soples ni toques la herida, pues se pueden transmitir microbios u otros agentes infecciosos. Contrario a lo que pensamos comúnmente, no se debe aplicar agua a una quemadura. El remedio casero más recomendado es aplicar aloe vera, procesado o mejor aún, un poco del gel natural de la hoja.

Insolación

La insolación es como encenderle fuego al cuerpo. Lo primero que debes hacer es mantener a la víctima de los rayos solares hidratada. Beber bastante líquido es imprescindible: agua pura o bebidas que ayuden a reponer las sales y los minerales del cuerpo, como Pedialyte o bebidas deportivas como Gatorade o Propel.

Otro paso que ayuda es tomar una ducha de agua fresca, lo mas fría que resista el cuerpo, o llenar una bañera con agua fría y agregarle una taza de harina de avena o unas cucharaditas de bicarbonato de sodio y dejar que la persona repose unos veinte minutos en el agua. Una vez que termine el baño, deja que la persona se seque naturalmente o sécala con muchísimo cuidado, sin rozar la piel, utilizando una toalla o tela de algodón y dando golpecitos suaves.

Las siguientes opciones naturales también ayudan increíblemente a la recuperación:

> Moja una gasa en leche fría y aplícala sobre el área quemada durante media hora. Repite cada dos a cuatro horas.
> Aplica yogur al área quemada.
> Mezcla flores secas de manzanilla con aceite de oliva virgen. Calienta a baño María durante hora y media. Cuela y deja que se enfríe. Aplica esta mezcla sobre la quemadura cada tres horas.
> Muele una zanahoria cruda y aplica ese puré directamente sobre la piel dañada durante unas tres horas.
> Y la opción más usada: extrae el gel o jugo de una hoja de aloe vera o sábila y aplícalo directamente sobre la piel.

EL *LOOK* DE LA JEFA DE MEDICINA

El look *real*

El rol de la Jefa de Medicina varía, pero muchas veces recae en el papel de enfermera. Tomando esto en cuenta, el uniforme tradicional de las enfermeras consiste en un vestido blanco con medias, zapatos blancos y cofia blanca. El uniforme moderno es más bien parecido a los que usan los cirujanos para operar. Consiste en un pantalón elástico y una camisa ancha y cómoda. Incluso las usan de colores y estampados y en lugar de los zapatos blancos, usan suecos cómodos tipo Crocs.

El look *de fantasía*

El disfraz de enfermera provocadora siempre tiene gran aceptación entre los caballeros y seguro que para tu esposo será la mejor terapia que le puedas aplicar. ¿Dónde adquirirlo? En Estados Unidos lo puedes conseguir en Party City, tiendas de disfraces o en sex shops.

PARA HABLAR Y PRACTICAR EN CASA

Sé que cuando eres Jefa de Medicina es muy difícil delegar responsabilidades. Pero al menos *compartir* la información es vital. Por eso es necesario que en algún momento impartas un curso rápido a cada uno de los miembros de la familia sobre la información que deben conocer en casos de emergencia, como por ejemplo: dónde están los números importantes, a quiénes deberían llamar según cada caso, qué pasos tomar para ayudar a la víctima, a dónde acudir, etc.

Es importante discutir este tema en familia, y principalmente con las personas que te ayudan en casa como tu empleada o niñera si las tienes. Ellas más que nadie deben conocer cuál es el plan maestro y recibir instrucciones claras sobre cómo actuar en caso de que ocurra alguna de las emergencias más comunes.

Por ejemplo, si vives en un área propensa a los desastres naturales (huracanes, inundaciones, incendios forestales, tornados, terremotos) es imprescindible que tengas un detallado plan de emergencia, y que todos los miembros de la familia lo conozcan y sepan exactamente lo que deben hacer en caso de que suceda uno de estos desastres. Todos deben saber cuál es el área más segura de la casa, las zonas de evacuación y las medidas de prevención generales.

> **HUMOR:**
> **¡COLMOS!**
>
> **P:** *¿Cuál es el colmo de una enfermera?*
>
> **R:** Llamar a una hija Dolores, y a la otra Remedios.

Si tienes niños pequeños, es importante que les transmitas la información a modo de juego divertido para no estresarlos. Sé creativa. Puedes usar dibujos o sus muñecos para enseñarles qué hacer frente a algunas situaciones básicas, contarles cuentos o hasta crear pequeñas obras de teatro con tu esposo para mostrárselo.

DOLENCIAS COMUNES Y CÓMO TRATARLAS

La Jefa de Medicina también está a cargo de toda una serie de otras cosas que, si bien no son emergencias ni tan graves, sí son muy fastidiosas, incómodas y dolorosas. Lo que siguen son las dolencias más comunes y cómo tratarlas, así estás armada y lista cuando vengan a ti con cualquiera de estos problemitas.

Cómo sacar una astilla

Tuve una hermosa mesa de comedor que compré en una prestigiosa tienda de muebles. Era bellísima, muy elegante, pero tenía un grave problema: el revestimiento de madera soltaba astillas. A veces con solo pasarle la mano se enterraba una, por lo que decidí venderla. Pero en el tiempo que la tuve me tocó sacarle una astilla a cada uno de los miembros de mi familia, así que me volví una experta.

Lo que mejor me funcionó a mí es lo siguiente: adormece la zona, aplicando hielo o un poco de crema con lidocaína. Luego, quítala con un alfiler o pinzas desinfectados. Es clave que primero desinfectes el alfiler o las pinzas porque si no lo haces, puedes causarle una infección a tu paciente. No aprietes la zona ni trates de abrir o cortarla. En este caso, si se corta, el remedio puede resultar peor que la enfermedad. Si no consigues sacar la astilla por tu cuenta, acude a un centro de asistencia médica.

Cómo curar un orzuelo
Mi abuelita Petra siempre decía que si uno se pasaba un anillo de oro caliente por el orzuelo se le desinflamaba y lo cierto es que ¡funciona! Hay quienes recomiendan poner hielo, pero esto es un tremendo error, ya que para los orzuelos lo único que funciona es el calor. Con calor el orzuelo madura, se abre y deja que drene el absceso. Otra opción es colocar un hisopo o un paño con agua lo más caliente que tolere la piel del párpado durante cinco minutos, al menos dos o tres veces por día hasta que el orzuelo desaparezca.

Cómo bajar la fiebre
Cuando hay fiebre en el cuerpo, los órganos y tejidos internos están recalentados. Es imprescindible tomar mucha agua para hidratar el cuerpo. Algunos de los remedios que más me funcionan para bajar la temperatura son: tomar un baño con agua templada (lo más fresca que el cuerpo resista), colocar paños fríos en la cabeza, descansar y tomar mucho líquido, ya que la fiebre te deshidrata. También es recomendable intercalar acetaminofén con ibuprofeno cada cuatro horas.

Se considera fiebre en los adultos cuando la temperatura está por encima de los 100°F (37.8°C). En los niños se considera fiebre cuando la temperatura rectal sobrepasa los 100°F (38°C). Si llegas a tener fiebre por más de cinco días, consulta un médico de inmediato, pues puede ser muy peligroso.

Cómo quitar el hipo
Con toda seguridad, el hipo es una de las cosas más fastidiosas del mundo. El hipo es un espasmo de la musculatura del diafragma que ocurre cuando comemos demasiado rápido o tragamos pedazos de comida muy grandes. Se elimina cuando se hace algún esfuerzo de tipo respiratorio.

Algunos creen que asustar a la persona es la mejor manera de suprimirlo. Pero las mejores opciones son: tomar un sorbo de agua con la nariz tapada, respirar en una bolsa de papel o aspirar una cucharadita de azúcar por la boca lentamente.

Cómo aliviar las aftas en la boca

Es muy común que en ciertas épocas tengamos aftas en la boca o herpes en los labios. Estos pueden ser causados por virus, infecciones estomacales, falta de vitaminas o de hierro, gastritis, alergias a ciertos alimentos e inclusive por nervios. Si duran muchos días o se repiten constantemente, acude a un médico para averiguar si hay un problema de salud mayor detrás. Pero, mientras tanto, los puedes aliviar de la siguiente manera:

> ➤ Haz gárgaras con una solución de 1 taza de agua mezclada con 1 a 2 cucharaditas de bicarbonato de sodio.
> ➤ Usa un enjuague bucofaríngeo analgésico que alivia el ardor (lo puedes comprar en la farmacia).
> ➤ Enjuaga la boca con una mezcla de 1 taza de agua, 1/2 cucharadita de sal marina y 1/2 cucharadita de bicarbonato de sodio.

MIENTRAS TENGAS AFTAS BUCALES...

- Come sólo alimentos fríos. Los calientes pueden agravarlas.
- Evita comer alimentos picantes, salados o ácidos.
- Consume yogur y alimentos que contengan vitamina C, B, ácido fólico y hierro.
- Relájate. La tensión puede ser una causante de las aftas bucales.
- Cepíllate los dientes con mucho cuidado.
- No te beses mientras estén presentes. Son contagiosas.

Cómo mejorar un dolor de vientre

Para los dolores de vientre nada mejor que una bolsa de agua caliente. El calor aplicado en el área ayuda a aliviar los espasmos de vientre y otros calambres. Si el dolor es muy fuerte, también puedes recurrir al ibuprofeno. Y, si es algo muy doloroso y recurrente, consulta un médico.

ENFERMERAS QUE TE INSPIRAN EN LA GRAN PANTALLA

El paciente inglés (The English Patient): Hana, (Juliette Binoche) es una enfermera canadiense que perdió a todos sus seres queridos en la Segunda

Guerra Mundial y se ofrece para cuidar a un paciente severamente quemado en circunstancias muy difíciles.

Miseria (Misery): Annie Wilkes (Kathy Bates), una enfermera profesional, después de una nevada descubre un accidente donde se encuentra un escritor que ella admira. Lo lleva a su casa, le da todos los cuidados médicos necesarios y lo secuestra hasta que reescriba la novela en la que él le da muerte a Misery, su personaje favorito.

Persiguiendo a Betty (Nurse Betty): Betty (Renee Zellweger), una camarera de Kansas City, bajo la influencia de una telenovela, sueña con ser enfermera. Cuando su marido, un mediocre vendedor de coches, resulta asesinado, decide irse a Los Ángeles convencida de que su novio es el protagonista del culebrón, concretamente el cardiólogo.

Cómo eliminar los piojos

Cuando era chiquita tuve piojos; me los pegaron en la escuela. Recuerdo muy bien el frasco del temible Champú Avispa con el que mi mamá nos lavaba a mi hermana y a mí la cabeza. Tenía un olor terrible y ¡cuánto picaba en los ojos! Recuerdo también la peinilla de dientes finísimos con la que (¡terror!) mi mamá me peinaba para eliminar las liendres, y las subsiguientes y frecuentes llamadas: "Claudia, ven acá que te voy a revisar la cabeza".

Las epidemias de piojos en las escuelas parecen ser la cosa más común del mundo, desde que el mundo es mundo. Sin embargo, a nadie le gusta hablar del tema. Recientemente, una de las que rompió el mito de que los piojos se pegan solo en ciertos lugares y a ciertas personas fue la glamorosa Sarah Jessica Parker en la película *I Don't Know How She Does It!* La imagen de la rubia ejecutiva rascándose desesperadamente la cabeza, contagiada de piojos por sus hijos ha logrado no solo hacernos reír a carcajadas, sino también sentirnos absolutamente identificadas. Aquí las instrucciones para combatir este gran fastidio:

- ➤ El tratamiento siempre deben hacérselo TODOS los miembros de la casa, sin excepción, ya que si no, no tiene sentido porque no funcionará.
- ➤ Lava el pelo con un champú específico antipiojos. Sigue las indicaciones de la botella.

> Utiliza un peine específico para remover los huevos de los piojos, que se llaman liendres o liendras. Estos quedan pegados a las hebras de cabello y, si no se retiran, pronto se convierten en piojos.

> No solo hay que lavarse el pelo, sino que también hay que lavar todas las sábanas, ropa de cama, ropa de uso, peluches, toallas, cojines, etc. Eso, a diario, mientras dure el tratamiento.

> Y aunque existen muchos tipos de espray repelentes de piojos, nada funciona mejor que enjuagarse el cabello con un poco de vinagre blanco o vinagre de manzana. Su olor y acidez los repele.

> También puedes peinar el cabello con gel fijador para evitar que los piojos puedan entrar y desplazarse entre las hebras de pelo.

Cómo curar las ampollas

Que alce la mano a la que le ha quedado una horrenda y dolorosa ampolla en un pie después de lucir esos espectaculares e irresistibles zapatos nuevos. Yo tengo la mano alzada, varias veces. Las ampollas son burbujas de suero que se forman en la piel, causadas por la fricción o por una quemadura. Para removerlas, quita el líquido que se encuentra dentro de la ampolla pinchándola con una aguja previamente desinfectada con fuego o con alcohol. Limpia con alcohol y coloca una crema cicatrizante o un apósito pequeño. No quites la piel —esta ayuda a proteger la herida evitando que se infecte.

Cómo sacar un anillo que está estrangulando el dedo

El otro día me pasó algo tragicómico… Curioseando joyas en una tienda, me vi forzada a comprar un anillo que ni siquiera me gustaba mucho, pero se me quedó atorado en un dedo. Por suerte no era muy caro… ¡y logré sacármelo al llegar a casa! Si te ves en esta situación, pon la mano hacia arriba durante un rato. Para bajar más rápido la hinchazón enfría el dedo masajeándolo con hielo por unos minutos. Unta el dedo con aceite o jabón líquido, jala el anillo y asunto arreglado.

Cómo prevenir y cuidar un catarro

Para prevenir un catarro, sigue estas recomendaciones al pie de la letra:

1. Mantente alejada de las personas con catarros. Evita el contacto directo con gente que veas estornudando, tosiendo o con mucha congestión.

2. Mantén tus manos bien limpias y evita tocarte los ojos, nariz y boca para evitar el contagio de gérmenes con los que puedas haber tenido contacto.

3. Bebe mucha agua. Trata de beber al menos ocho vasos de agua por día para eliminar gérmenes y toxinas.

4. Lleva una dieta sana. Esto significa comer la menor cantidad de alimentos procesados, comidas enlatadas, sodas, grasas, excesos de sal y azúcar que puedas. En su lugar, ingiere muchos vegetales y frutas, granos, cereales y carnes magras.

5. Si te sientes congestionada o agotada, aumenta tus vitaminas. La vitamina C es excelente para cortar cualquier resfriado. Toma vitamina C o EmergenC y un multivitamínico diario.

6. Duerme bien. Al menos ocho horas de sueño reparador ayudan al cuerpo a mantenerse listo para cualquier batalla diaria y a combatir los virus ambientales.

Sin embargo, hay ocasiones en que por más esfuerzos que hagas para evitarlo, el fastidioso catarro te gana la batalla. Al fin y al cabo ¡somos de carne y hueso! ¿Qué le vamos a hacer? Para salir rápido de esa gripe e incorporarte a tus labores de Jefa, sigue estas instrucciones:

➤ Apenas te sientas con síntomas, corta todos los productos lácteos, pues estos causan estancamiento de moco en tus senos nasales. Así es que reemplaza el café con leche por té con limón y miel.

➤ Ducha caliente y bebidas calientes: estas no solo reconfortan el cuerpo sino que te ayudan a sudar la fiebre.

➤ Agua: bebe mucha agua para eliminar los gérmenes y las toxinas. Si tienes fiebre, bebe todavía más cantidad, ya que el calor en el cuerpo te deshidrata más rápido de lo usual.

➤ Gárgaras: hacer gárgaras con agua con sal te ayuda a aliviar la garganta irritada o adolorida.

➤ Limón y miel: las limonadas con miel de nuestras abuelas son uno de los secretos mejor guardados para la gripe. Son un refuerzo de vitamina C y antioxidantes naturales.

➤ Sopa: ya sea la sopita de pollo casera, una sopa de lata o de sobre, tomar una sopita caliente te reconforta el cuerpo y el espíritu. La de pollo te ayuda a eliminar la mucosidad, gracias al aminoácido cisteína que contiene. La de tomate te ayuda a desinflamar las vías respiratorias y es una poderosa fuente de vitamina C.

➢ Mantén el cuerpo cubierto, arrópate y quédate en la casa descansando, tumbada en el sofá o, si es posible, acostada en la cama. ¡No hay nada mejor para recuperar tu sistema inmune que el descanso!

SECRETOS ENTRE JEFAS

Cómo estornudar y toser con estilo
Estornudar. No es en sí un acto grosero. La forma en que se estornuda es lo que puede resultar una tremenda grosería, especialmente si mojas a quien tengas enfrente y encima sueltas un comentario chistoso como: "¿No tienes un paraguas por ahí? Jeje". No es necesario que te aguantes el estornudo, pero tampoco hace falta que hagas un escándalo, estilo "¡¡¡AAAaaacchhuuuuúúúúú!!!". Y si estás enfermo y debes salir, asegúrate de llevar preferiblemente un pañuelo, o al menos un poco de papel higiénico para atajar el estornudo en el camino.

Cuando sientas que el estornudo se acerca, voltea la cabeza para otro lado (sacando a las personas de tu "línea de fuego") y cubre tu nariz y boca con tu pañuelo o el papel higiénico. Si te viene un estornudo, no tienes un pañuelo contigo y debes taparte la nariz y boca con tu mano, obviamente puede que la mano te quede… sucia. ¿Qué hacer con la mano sucia y con alguna mucosidad o secreción que se asome por tu nariz? Si vas viajando en autobús o en el metro, tendrás que recurrir a cualquier pedazo de papel, o a tu propia ropa. Apenas puedas, corre al baño más cercano y lávate las manos y la cara.

Toser. Aquí también, lo grosero está en la forma de toser, no en el acto en sí. El método es igual al de estornudar. Voltea la cabeza, y tápate la boca con un pañuelito. En caso de sentir que te está viniendo una crisis de tos, de esas en las que uno no puede parar de toser, y que te encuentres en un lugar cerrado o en una situación donde el ruido puede molestar a los demás, como en el cine o en la iglesia, lo más gentil es salir del lugar y esperar a que te pase el ataque de tos.

TRES COMIDITAS CURATIVAS

Té de manzanilla

Este es un tecito casi mágico al que todavía no se le conocen efectos secundarios, aunque se usa desde hace siglos. Las únicas precauciones son para los primeros tres meses de embarazo, ya que a algunas mujeres la flor de la manzanilla les produce alergias. Entre los múltiples beneficios que tiene el té, está que ayuda con casi todos los problemas digestivos, es diurético, combate el estrés y la depresión, ayuda a aliviar los dolores menstruales, es antiinflamatorio, relaja los músculos, promueve el sueño y ¡hasta ayuda a desinflamar las bolsas de los ojos!

Arroz cocido

Los orientales, que nos llevan muchos siglos de ventaja en materia de salud, no se han equivocado en confiar en estos diminutos granos casi toda su vida. El agua de arroz cocido es maravillosa para tratar inflamaciones estomacales, diarreas e incluso fiebre, ya que ayuda a la rehidratación. El arroz ayuda a equilibrar y desintoxicar el cuerpo, gracias a un elemento llamado albúmina, semejante a la clara de huevo, que ayuda a eliminar toxinas y retención de líquidos. El arroz integral, por su parte, es excelente para combatir enfermedades como el estreñimiento, el nerviosismo y el estrés.

Sopa de pollo

La clásica sopa de pollo de nuestra mamá y de nuestras abuelas es, sin duda, el secreto a voces mejor guardado y transmitido de generación en generación. Sus beneficios no son solo un mito, pues han sido comprobados por científicos como excelentes para combatir el catarro y otras afecciones pulmonares. También se la conoce por curar el alma. ☺

Aunque las sopas de pollo instantáneas también sirven, los expertos recomiendan preparar una sopa casera, ya que la cebolla, la zanahoria, el perejil, el apio y el pollo tienen propiedades antiinflamatorias que ayudan a calmar la tos y aliviar la congestión de las vías respiratorias. Además el pollo es una excelente fuente de minerales como el hierro, el calcio, el sodio, el potasio, el magnesio, el fósforo, el azufre, el yodo y una de las mejores opciones de proteína animal. Lo que sigue es una receta fácil y rica de sopa de pollo que toda Jefa de Medicina debe tener.

INGREDIENTES
2 libras de pollo o pechuga de pollo, en trocitos
1 cebolla mediana, cortada en cuartos
2 zanahorias, en trocitos
2 papas, en trocitos
1 tallo de apio, picado
3 dientes de ajo, machacados
½ pimentón, picado
¼ libra de pasta fina seca (opcional)
Sal al gusto
1 ramillete de cilantro, picado finamente

Coloca todos los ingredientes, menos la sal y el cilantro, en una olla grande. Cubre con suficiente agua, unas dos pulgadas sobre los ingredientes. Pon a cocer a fuego alto. Cuando llegue a punto de ebullición, baja el fuego y cocina a fuego lento hasta que las verduras estén tiernas y el pollo bien cocido, aproximadamente treinta minutos. Si gustas, agrégale la pasta. Luego agrega sal al gusto, esparce el cilantro fresco y apaga el fuego. Sirve bien caliente.

SECRETOS ENTRE JEFAS

Ten una sopa de pollo en el congelador permanentemente. Prepárala, déjala enfriar y congélala. Puedes guardarla en un recipiente de vidrio, de plástico o en una bolsa Ziplock. Te caerá de maravilla saber que solo con descongelarla tienes una sopita de pollo lista para esos momentos de emergencia.

ADMINISTRA LA SALUD DE TUS PACIENTES

Conoce la salud de cada quien

Es vital que la Jefa de Medicina conozca y entienda el estado de salud y los requerimientos de cada uno de los miembros de la familia (incluyendo la mascota). Saber lo que necesita cada quien, si está enfermo, si tiene alguna enfermedad crónica, y cuáles son los puntos débiles de cada miembro de la familia, es esencial. Por ejemplo: mi punto débil es la garganta, el de mi esposo es el pecho y a mi hijo Roberto tengo que cuidarle los bronquios.

También es importante investigar un poco sobre las enfermedades que han existido o existen en la familia. Tal como lo hacen los médicos al momento de escribir tu historial, debes saber si en tu caso o el de tu esposo hay antecedentes de cáncer, depresión, tuberculosis, diabetes, enfermedades coronarias, etc. Ten en cuenta esta información para cuidar a tu familia de la manera más apropiada.

¿QUÉ HACER CON EL MARIDO ENFERMO?

Los hombres son grandes niños (*perdónenme señores*, ¡pero así es!) y a la hora de enfermarse son todo un drama. Una forma de mantener contento y atendido a tu marido es hacerle mimos, preguntarle qué le provoca comer, tenerle su sopita lista, escucharlo quejarse, llevarle otra almohada, acercarle el iPad a la cama y decirle frecuentemente que sabes lo horrible que lo está pasando, pero que ya prontito se va a mejorar.

Crea una historia médica

Prepara la historia médica de cada integrante de la familia (incluyendo la mascota). Compra un cuaderno con divisiones y dedica una sección para cada quien, o crea un archivo en la computadora. Lo siguiente es la información básica que debes incluir en la historia médica de cada persona.

Información personal. Nombre legal completo. Sobrenombres u otros nombres con los que se conoce a la persona. Fecha de nacimiento. Dirección, teléfono y cualquier otra información de contacto.

Contacto de emergencia. Nombres y números de las personas a quienes se debe contactar en caso de emergencia.

Fecha de la historia médica. Para dar un marco de referencia de cuán antigua es la historia.

Grupo sanguíneo. Para saberlo en caso de emergencia.

Números de póliza de seguro médico. Para casos de emergencia y también citas con médicos nuevos, etc.

Alergias. Incluye todas las alergias a drogas que conozcas (yo soy alérgica a la penicilina por ejemplo), también alergias a comidas y otras alergias (como al látex). Si tú o tu familiar no son alérgicos a nada, no omitas esta sección, simplemente coloca "Ninguna". Esto le indica a quien lee la historia, que tú no olvidaste este renglón sino más bien que la persona no es alérgica.

Medicamentos. Haz una lista de todos los medicamentos que está tomando la persona. Incluye los medicamentos con o sin receta. Incluye la cantidad de cada dosis, la forma en que se toma (cápsula oral, líquido oral, inyección, etc.) y la frecuencia con que se toma el medicamento (una vez al día, tres veces al día, cada dos semanas, etc.). Incluye también tratamientos de larga duración como los utilizados para las alergias, los suplementos vitamínicos, inhaladores para el asma, etc.

Enfermedades. Haz una lista de todas las enfermedades crónicas o recurrentes, y de las afecciones que tiene la persona. Esto alerta a los médicos a considerar posibles causas y efectos colaterales a la hora de determinar su tratamiento. Escribe los nombres de las enfermedades o afecciones, la fecha en que surgieron, el tratamiento actual y el nombre y teléfono del especialista que monitorea ese tratamiento.

Cirugías y accidentes. Anota todas las cirugías, los accidentes y las enfermedades serias que haya tenido la persona en el pasado, comenzando por la más reciente. Escribe el diagnóstico, el tipo de procedimiento que se siguió, la fecha en que sucedió y el médico que estuvo a cargo. Agrega cualquier secuela que haya quedado a raíz de esa operación o accidente. Indica si se extrajo algo (por ejemplo el apéndice) o se insertó algo (como una prótesis o clavo de acero). Incluye las enfermedades comunes de la infancia, como rubéola o sarampión, e indica todos los embarazos.

Vacunas. Incluye el tipo de inmunización y la fecha. Escribe la fecha de la última vacuna contra el tétano.

Historia familiar de enfermedades y afecciones. Enumera la afección y el parentesco con la persona que lo tiene (solo para parientes de sangre).

Médico de cabecera. Nombre completo, nombre de su consultorio, dirección y teléfono. Si se está bajo el cuidado de algún especialista, indícalo también.

Obtén las historias clínicas y exámenes médicos. ¿Sabías que puedes recopilar los exámenes y resultados médicos de los doctores? Para obtenerlos, visita la oficina de registros médicos de tu hospital o médico y pide copia de las historias clínicas de cada miembro de la familia. Visita también el centro de radiología para obtener copia de los estudios de imagen (tomografías computarizadas, resonancias magnéticas y rayos X). Probablemente vas a tener que pagar un cargo por las copias de los exámenes. A menudo es más fácil pedir copias de los estudios en el momento que se están haciendo. Asegúrate de preguntar.

SECRETOS ENTRE JEFAS

Organiza los papeles médicos
Al investigar cuál era la mejor manera de organizar los registros médicos para cada miembro de la familia, el método que más me gustó fue usar un archivador grande con varias divisiones:

1. Agrupa todas las historias médicas en una sección.
2. Coloca todos los contactos médicos en otra sección (nombre del médico, teléfono, fax, dirección).
3. Mantén un registro de llamadas al médico. Anota el nombre de la persona con quien hablaste, cuándo fue, lo que te dijo, cuáles fueron las decisiones que se tomaron con respecto al tratamiento, y agrega todo a otra sección del archivador.
4. Mantén en su propia sección un registro de llamadas a tu compañía de seguro médico. Anota el nombre de la persona con quien hablaste, la fecha, lo que te dijo y las respuestas o próximos pasos a seguir.
5. Crea una sección para llevar seguimiento de los medicamentos. Anota cuál es el nombre de la medicación, para qué sirve, quién la está tomando, cuándo fue prescrita, quién la prescribió y en cuál farmacia la compraste o la reabastecen.
6. Crea una sección separada para los recibos y papeles que tienen que ver con finanzas y con el seguro. Mantén todo organizado por fecha de servicio.

Cómo y dónde almacenar la información médica

En casa
En toda casa debe existir un lugar seguro donde residan las historias y los registros médicos de la familia, como dentro de un gavetero o en una caja. A su vez, lo más recomendable es que sean fáciles de transportar, por lo que recomiendo que se organicen dentro de un archivador o un maletín portátil. De esta manera podrás llevarlos fácilmente a tus citas médicas.

Online
Guardar los registros médicos *online* es una gran opción moderna. Uno de sus principales beneficios es que esta información puede ser accedida por ti desde cualquier lugar del mundo o, con tu autorización, por un espe-

cialista, sin necesidad de que tú estés presente. Hace poco tuve que ver un médico en Brasil. Fue algo que surgió al estar en ese país, y obviamente no cargaba conmigo los exámenes que recién me había hecho en Estados Unidos, por lo que tuve que hacerme un nuevo perfil sanguíneo. Me habría evitado la demora y el gasto extra si hubiese tenido mis exámenes *online*. ¿Cómo se hace? Microsoft tiene un producto que se llama HealthVault, un programa para organizar, guardar y compartir información médica *online*. Otra manera es escanear tus registros, exámenes y documentos, y alojarlos en un *cloud* o espacio de almacenaje virtual, como el iCloud de Apple.

ELIGE UN MÉDICO DE CABECERA

A la hora de seleccionar un médico, toma el control y sé tú quien hace las preguntas. Al médico lo debes entrevistar de la misma manera en que entrevistas a cualquier otro profesional al que potencialmente podrías contratar para un proyecto o servicio. Este es uno de los profesionales más importantes que contratarás ¡porque es quien se encargará de cuidar de tu salud y la de tu familia! Acá comparto una guía con una lista de lo que debes averiguar antes de elegir a tu médico de cabecera:

Entrenamiento
¿Dónde estudió medicina? ¿Dónde completó su residencia? ¿Está certificado por el colegio de médicos?

Experiencia
¿Cuántos años de experiencia tiene y cuántos pacientes ha tratado con condiciones similares a la tuya o la de tus familiares?

Cobertura
Averigua quién lo cubre cuando no está de guardia, y pide conocer las credenciales de ese otro médico que posiblemente pueda atenderte en su lugar.

Afiliaciones
¿A qué hospitales está afiliado? Quieres elegir a alguien afiliado a hospitales reconocidos. Esto significa que el doctor goza de privilegios en esos

hospitales, y también te ayuda a confirmar que sus credenciales médicas son legítimas.

Horarios y disponibilidad

¿Cuál es el promedio de espera en su consultorio? ¿Puedes tener su número de celular para llamarlo en casos de emergencia? ¿Acepta llamadas dentro del consultorio en horario de oficina o son atendidas por un asistente? ¿Puede verte el mismo día si estás enferma?

VISITAS MÉDICAS

Es importante hacerse chequeos médicos periódicamente, ya que la prevención es la mejor medicina de todas. Acá te dejo una lista de algunos de los chequeos médicos más importantes y cada cuánto se deben llevar a cabo para mantenerte a ti y a tu familia lo más saludable posible.

> **Dentista.** Las limpiezas dentales son dictadas por la condición bucal del paciente. La frecuencia con la que debes visitar al dentista depende de cómo estén tus dientes y tus encías, y puede variar entre tres, cuatro, seis o doce meses. La American Dental Association recomienda ir cada seis meses. En cualquier caso, no dejes pasar más de un año sin hacerte un chequeo dental.
> **Oculista.** Si no usas lentes, es recomendable ir al oculista cada uno a tres años, dependiendo de tu edad y tus factores de riesgo. Si usas lentes fijos o de contacto, según la American Optometric Association, debes chequear tu vista cada dos años, y después de los sesenta y un años de edad, debes ir anualmente. En cuanto a los niños, según la American Optometric Association, el primer examen ocular se debe hacer a los seis meses de edad, luego otro a los tres años de edad, seguido por uno previo al comienzo escolar, y después de eso cada dos años hasta llegar a los dieciocho años de edad. Si existen factores de riesgo, estos tiempos variarán. Consulta con tu oculista.
> **Internista.** Si te encuentras saludable, es recomendable que visites a tu médico de cabecera una vez al año. El examen anual incluye chequeo de la presión sanguínea, temperatura, latidos del corazón, respiración, examen pulmonar, palpación abdominal, examen de

la piel y apariencia general, entre otros. Esta es tu oportunidad de hacerle saber al doctor sobre cualquier cambio en tu salud. ¡No la desperdicies!

> **Ginecólogo.** Este chequeo debe hacerse una vez al año para hacerte un examen pélvico, examen de senos y el Papanicolaou. La Sociedad Americana contra el Cáncer recomienda que las mujeres entre los veinte y los cuarenta años se hagan un chequeo clínico de los senos cada tres años. A partir de los cuarenta años, deben hacerse una mamografía cada uno a dos años, dependiendo de su historia médica y sus factores de riesgo.

> **Pediatra.** Cuando nace el bebé, el médico lo examina a los cuatro o cinco días de nacido, luego a los dos, cuatro, seis, nueve y doce meses. Fuera de esto, irás al médico cuando le toquen las vacunas, y cada vez que tu hijo se enferme. En un niño sano, la visita de rutina al pediatra generalmente es anual para monitorear su crecimiento y desarrollo.

La cita médica

Parte de tu trabajo como Jefa de Medicina de tu casa es hacer las citas médicas —no solo las tuyas sino las de tus familiares y mascotas. Lo más importante antes de hacer la llamada al consultorio para pedir una cita es estar preparada. De esta manera, ahorrarás tiempo y serás súper efectiva.

> Ten presentes algunas opciones de días y horarios. Si planificas las citas médicas con anticipación, podrás conseguir el día y horario que más te convenga. Por ejemplo, si hago la cita de Roberto para su chequeo general cinco meses antes, puedo planearla justo para el día en que él no tenga clases.

> Al llamar, ten a mano toda la información que podrías potencialmente necesitar (desde el seguro médico hasta el grupo sanguíneo).

> Una vez que te den el horario, anótalo en tu calendario. Como algunas de estas citas se dan con mucha anticipación, si no lo anotas, se te puede olvidar.

PASOS PREVIOS A LA CITA QUE TE AHORRARÁN TIEMPO

- Averigua dónde queda el estacionamiento del hospital o consultorio o qué transporte debes tomar para llegar a tu cita, y aproximadamente cuánto puede tardar. La puntualidad es clave, ya que los médicos a menudo tienen una cita tras otra, y si llegas tarde puedes perder tu turno o tener que esperar más de lo pensado.
- Averigua si puedes llenar la información (historia médica) anticipadamente, sea *online* o en un formulario que te envíen por correo con anterioridad. Si no es posible, asegúrate de llegar a tu cita quince minutos antes del horario estipulado, para tener tiempo de llenar esta información.
- Lleva contigo, en un papel o en tu celular, una lista de preguntas para el médico, con todas tus dudas, todo lo que quieres saber de la enfermedad, los próximos pasos o qué esperar de la recuperación.
- Lleva tus registros médicos.
- Vístete cómodamente, sin demasiados accesorios que te tomen tiempo quitar y poner.

Para lograr una mejor consulta médica

Muchas veces he pagado una fortuna para consultar a un especialista y he regresado a la casa casi sin saber a lo que fui, sintiéndome incomprendida y con mi problema sin resolver. Sigue estos tres pasos para lograr que tu consulta médica sea un éxito:

1. Expresa bien tu problema y tus síntomas. Al igual que cuando vas al peluquero, si no te sabes expresar con tu médico, no podrás conseguir lo que deseas. Comprende bien a lo que vas y lo que deseas sacar de esa cita. ¡Y exprésalo! Enumera todos los síntomas que tienes y lleva claramente en tu cabeza, o en una pequeña libreta, cómo han sido las últimas horas para no olvidar mencionarle detalles, especialmente para que el médico también tenga claro si necesita derivarte a otro especialista. Recuerda llevar tu historial médico.
2. Asegúrate de entender bien todo lo que te dice el médico. Tú no tienes por qué conocer su terminología. Por lo tanto, si hay una palabra que no entiendes, pídele que te la explique de otra manera hasta que te quede claro.

3. Asegúrate de poder leer y entender lo que dice la receta médica. Antes de salir de la consulta, debes entender al detalle las indicaciones, los medicamentos que te han recetado, a qué hora se toman, la dosis y con qué frecuencia. Recuerda que eres la Jefa de Medicina que deberá proporcionar tratamiento al paciente en casa, seas tú misma o alguien de tu familia. Y no es un mito que los médicos tienen una letra extraña y confusa, así que si no puedes leer lo que dice la receta médica, ¡que no te dé pena preguntar!

ADMINISTRANDO MEDICAMENTOS

Algo muy importante al administrar medicamentos, tanto para ti como para otras personas en tu familia, es llevar un control de la medicación por escrito. Inclusive cuando tus hijos o marido dicen que saben lo que tienen que tomar y a qué hora, usualmente no están pendientes y se les olvida hacerlo. ¡Y no se lo confíes a tu memoria! Entre tu píldora anticonceptiva, las vitaminas de todo el mundo y el tratamiento de algún familiar —especialmente si la medicación es compleja o son varias drogas diferentes— es muy fácil olvidarse o equivocarse. Y un error, como tomar una doble dosis de una medicación, puede dañar un tratamiento por haber alterado las tomas, resultando en una pérdida de tiempo y de dinero, y hasta puede ser fatal. Esto es lo que debes anotar en cuanto a cada medicación que toma cada uno de los miembros de tu familia, incluyéndote a ti misma:

➤ Nombre de la persona:
➤ Nombre de la medicina:
➤ Horario:
➤ Dosis:
➤ Administrar vía:
➤ Duración del tratamiento (cantidad de días):

También ten lo siguiente en cuenta para hacer de la administración de medicinas una tarea más fácil:

➤ No combines ningún medicamento sin antes consultar con tu médico.

> Usa siempre tu sentido común, lee muy bien las instrucciones, asegúrate de que las entiendes, mide las dosis correctamente y cerciórate de que estás usando la unidad de medida correcta (cucharadita, milímetros, etc.).

> Los pastilleros pueden ser muy útiles para organizar medicamentos. Hay para la semana y para el mes, y son convenientes para llevar en la cartera.

> Ciertos medicamentos es mejor tomarlos con el estómago lleno. Fíjate cuáles requieren esto, así evitas un malestar innecesario.

Hace un par de meses, Roberto tomó un medicamento para los parásitos. Yo sabía de qué se trataba y que era un jarabe para tomar vía oral, pero la farmacia puso en el frasco una etiqueta errada que decía *"through the ear"* (es decir, a través del oído). Un día en que tuve que salir rápido a un compromiso, le dejé a mi esposo el encargo de que le diera la medicina al niño. Casi me da un ataque de pánico cuando me llamó y me preguntó: "Le pongo la medicina en el oído, ¿verdad?". ¡Quería matarlo! ¡Quería matar al farmacéutico! ¡Quería matar a alguien! ¿Qué hubiese ocurrido si mi esposo no me hubiese llamado para asegurarse de las indicaciones y se lo hubiese administrado por la oreja, como decía el frasco? Por eso, hay que estar atenta hasta a los errores del médico o de la farmacia, ya que somos todos humanos.

¿QUÉ SIGNIFICAN ESTOS MEDICAMENTOS?

No hace falta que te inscribas en la Escuela de Medicina, pero es bueno que sepas algunas cositas básicas en cuanto a ciertos medicamentos:

- Antihistamínico: reduce o elimina el efecto de las alergias.
- Antiinflamatorio: previene o disminuye la inflamación de los tejidos.
- Antiespasmódico: relajante muscular que disminuye el tono de la musculatura estriada.
- Analgésico: calma o elimina el dolor.
- Ansiolítico: tranquilizante con acción depresora del sistema nervioso.
- Broncodilatador: causa que los bronquios y bronquiolos se dilaten.
- Expectorante: provoca la expulsión de las secreciones bronquiales acumuladas.

LA JEFA ASTUTA DELEGA RESPONSABILIDADES

CONTRATANDO UNA ENFERMERA

Bien sea por razones de tiempo, de cuidados que requieren un entrenamiento específico o de agotamiento, hay situaciones en las que se hace necesario recurrir a alguien más para cuidar de un enfermo. Como Jefa de Medicina de tu familia, es bueno saber lo siguiente sobre cómo contratar a una enfermera, en caso de que sea necesario:

Dónde la consigues

Pídele recomendaciones a tus amigas, vecinos y compañeros del trabajo. También puedes encontrarla a través de la iglesia, preguntando a las enfermeras de hospitales, o a través de una agencia. Si recurres a una agencia de enfermeras, asegúrate primero de chequear con la Oficina de Atención al Consumidor de tu ciudad para verificar si esa empresa está en orden y si ha habido alguna queja importante o clave en su contra.

Cuánto cuesta y cómo le pagas

El costo de este servicio depende de la experiencia médica que requieras o el tipo de enfermera que contrates. Una enfermera certificada por el estado te costará mucho más que una enfermera sin licencia, y esta te costará más que una cuidadora —alguien que tiene los conocimientos básicos y la experiencia, pero no tiene un certificado.

Por regla general, una enfermera registrada cuesta al menos tres veces más que una que no lo está. El costo dependerá también del número de horas, si es de día o de noche, del tipo de cuidados que requieres y hasta de la zona donde vives.

Lo que debes saber al contratar este servicio

La enfermera asiste con el baño y el aseo personal del enfermo, lo viste, le prepara las comidas y le da de comer al paciente, proporciona las medicinas en los horarios indicados por el médico, ayuda a caminar o a ejercitar al paciente, hace compras y diligencias, también asiste con el arreglo y limpieza de algunas zonas de la casa, lava la ropa, sirve de compañía y supervisa a los pacientes por razones de seguridad en los casos en que la persona no pueda quedarse sola. La enfermera también ayuda con algunas responsabilidades más técnicas como sacar sangre, cambiar el vendaje quirúrgico o administrar suero intravenoso.

Día internacional de la Enfermera

12 de mayo

Solicita una entrevista

Conocer a la enfermera personalmente para conducir una entrevista antes de que comience a trabajar es un paso clave para que sientas que estás en buenas manos. Pídele referencias de trabajo y personales. Haz una lista de tareas que pueden surgir en el curso del cuidado del paciente y pregúntale si hay algo en la lista que a ella no le guste hacer o que no esté entrenada para realizar. Esto te ayudará a descubrir si la persona que estás entrevistando es la adecuada para las necesidades de tu enfermo.

Con qué características debe cumplir

Busca una persona atenta, con paciencia, buen humor, que sepa escuchar y con una personalidad que se dé bien con la del paciente a quien va a cuidar. Si ves que no hay química, busca otra persona.

EL *PLAYLIST* DE LA JEFA DE MEDICINA

"El Niágara en bicicleta" (Juan Luis Guerra)
"Help" (The Beatles)
"How Can You Mend A Broken Heart" (The Bee Gees)
"Everybody Hurts" (R.E.M.)
"Bad Case of Loving You" (Robert Palmer)
"Bring Me to Life" (Evanessence)
"I Keep Bleeding Love" (Leona Lewis)
"Halo" (Beyoncé)
"Night Nurse" (Gregory Isaac)

6

SOY LA

JEFA DE COCINA...

la que va al supermercado y pone comida caliente sobre la mesa

ORACIÓN DE LA JEFA DE COCINA

Dios, bendice mi pequeña cocina, pues amo cada uno de sus rinconcitos. Y bendíceme mientras trabajo, lavo trastes y cocino. Que las comidas que aquí preparo sean condimentadas desde lo alto, con Tus grandes bendiciones y Tu gracia, pero sobre todo con Tu amor. Que al compartir el alimento terrenal en la mesa puesta delante de nosotros, no olvidemos agradecerte, Señor, por el pan que nos das cada día. Bendice, pues, mi pequeña cocina, oh, Dios, y aquellos que en ella entren, que puedan encontrar solo alegría, paz y felicidad. Amén.

¿Qué hay para la cena? Cada vez que escucho esta pregunta, me dan ganas de voltear hacia atrás en busca de alguien que la responda por mí. ¿Desde cuándo nos hicimos nosotras las dueñas de esa famosa respuesta? Ah, cocinera colega, esta faceta de nuestras vidas algunas veces la vivimos con placer y otras con obligación, y a veces hasta desespera. Pero en el fondo, nos hace sonreír sabiéndonos un poquito imprescindibles, o al menos necesarias, y definitivamente conectadas con nuestro rol natural femenino de "nutrir".

Lo mejor de ejercer este papel, para mí, es lo poderosa que me siento al preparar con mis manos los alimentos, convertirlos en algo lindo, sabroso y nutritivo que agrade a mi familia. Recibir sus reacciones de aprobación, y algunas veces hasta de agradecimiento, me da una sensación de placer increíble.

Lo peor de este rol tiene que ser la eterna y omnipresente pregunta que mencioné al comienzo: "¿Y qué hay hoy para la cena?".

En este capítulo encontrarás algunos consejos básicos y fundamentales que toda Jefa de Cocina debe conocer para poder manejar exitosamente ese gran laboratorio de alimentos. Compartiré contigo mi pequeño sistema para que tú también puedas organizarte en la cocina de la manera más eficiente que sea posible. Estos trucos y consejos que siguen a continuación me salvan la vida a diario. Espero que tú también puedas sacarles provecho.

Pídele un milagrito... a la patrona de la cocina

Santa Marta de Betania

EL DÍA A DÍA DE LA JEFA DE COCINA

Planifica el menú de la semana y crea tu lista de compras. Con esto ahorrarás una gran cantidad de tiempo y de dinero también. ¡Mientras más organizada estés podrás atacar con más brío esta tarea de Jefa de Cocina!

¿Qué comprar?

Saber qué es lo que vas a comprar requiere un trabajo de preparación previo, al que yo llamo la preproducción. Esto incluye preparar un menú para la semana, escoger las recetas que vas a cocinar y anotar todos los ingredientes en una sola lista consolidada, que es la que vas a llevar contigo al supermercado.

Prepárate para la semana

Piensa en cuántas personas comerán cada día en casa y cuántos días van a comer afuera. Mi esposo y yo salimos a cenar con frecuencia, con lo cual no todos los días de la semana comemos en casa. Otros días tenemos invitados a cenar. Tu menú y lista de compras deben reflejar el movimiento que habrá en casa durante la semana.

Selecciona el menú

Para diseñar el menú de la semana reviso revistas, acudo a mis libros de recetas, veo programas de cocina por la tele, y también busco ideas por Internet. Como más te guste, todas las opciones son válidas. La idea es seleccionar un grupo de platos sencillos, algo que les guste a todos.

Generalmente, después de hacer esto le comento a mi esposo lo que pretendo cocinar, por si él tiene alguna otra sugerencia. Durante la semana los platillos que preparo son sencillos. Las comidas más complicadas las dejo para el viernes o el fin de semana, cuando hay más tiempo.

SECRETOS ENTRE JEFAS

Para hacer un platillo más saludable sustituye:

- aceite común por aceite de coco o de oliva
- azúcar refinada por azúcar morena
- harina blanca por harina integral
- mayonesa por yogur simple
- leche entera por leche al 2%

Sé económica, sin sacrificar el paladar de tus clientes

Intenta ofrecer un menú variado, incluyendo todos los grupos de alimentos para mantener una dieta balanceada, y también para no aburrir con la misma comida todo el tiempo. Intenta planear tres días con tres platos sencillos. Los otros dos días haz algo creativo y sencillo con las sobras del día anterior. Por ejemplo:

Lunes: pavo molido con papas, ensalada verde
Martes: tacos (del pavo molido que sobró de ayer)
Miércoles: espagueti con salsa de tomate
Jueves: salmón al horno, vegetales salteados
Viernes: tortitas de salmón y arroz (con el salmón que sobró de ayer)

El fin de semana puedes reservarlo para comer afuera, pedir una pizza, hacer un churrasco o un picnic en un parque. O quizás puedas intentar tomarte un pequeño descanso pidiéndoles a tus familiares que te sorprendan con un platillo especial, y de paso anunciándoles que los sábados y domingos la Jefa de Cocina está de huelga. ☺

LO ESENCIAL PARA TODA JEFA DE COCINA

No sé a ustedes, pero a mí la creatividad y las ganas de cocinar se me presentan de pronto, sin avisar. ¡Cómo es de sabroso descubrir que los ingredientes ya se encuentran en casa! Para esto, mantén siempre en tu cocina los alimentos que vas a usar una y otra vez.

LA LISTA BÁSICA DE PROVISIONES QUE SIEMPRE DEBES TENER A MANO

En la refrigeradora

• leche	• queso rebanado	• yogur	• cilantro
• huevos	para sándwich	• tomates	• albahaca
• mantequilla	• queso parmesano	• cebollas	• frutas
• jamón	• queso mozzarella	• ajo	• pan

En el congelador
- carne de res
- filetes de pollo sin piel y sin hueso (para cocinar a la plancha)
- sobras de pollo (para sopa)

- vegetales
- helado de vainilla
- filetes de pescado
- salmón

En la despensa
- latas de atún
- caldo de pollo
- tomates enlatados (enteros y triturados)
- aceitunas
- pasta (espagueti, pasta corta)
- arroz
- granos (lentejas, arvejas, frijoles rojos)
- café
- avena de hojuela entera
- cereal
- aceite de oliva
- aceite de freír
- aceite en espray para rociar

- harina para arepas
- harina para tortillas
- harina para usos múltiples
- almendras
- pasas
- miel
- azúcar
- sal
- pimienta en grano para moler
- ajo en polvo
- comino molido
- canela
- extracto de vainilla
- polvo de hornear
- bicarbonato de sodio

LA JEFA COCINERA SE VA AL SÚPER

Mantén tu lista de compras en la computadora, en una aplicación o en tu celular, donde te quede más cómodo, pero a mano para poder accederla con rapidez y facilidad cada vez que te toque ir al mercado.

Atacando el súper como toda una Jefa

Transitar por los pasillos del súper tiene su ciencia. ¿Sabías que los supermercados estudian tu conducta cuando vas a comprar, y colocan los productos de tal manera que los consumas por impulso, sin darte cuenta? Por lo tanto, ve preparada, con un objetivo claro, dispuesta para la tarea, concentrada en proteger la salud de tu familia, tu dinero, y no perder tiempo.

La estrategia clave

➢ Llevar una lista y comprar estrictamente lo que aparece en ella.
➢ Primero ve por los productos frescos. Los supermercados generalmente tienen la misma distribución: comida fresca a lo largo de las paredes periféricas y la comida procesada, empacada y enlatados en los pasillos centrales.
➢ Nunca vayas con el estomago vacío. Si entras al súper con hambre ya estarás comprando mucho más de lo que realmente necesitas. ¡Y ni hablar de que todo lo que te provoca echar al carrito son las cosas que más engordan!

ALMACENAMIENTO Y CONSERVACIÓN DE LOS ALIMENTOS

En la despensa, los paquetes y las latas deben ser lavados y secados antes de guardarlos. Estos productos han sido manipulados por un montón de gente, vienen de grandes bodegas donde están expuestos al polvo y hasta pueden haber entrado en contacto con insectos o roedores.

> **HUMOR: ¡COLMOS!**
>
> **P:** *¿Cuál es el colmo de una cocinera egoísta?*
>
> **R:** ¡Que solo cocine paella!

Mientras que en la refrigeradora, todos los productos deben estar dentro de un contenedor o debidamente cubiertos con plástico y guardados en el siguiente orden:

➢ Los alimentos listos para su consumo inmediato en los estantes superiores.
➢ Los alimentos semilistos en los estantes del medio.
➢ Los productos crudos en los estantes inferiores y las gavetas.

¡Consérvalo!

Carnes y aves. Sácalas de los paquetes, límpialas y sepáralas en porciones de acuerdo al número de comensales en tu familia. En mi caso somos cuatro, pero mis paquetes son de seis para que quede un poco extra para el día siguiente. Si vas a usar las carnes al día siguiente, colócalas en un envase con tapa en la nevera. De lo contrario, congélalas. Si las compraste congeladas, guárdalas directamente en el congelador. Las carnes no pueden ser congeladas después de que han sido descongeladas, a menos que ya estén preparadas.

Pescado. Los que ya vienen congelados deben ir directamente al congelador. Hazlo apenas llegues a tu casa. El pescado fresco es muy delicado y debe ser consumido inmediatamente después de la compra.

Legumbres y frutas. Deben guardarse en un lugar bien fresco o en la nevera. Si van a la nevera, protégelos dentro de bolsitas plásticas para que no se quemen con el frío.

Verduras. Después de lavarlas y secarlas (más adelante te explico cómo), guárdalas en la nevera, y envuelve las que tienen hojas en toallas de papel.

Huevos. Van en la nevera, protegidos dentro de su cartón donde vienen, o en una caja con tapa. La cáscara de los huevos es porosa, y si los dejas expuestos en la nevera su humedad se evapora, perdiendo frescura. Colócalos con el extremo mas puntiagudo hacia abajo.

Pastas. Las secas deben ser almacenadas en un lugar seco y fresco, protegidas de la humedad y de los insectos. Las pastas frescas, en la nevera.

Cereales. Guárdalos en un lugar fresco. Si los vas a dejar en su caja, asegúrate de cerrar muy bien la bolsa interior para que no se dañen con la humedad ni les entren insectos. Yo prefiero pasarlos a un envase sellado con tapa.

Latas. Guárdalas en un lugar fresco. Una vez que hayas abierto una lata, debes pasar el contenido sobrante a un envase y conservarlo en la refrigeradora. Nunca se me olvidará que la abuelita de una amiga de la infancia murió a causa de una intoxicación al comerse los frijoles que había dejado abiertos por varios días dentro de la lata. ¡Que en paz descanse la Sra. Recao!

EVITA EL DESPERDICIO Y LA PÉRDIDA DE DINERO

A la hora de escoger los alimentos que vas a preparar para el almuerzo o cena, usa los que fueron comprados hace más tiempo, los que están más maduros o ya a punto de dañarse. Cuando estoy diseñando el menú de la semana o pensando en cocinar algo, lo primero que hago es darle una mirada a lo que tengo en mi nevera; lo más probable es que me decida por una receta que incluya las cosas que están maduras o se me están dañando.

Otro truco que me sirve mucho para estar atenta y no dejar que se dañen las cosas, es colocar las más maduras o de pronto vencimiento adelante de las que tienen más tiempo de duración o están más verdes. Esto lo hago en la gaveta de las legumbres, en los estantes de la nevera y en el carrito de las frutas.

En la despensa
Los productos industrializados cuyo plazo de vencimiento está por llegar, debes usarlos cuanto antes. Aquellos que se conservan por más tiempo pueden dejarse para después.

Estate atenta en el verano…
Las cosas que se conservan fuera de la refrigeradora duran menos tiempo en los meses de calor. Los cuidados de conservación de los alimentos en esta época deben ser más rigurosos, así que no dejes alimentos fuera de la refrigeradora por mucho tiempo.

> **HUMOR:**
> **¡COLMOS!**
>
> **P:** *¿Cuál es el colmo de una cocinera?*
>
> **R:** Enojarse y hacer puchero.

Para que no se pierdan ni se dañen
Me da mucha tristeza y una gran sensación de culpa cada vez que se me pudre algún vegetal. Convierte algunas verduras y frutas en puré y guarda la pulpa en el congelador. Úsalo de diferentes formas, lo mismo en un pastel, una sopa o en una *crepe*.

Recientemente compré el libro *Deceptively Delicious* de Jessica Seinfeld (la esposa del comediante Jerry Seinfeld). Ella explica muy bien cómo se hace esto y tiene una variedad de recetas para esconder vegetales en forma de pulpa en la comida de los niños. El concepto de "esconder" los vegetales dentro de la comida lo conozco muy bien y lo practico desde hace rato con mi hijo que no quiere comerlos. Esta idea no solo es buena para aumentar el consumo de vegetales y frutas en niños y adultos, sino que también sirve para aprovechar al máximo estos productos perecederos.

Qué esconder y dónde

➤ En la carne de res o pavo molido: zanahoria triturada y/o batata.
➤ En las lentejas: coles de Bruselas trituradas.
➤ En la avena: semillas de linaza.
➤ En las cremas de verduras: ¡todos los vegetales que se me ocurra licuar!
➤ En el pastel, *muffins* o *brownies*: remolacha o frijoles negros, zanahoria y batata.

¿CÓMO SABER CUÁNDO DEBO DESECHAR ALGO?

• Cuando ha pasado la fecha de vencimiento indicada en el empaque.
• Cuando ya los alimentos no tienen su textura original.
• Cuando los alimentos se han vuelto pastosos.
• Cuando ha habido cambios en el color y/o consistencia del alimento.
• Cuando los alimentos tienen un olor ácido, rancio o diferente al original.
• Cuando puedes ver que hay moho.

LIMPIANDO FRUTAS, LEGUMBRES Y VERDURAS

Al limpiar y lavar correctamente las frutas, legumbres y verduras se puede evitar una enorme cantidad de enfermedades e intoxicaciones. La limpieza depende del tipo de alimento, pero debe incluir lavar, retirar impurezas, pieles o cáscaras, semillas, etc.

Por ejemplo, los hongos son pequeñas esponjas, no se lavan con agua sino que se les retira la tierra con un trapito. Las papas son tubérculos firmes y duros, se pueden lavar con agua, fregándolos con fuerza para retirar la piel, y también se puede retirar la piel con un pelador. Las fresas, al igual que los hongos, son esponjosas, por lo que no se deben lavar hasta el momento de usarlas (porque absorben agua), y hay que hacerlo con delicadeza.

1. Con las manos, o con la ayuda de un cuchillo, retira todas las partes podridas o feas, también las raíces y los tallos o partes con flo-

res que no se comen. Cuidado al cortar para no desperdiciar el alimento cortando más de lo que debes.

2. Lava con agua fría, estregando el alimento con las manos. Si son hortalizas o verduras de tierra, presta especial atención y utiliza una esponja o un cepillito. Si se trata de frutas, por ejemplo una pera, ten más cuidado para no estropear la delicada piel.

3. Cuando la receta así lo pida, pela el alimento. En el caso de los que tienen piel fina, ráspalos ligeramente utilizando las sierras de un cuchillo o con un pelador. Si la cáscara es muy gruesa, retírala con un cuchillo.

4. Si es necesario, retira las semillas. Para esto corta el alimento a la mitad y con la ayuda de la punta de un cuchillo o de una cucharita pequeña despega las semillas o corta la vena donde vienen pegadas.

5. Por último enjuaga el alimento con agua fría.

Cómo lavar las hojas de la ensalada

Lechuga, rúcula, espinaca, berro, col, repollo… en estas hojas verdecitas y frescas pueden estar escondidos microorganismos y bacterias que causan enfermedades muy peligrosas como la cólera. Por lo tanto, cualquier cuidado que podamos tener a la hora de lavar estas hojas es poco.

Las ensaladas crudas exigen una limpieza especial. Eso de darles una limpiadita rápida, ¡ni pensar! Vean entonces cómo se hace:

1. Lava las hojas por separado, es decir una por una, con mucha paciencia y bajo el chorro de agua.

2. Una vez que estén bien lavadas, coloca las hojas en un recipiente que contenga agua fría con un poco de limón o vinagre. La proporción es una cuchara de sopa por cada litro de agua. Deja las hojas en remojo en esta solución por unos quince minutos. Esta solución desinfecta las hoja y mata cualquier bacteria.

3. Saca las hojas del agua y sécalas. Puedes sacudirlas para retirar el exceso de agua o, si prefieres, usa uno de esos escurridores giratorios que escurren bien el agua.

4. Por último, coloca las hojas sobre un plato limpio o sobre hojas de papel hasta que se sequen.

Día internacional de la cocinera

20 de octubre

CONGELAR Y DESCONGELAR

Una de mis tácticas para maximizar mi tiempo en la cocina es cocinar en una cantidad mayor, separar una parte para comer durante la semana y congelar el resto. Esto es lo que se conoce como comida congelada a partir de comida fresca recién hecha en casa —o *"fresh to frozen"*, como se la llama en inglés. Me encanta tener siempre algunos platillos congelados. ¡No te imaginas el tiempo que te ahorra esto! La cantidad que vas a almacenar depende de la capacidad de tu congelador.

HERRAMIENTAS DE LA JEFA DE COCINA

- recipientes de vidrio
- recipientes de plástico
- bolsas plásticas Ziplock
- papel de aluminio
- papel plástico
- marcador permanente o Sharpie
  (para escribir directamente en las bolsas)
- cinta adhesiva transparente
  (para colocar la información a cada contenedor)

Identifica la comida

Siempre coloca una etiqueta en el envase (o escribe directamente en la bolsa plástica) con el nombre del alimento y la fecha de preparación/congelación. Aunque los envases sean transparentes, cuando se congelan muchas veces se hace difícil distinguir exactamente qué es lo que hay dentro.

Congela en porciones pequeñas

Para no estar cinco días comiendo la misma cosa, divide lo que cocinaste en varias porciones para ir descongelando de a poco. Recuerda: todas las comidas deben llevarse al congelador solo después de que se enfrían.

Los alimentos sólidos. Intenta llenar todo el envase para evitar espacios vacíos donde se forman cristales de hielo que al descongelar afectan el sabor de la comida.

Los alimentos líquidos. Cuida de no llenar el contenedor hasta arriba para evitar que se desborde. Recuerda que el volumen del líquido aumenta al congelarlo.

Los que no congelan bien. No todas las comidas se pueden congelar. Algunas se ponen aguadas y pierden su sabor y consistencia, en otras ocurre una separación de ingredientes, y otras se queman con el frío. Un ejemplo de esto son las ensaladas. Las comidas que no se congelan bien son: papas cocidas, productos en conserva, gelatina, cremas y pudines que llevan almidón de maíz, yogur, mayonesa y otros alimentos cremosos que tienen leche y huevos.

Cómo descongelar

1. Descongela lentamente sacando la comida del congelador y dejándola en la nevera hasta que se derrita el hielo. También puedes descongelar usando la función de descongelar del microondas.
2. Nunca congeles algo que previamente has descongelado, ya que los alimentos pierden nutrientes y pueden sufrir cambios físicos y químicos que modifican su aspecto y sabor.
3. No uses envases plásticos ni papel plástico en el microondas, porque estos pueden soltar sustancias tóxicas.

LA JEFA MÁS EFECTIVA EN LA COCINA

Cocina en etapas

Uno de mis recursos para ser más efectiva con mi tiempo en la cocina es dividir las tareas en varias etapas, es decir, en varias tareítas pequeñas. En lugar de tratar de hacerlo todo de una vez, hago de a poquiticos cuando puedo. Te doy algunos ejemplos:

Antes de salir de la casa...
Condimenta los filetes de pollo, carne o pescado.
Deja los frijoles en remojo.

Al regresar del trabajo...
Lava y corta la ensalada.
Pon a hacer el arroz.

Apenas vuelvas con las compras del supermercado...
Divide las carnes, aves y pescados en bolsas individuales Ziplock. Deja en la nevera lo que se va a consumir en un periodo de 48 horas y congela el resto.

Antes de irte a dormir...
Deja puesta la mesa del desayuno.
Planifica lo que comerán en el desayuno.
Deja las loncheras preparadas.
Saca algo del congelador para que se vaya descongelando para el día siguiente.

Apenas tengas un poquito de tiempo...
Adelanta alguna receta.
Corta los tomates para una salsa.
Corta las verduras para una sopa y mételas ya cortadas en una bolsa en la nevera.

Cocina por adelantado

Cocinar por adelantado es uno de los mejores trucos que puedes aprender para ahorrarte tiempo y dinero (porque así no se te dañan los alimentos). Así también podrás asegurarte de que, hasta en el más agitado de los días, cuando no tienes ni un chorrito de tiempo ni te queda una gota de energía, podrás encontrar en tu nevera algo saludable para picar y una comidita a medio camino de preparación. Algunas cosas que puedes hacer por adelantado son las siguientes:

Cortar algunas verduras para transformarlas en:

➢ un sofrito
➢ los vegetales que necesitas para una sopa
➢ parte de tu ensalada

Cortar algunas frutas para transformarlas en:

➢ una guarnición para la avena del desayuno
➢ un *snack* para llevar al trabajo o mandar en la lonchera

Grillar vegetales para transformarlos en:

➢ acompañamiento saludable de carnes, aves y pescados
➢ pasta con vegetales

Hacer huevos duros para transformarlos en:

➢ un ingrediente para una ensalada de atún
➢ un ingrediente para una pasta con aceitunas y albahaca
➢ un *snack* saludable

Cocinar hongos al ajillo para transformarlos en:

➢ *risotto* con hongos
➢ *omelet* de champiñón
➢ acompañamiento o guarnición de carnes, pescados y aves

Hacer una salsa de tomate para transformarla en:

➢ la base de una salsa boloñesa
➢ el acompañamiento perfecto para la pasta y para un sinfín de platillos

Calienta las hornillas, ¡todas!

Otro de mis secretos para hacer más dentro de la cocina en menos tiempo es cocinar la mayor cantidad de platillos a la vez. Porque una vez que estás parada frente a la hornilla, te toma lo mismo cuidar de una olla que de cuatro, así que aprovecha al máximo la capacidad de tu cocina y de tu horno, y maximiza tu tiempo llevando cuatro platos al fuego, o más, a la vez. ¿Quieres un par de ejemplos? Esto sería algo típico que yo cocino a la vez:

Hornilla #1: frijoles negros.
Hornilla #2: sopa de res.

Hornilla #3: pollo a la plancha con espárragos.

Hornilla #4: salsa de tomate para pasta.

En el horno: mientras horneas un salmón con papas en la rejilla de arriba, en la rejilla de abajo cocina un pudín de carne o un soufflé.

COCINERAS QUE TE INSPIRAN EN LA GRAN PANTALLA

Julie & Julia: Una bloguera sin mucho talento culinario (Amy Adams) se dispone a cocinar todas las recetas del primer libro de la legendaria cocinera americana Julia Child (Meryl Streep).

Como agua para chocolate (Like Water for Chocolate): Una hermosa historia de amor, una muestra de cómo las emociones se pasan a través de la comida, un deleite para todos los sentidos.

El festín de Babette (Babette's Feast): Una mujer le devuelve la vida a los habitantes de un pueblo insípido y moribundo con el amor que impone en su comida, y se gasta toda su herencia en regalarles una cena digna de reyes.

LOS PRINCIPALES CORTES QUE DEBES CONOCER

Cómo cortar las legumbres va a depender de su forma (algunas te permiten cortarlas de cualquier manera) y de lo que vayas a preparar (una sopa, un acompañamiento, una ensalada). Los cortes más comunes son:

1. Palitos: corte en forma de bastoncitos rectangulares.
2. Cubos: corte en forma de cuadraditos, cubos pequeños, medianos o grandes.
3. Juliana: corte en forma de varitas finas, hebras de unos cuatro centímetros de largo.
4. Ruedas: corte en rueditas a lo ancho de la legumbre. Las ruedas pueden tener el grosor que una quiera, de muy finas a más gruesas.

ATAJOS PARA LA JEFA DE COCINA

Entrega a domicilio

Mantén una carpeta en la cocina con los menús de los restaurantes que hacen entrega en tu vecindario. He aprendido, a los golpes, que una de las virtudes más apreciadas de una buena Jefa es saber adaptarse a las circunstancias y resolver los retos que se presentan.

No te voy a decir que vivas pidiendo *delivery*, lo cual además te saldría sumamente caro, pero sí quiero que tengas tus herramientas a mano. Conocer los restaurantes de la zona, saber lo que ofrecen e ir probando sus menús es tan importante para la Jefa de Cocina como cualquier otra función.

La cena 50/50: mitad comprada, mitad hecha por ti

Si bien es importantísimo que cocines, que varíes las comidas, que incluyas tantos alimentos saludables como puedas, no todo tienes que hacerlo tú desde cero. Algunos días estoy tan cansada que de verdad no me quedan fuerzas para metérmele al fuego. ¿Mi truco para resolver la cena en días de cansancio? Traer algo listo del súper y complementarlo con alguna cosita hecha en casa. Y a esto lo he bautizado como *la cena 50/50*. Mis favoritos para traer del súper son:

➢ Pollo rostizado. Publix tiene uno muy bueno.
➢ Salmón en salsa Dijon.
➢ Quiches de espinaca o de pollo.

Y los complemento en casa con:

➢ Un arrocito recién hecho.
➢ Papas al vapor con mantequilla y crema agria.
➢ Una ensaladita fresca.

SECRETOS ENTRE JEFAS

El secreto es intercalar estas "salidas de emergencia" con otras comidas caseras elaboradas por ti. Que no se vuelva un hábito de todos los días, sino más bien eso, una salida inteligente para las ocasiones en que la cocinera está un tanto de huelga.

TRANSFORMACIONES MÁGICAS DE ALIMENTOS

Cuatro platos divinos que salen de las sobras de otras comidas

Todo el mundo tiene sus restitos de comida allá atrás al fondo de la nevera. Después de algunos días ocupando *"premium real estate"* en tu heladera, estos cadáveres generalmente terminan en el cesto de la basura. Lo que no sabes es que de esos restos salen unas comiditas riquísimas y súper fáciles de hacer.

Aquí te doy cuatro platos facilísimos para transformar esas sobras en una rica cena. Yo los llamo "platillos limpia-nevera", pero ese no es el único beneficio. No solo me ayudan a salir de todas las sobras de la semana. También me liberan de la culpa que siento al botar comida en la basura (¡tanta gente pasando hambre! ¡tanto esfuerzo que nos cuesta ganar el dinero!). Encima se hacen en un abrir y cerrar de ojos, con lo que me ahorro un montón de tiempo. ¿Necesito decir algo más? Yo crecí en una casa con una madre soltera y muchas limitaciones de dinero, por lo que esto de hacer magia con lo que haya en la nevera me resulta muy familiar. Prueba con estas ideas básicas. Luego experimenta con tus propias creaciones. ¡Buen provecho!

Arroz especial

Los restos del arroz no tienen que irse a la basura ni tienen que volverse algo aburrido. Con lo que queda del arroz, un poco de mantequilla y los guisantes que están en el congelador puedes hacer un arroz nuevo. Si además le agregas una tortilla de huevo cortadita en pedazos y trocitos de jamón en cuadritos, o los restos del pollo, pavo o carne de res, y sofríes todo con una cucharada de aceite de oliva, el resultado es un arroz especial y súper delicioso.

Frittata

La *frittata* es una creación de los italianos para salir de los restos de comida. Puedes hacerla básicamente con cualquier tipo de vegetal, y también agregarle restos de carne (res, pollo, trocitos de tocineta).

Para hacer la *frittata* con pasta, usa los restos de espagueti, vermicelli, linguini o cualquier otra pasta. Se llevan los ingredientes a una sartén aceitada, se agregan huevos batidos, se tapa y se deja cocer. ¡Es una cena rapidísima y perfecta para un fin de semana! Una vez lista, córtala en triángulos y sírvela caliente o fría. Acompañada de una ensalada verde, esta es una de mis recetas de *fritatta* favoritas:

INGREDIENTES
1 taza de vegetales cortados
2 cucharadas de aceite de oliva
½ taza de carne, pollo o tocineta cortado en trocitos (opcional)
½ libra de espaguetis
6 huevos
½ taza de leche
Queso parmesano rayado, al gusto
Sal y pimienta, al gusto
Hierbas, al gusto

PREPARACIÓN:
1. En una sartén, sofríe los vegetales (cebolla, vainitas, tomate, espárragos, ¡lo que tengas en la nevera!) en una cucharada de aceite de oliva hasta que estén suaves. También puedes utilizar los vegetales cocidos que hayan quedado en la nevera.
2. Agrega la carne.
3. Agrega la pasta y revuelve todo hasta que los ingredientes queden bien distribuidos en la sartén. Cocina hasta que la pasta quede dorada.
4. En un bol aparte, bate los huevos. Agrega la leche y el queso rallado. Agrega sal, pimienta y hierbas al gusto. Vierte la mezcla sobre los espaguetis y cocínalo tapado a fuego bajo por diez minutos.
5. Quita la tapa, coloca un poco más de queso y hornea en asador ("*broil*" en inglés) hasta que el centro quede dorado, de dos a tres minutos.
6. Deja reposar la *frittata* por unos diez minutos antes de cortarla y servirla.

SECRETOS ENTRE JEFAS

Comienza tu propio cuaderno de recetas
Muchos cuadernos de recetas pasan de madre a hija, constituyéndose en herencias de familia con un enorme valor sentimental. Hace poco heredé

el cuaderno de recetas de Doña Alice, la abuelita de mi esposo, que incluye hasta fotos de la familia —un verdadero tesoro.

Si aún no tienes tu recetario, empieza uno ya. Una buena idea es comenzar a archivar en una carpeta las recetas que más te gustan de las revistas, de amigas, y de programas de la tele. Anota también las tuyas, incluyendo tus consejos e indicaciones para la preparación. Puedes organizarlas por salados y dulces, o por tipos de comida: carnes, pastas, ensaladas, salsas, etc. Tú, como autora, eres quien decide.

Sopa de vegetales

Los vegetales que quedan tristes y solos en la nevera conviértelos en una rica crema. Todo lo que necesitas hacer es sofreír en aceite de oliva una cebolla, un diente de ajo y un par de papas peladas y cortadas en trocitos. En cuanto la papa esté suave, agrega las sobras de vegetales. Coloca sal y pimienta al gusto. Transfiere todo a una olla. Agrega agua caliente hasta casi cubrir los vegetales. Cocina tapado hasta que hierva. Retira la tapa. Deja reposar. Licúa y sirve.

Ensalada mixta

Las sobras de carnes o aves las puedes agregar a una ensalada. Aquí lo único que tienes que hacer es una hermosa ensalada verde, con trozos de tomate y aguacate, que sirva de base. A esta opción le vienen bien trozos de pollo, de carne, vegetales a la parrilla, inclusive puedes combinar algunos granos, como lentejas o frijoles, que se comen muy bien fríos. Un chorrito de aceite de oliva, vinagre balsámico, sal y pimienta al gusto, ¡y *voilà*!

PARA TENER EN CUENTA

1. Si constantemente te están quedando muchas sobras de comida, presta atención, pues significa que no estás calculando bien las porciones que debes preparar y necesitas reducirlas.
2. Coloca los restos de comida visiblemente en un solo estante, y al frente de la nevera en lugar de al fondo.
3. Antes de usar las sobras de comida para otra cosa, examínalas bien, no vaya a ser que estén rancias, en cuyo caso deberás botarlas.

ETIQUETA PARA LA JEFA DE COCINA

Arroz con leche
Me quiero casar
Con una viudita
de la capital

Que sepa coser
Que sepa bordar
Que ponga la mesa
En su santo lugar.

Yo soy la viudita
La hija del Rey
Me quiero casar
Y no hallo con quién.

Cómo poner una mesa básica

1. Extiende el mantel sobre la mesa o coloca los mantelitos individuales.
2. Pon el plato en el centro de cada puesto.
3. Pon el cuchillo a la derecha del plato, con las sierras hacia adentro.
4. Coloca el tenedor a la izquierda del plato, con los dientes hacia arriba.
5. Pon el vaso para agua, del lado derecho, en la punta del cuchillo.
6. Coloca la servilleta sobre el plato, o a la izquierda del tenedor.

Lo que yo hago para mi propia referencia y la de las personas que me ayudan en la casa, es mantener a mano una gráfica de una mesa básica. La tengo colgada en la nevera, pero también puedes tenerla entre tus papeles de cocina. De esta manera quien quiera que esté cerca te puede ayudar: tus hijos más grandes, tu suegra, una amiga que pasó a visitarte o tu propio esposo. Tendrás la seguridad de que la mesa va a quedar bien puesta, sin excusas, solo hace falta seguir el ejemplo en el dibujo. Puedes encontrar algunas gráficas en Internet. Si quieres poner una mesa más elaborada, dirígete al capítulo 2, "Soy la Jefa de Eventos", donde te muestro cómo hacerlo.

Modales para la cocinera

> Las manos siempre deben estar muy limpias; lávalas constantemente.
> Nunca metas la cuchara más de una vez en la comida para probarla (esto en inglés se conoce como *double-dipping*).
> La preparación de la comida requiere tocar y manosear los alimentos; no te chupes los dedos ni los lleves a la boca.
> Asegúrate de tener las manos libres de cremas y perfumes. Cocinar se hace con las manos, es un trabajo de tacto y amor. Hace unos días le hice unas arepas a Roberto y me hice una para mí también. Quedaron hermosas (¡gracias Santa Marta!), y tenía unas ganas horrorosas de comerlas… PERO apenas pegué el primer mordisco ¡me supieron a perfume! Por supuesto, acababa de ponerle crema a mi hijo.
> Siempre recógete el cabello antes de cocinar. ¡Los pelos no son condimentos!

Reglas y rituales para seguir en la mesa

> Bendice y agradece los alimentos (sirve para cualquier denominación religiosa).
> Prohíbe la televisión, los celulares y otras formas de entretenimiento (esto va para los niños y los adultos por igual).
> Mírense a los ojos al charlar, es hora de compartir el momento.
> Coman con la boca cerrada, codos fuera de la mesa y pidan las cosas con un "por favor" seguido de un "gracias".
> Pidan permiso para levantarse.
> Que cada uno lleve su plato de vuelta a la cocina para ayudar a la Jefa de Cocina.

LA LONCHERA Y LOS *SNACKS*

Cómo empacar *snacks* más saludables

Rara vez le mando en la lonchera a Roberto *snacks* que vengan en bolsitas pre-empacadas. Y es que no quiero que se acostumbre a abrir un paquetito como la única forma de familiarizarse con una merienda.

En mis días de colegio, recuerdo que en mi lonchera había una naranja pelada y cortada a la mitad (para chuparla), una mandarina o una banana; un sandwichito con jamón endiablado, a veces hecho con pan, otras veces con galletas de soda; un termo con agua o jugo de naranja. ¡Inclusive mi mamá a veces me mandaba un huevo duro! Tal vez mi lonchera era de las más aburridas del colegio, pero puedo asegurarles que nunca me acostumbré a comer comida chatarra, golosinas, papas fritas, jugos artificiales ni sodas. Hoy en día es una de las herencias de mi infancia que más valoro.

LISTA DE *SNACKS* SANOS

- fruta fresca fácil de comer con la mano, cortada en trocitos
- barritas de queso Mozzarella o Cheddar (o trocitos de queso blanco o amarillo)
- pasitas, arándanos rojos y otras frutas deshidratadas
- sándwiches con pavo y queso
- leche en cajitas pequeñas
- trocitos de pechuga de pollo o pavo
- un pedazo de torta hecha en casa (de zanahoria o de banana; ver mi receta favorita en la página 53)
- Cheerios
- yogur
- puré de manzana
- puré de alguna otra fruta hecho en casa
- chips de vegetales
- la mejor bebida del mundo: ¡agua!

LO QUE DEBES EVITAR

- caramelos
- galletas
- papas fritas, chips
- jugos artificiales
- dulces

LA JEFA ASTUTA DELEGA RESPONSABILIDADES

CONTRATANDO A UNA COCINERA

Igual de importante que practicar hasta que te salgan al menos comibles los platillos básicos que toda Jefa debe saber cocinar, es tener entre tus contactos el de una cocinera que pueda alimentarte.

Cuando esperaba la llegada de mi primer hijo, Roberto, mi preparación no solo se trató de arreglar el cuarto del bebé y tener todas las ropitas limpias y los pañales a mano. Una de las cosas que hice fue dejar el congelador lleno de comida con la que pudiéramos sobrevivir durante esas primeras semanas de locura. Para ello contraté el servicio de una cocinera. Ya sea un servicio de *catering* especializado o una señora amiga que haga este trabajo, es importante contar con la ayuda de una cocinera cuando tú no das abasto.

Dónde la consigues

Por recomendaciones, preguntando entre tus amistades, en las páginas amarillas o diarios de circulación local de tu ciudad, en la iglesia o templo. Existe un sitio *online* que me gusta mucho con recomendaciones de servicios locales para varias ciudades de Estados Unidos; se llama JustAskBoo, chequéalo.

Cuánto cuesta y cómo le pagas

El costo varía dependiendo del tipo de servicio. Puede ser por hora, por día de trabajo o por platillo. La forma de pago depende de cuán estructurado sea el servicio o empresa de la persona; si es un servicio informal seguramente la forma de pago sea en efectivo o con un cheque; si es una empresa más estructurada, es probable que acepten tarjeta de crédito.

Lo que debes saber al contratar este servicio

Hay personas que van a tu casa y te cocinan una cantidad de platillos en un día. En este caso lo mejor es reunirse con anticipación. La cocinera va a querer saber cuáles son los gustos de la familia, qué prefieren comer, si tienen alguna limitación dietética, si desean que cocine con poca grasa, poca sal, etc. Juntas acordarán los platos que deseas, y en base a eso debes hacer tu compra de supermercado. También es importante que tengas en casa suficientes recipientes para guardar la comida en la nevera y en el congelador.

También hay cocineras que trabajan de otra manera. Algunas cocinan desde sus casas o talleres. Otras ya tienen un menú o lista de platillos preestablecidos y tú sólo tienes que escoger lo que deseas que te preparen. En este caso pagas por plato, de acuerdo al número de porciones o al peso. Ten en cuenta que posiblemente también pagues por los recipientes o contenedores (si tú no los proporcionas) y por el *delivery* de la comida (si te la llevan hasta tu casa).

SECRETOS ENTRE JEFAS

Delega, delega, delega
Si tienes una niñera o alguien que te ayuda en la casa, delégale algunas tareas de la cocina, como ir al súper con una lista y traer todo lo que necesitas, o adelantar la preparación previa de una receta.

EN EL TELÉFONO DE LA JEFA DE COCINA

Números importantes que hay que tener a mano
- Cocinera o asistente de cocina que te pueda cocinar algunos platillos para la semana.
- Negocios de *catering* donde hagan una buena comida por encargo.
- Restaurantes que hacen *delivery* a tu casa.

LO QUE TODA JEFA DEBE SABER PREPARAR

Cuando uno cocina algo rico es muy típico escuchar aquella frase de "Ay, niña, ¡ahora sí que te puedes casar!". Pues yo creo que sabiendo hacer estos platos ciertamente te puedes casar pero, sobre todo, ni tú ni los tuyos pasarán nunca hambre.

- una taza de arroz blanco sueltecito
- unos espaguetis con salsa de tomate
- pollo a la plancha
- un huevo frito
- un *omelet*
- un pastel de banana (ver página 53)

- ➤ una sopita de pollo (ver página 147)
- ➤ té con limón
- ➤ un buen café
- ➤ un sándwich

HERRAMIENTAS DE LA JEFA DE COCINA

Equipa tu cocina con las siguientes herramientas que te facilitarán el trabajo:

- olla de presión, para hacer granos, carnes, etc.
- olla arrocera eléctrica, para hacer arroz y también para cocer vegetales al vapor
- olla para salsas
- olla para sopas
- sartén de teflón
- procesador de alimentos
- licuadora
- microondas

- cafetera
- colador
- tabla para cortar carnes
- tabla para cortar frutas y vegetales
- taza para medir
- pelador de papas
- rayador de queso
- destapador de latas
- paleta de madera
- dedo mágico o paleta de silicona
- guantes para agarrar ollas calientes

Cómo hacer un *omelet* básico

Esta es mi receta para hacer un *omelet* básico. Lo mejor de los *omelets* es que, además de ser muy fáciles de hacer, puedes crear una gran cantidad de variaciones incorporando los ingredientes que más te gusten. Otra gran ventaja de los *omelets* es que se pueden hacer bien saludables.

INGREDIENTES
3 huevos grandes
2 cucharadas de agua
Una pizca de sal y pimienta
1 cucharadita de cebollín picadito
1 ½ cucharaditas de mantequilla sin sal
½ taza de queso gruyere finamente rallado

PREPARACIÓN

1. En un bol mediano, bate con un tenedor los huevos junto con el agua, la sal y la pimienta, y agrega el cebollín picadito.
2. En una sartén de teflón de ocho pulgadas derrite la mantequilla a fuego medio/alto, vierte la mezcla de huevo y revuelve constantemente con una espátula de silicona por un minuto, raspando el fondo de la sartén, hasta que los huevos estén casi cocidos.
3. Pon el fuego bien bajito y esparce la mezcla uniformemente. Échale el queso gruyere y, cuando el fondo del *omelet* esté firme y un poco dorado, dóblalo a la mitad. ¡Ya está listo para servir!

Espaguetis al dente

Pon el agua a hervir en una olla grande. Calcula 1,5 litros de agua por cada 100gr de pasta. Ten cuidado de no traspasar 3/4 de la altura de la olla. Coloca sal al gusto y un chorrito de aceite. Cuando el agua está hirviendo, agrega la pasta. Con un tenedor de cocina muévela suavemente para que el cocimiento sea parejo y las hebras de pasta no se peguen. Déjala cocinar hasta que la pasta esté "al dente", es decir, ni muy dura ni muy blanda, siguiendo las instrucciones de la caja de pasta.

Para saber si está en su punto justo, no hay mejor secreto que sacar una muestra de pasta y masticarla.

Si la pasta no se sirve al instante (que es lo ideal), cuélala y sumérgela en un poco de agua fría. Con esto evitas que se siga cociendo.

ERRORES Y SOLUCIONES CLAVE PARA LA JEFA DE COCINA

La nevera se quedó vacía
Solución: dedícale un día fijo a la compra del supermercado.

Nunca sabes qué servir para la cena
Solución: diseña un menú para la semana.

En medio de la preparación te das cuenta de que te faltan ingredientes
Solución: ve por ellos sin pensarlo. Compra de acuerdo a los platillos que siempre preparas o al menú de la semana.

Se te dañan las cosas en la nevera
Solución: organiza mejor la refri; cocina algún platillo basado en lo que está por dañarse.

Compras demasiado y no tienes dónde guardarlo
Solución: ajusta las cantidades de tu próxima compra al número de personas en la casa, y a los días que comen en ella. En el súper limítate a tu lista de compras.

Estás muy cansada como para llegar y ponerte a cocinar
Solución: lleva algo listo de la calle y completa el menú con algo preparado en casa.

QUÉ HACER CON UN MARIDO CON HAMBRE

No hay nada peor que un hombre con hambre. El mío particularmente se pone de muy mal humor. He visto cómo algunos esposos de mis amigas se vuelven irreconocibles. Para no tener que llegar a ver a tu bello convertido en Hulk, mantén en casa algunos aperitivos y cositas para picar, como quesos, papas, almendras, *popcorn* o lonjas de fiambres y quesos (coloca una lonja de jamón sobre una lonja de queso y enróllalas). Hay otras cositas que se pueden tener congeladas, como empanadas, que solo tardan un par de minutos en calentarse en el horno.

Cuando aprieta el hambre y no hay nada hecho, silenciosamente vete a la cocina y monta un plato de aperitivos. Sírveselos y con un beso dile: "Come algo mi amor que ya casi va a estar lista la comida".

Gestos en la cocina que lo harán feliz

> ➢ Una comidita preparada por ti.
> ➢ Que le cocines su plato favorito.
> ➢ Que lo ayudes a seguir su dieta.
> ➢ Que le compres las chucherías y golosinas que le gustan.
> ➢ Que haya comida en la casa.
> ➢ Y, en definitiva, ¡que lo alimentes! Eso les gusta a todos.

EL *LOOK* DE LA JEFA DE COCINA

El look *real*

La Jefa de Cocina debe vestirse cómodamente y muy sencilla y con el cabello recogido para que no caigan pelos sobre la comida. Como estarás de pie por largos períodos, busca lo que le asiente mejor a tu espalda. Hay quienes prefieren un poquito de tacón en el zapato, mientras algunas prefieren zapatos de suela de goma y otras se sienten mejor en balerinas.

En general usa ropa ni muy holgada ni muy apretada que te permita hacer movimientos como agacharte, alzarte, subir los brazos, etc., y que no te importe demasiado manchar de salsa, chispear de aceite o mojar. Además, asegúrate de que las mangas de la camisa no se puedan enredar en los mangos de sartenes y ollas, y quítate todos los accesorios, ya que estos se pueden enredar con los utensilios, rayar las ollas ¡o hasta prenderse fuego!

Recuerda: es importante tener el cuerpo protegido (especialmente brazos y pecho) en lugar de ir muy descotada, para no sufrir quemaduras en caso de que salte una chispa de aceite caliente.

El look *de fantasía*

Para caracterizar a una chef o cocinera, el disfraz por excelencia es una chaqueta de chef (esas que tienen dos hileras de botones al frente), o bien un delantal y, por supuesto, no puede faltarte el gorro alto y con forma de cilindro, marca de fábrica de una Jefa de Cocina.

LA JEFA DE COCINA Y SU IMPACTO EN EL PLANETA

Todas estamos al tanto de la grave situación de deterioro en que se encuentra nuestro planeta. Lo percibimos en los cambios climáticos extremos cada vez más frecuentes, y nuestra reacción más común es esperar que los gobiernos y organismos internacionales "hagan algo".

Lo cierto es que nosotras, desde nuestro rol de Jefas de Cocina, es mucho lo que podemos hacer. Nuestro impacto es inmenso. Cada vez que vamos al supermercado tenemos la opción de crear más o menos desperdicio, de contribuir a la solución o al problema. Con solo hacer unos pequeños cambios, las Jefas hacemos una gran diferencia. Sigue algunos de estos pasos para cuidar nuestro planeta:

1. Lleva tu bolsas de tela al súper, así no tendrás que pedir bolsas plásticas ni de papel.
2. Utiliza la menor cantidad de bolsitas plásticas para echar los vegetales o las frutas.
3. Deja tus sacos de tela en el auto. Cuando desocupes la compra, simplemente llévalos de vuelta al auto —verás que este pequeño hábito, si todas lo hacemos, significa mucho, ¡y te hará sentir requetebién contigo misma!

EL *PLAYLIST* DE LA JEFA DE COCINA

"A fuego lento" (Soraya)
"Red, Red, Wine" (UB40)
"Mayonesa" (Chocolate)
"Hungry Like The Wolf" (Duran Duran)
"Sabor, sabor" (Rosario)
"Fruta fresca" (Carlos Vives)

7

SOY LA

JEFA DE FINANZAS...

la que compra, paga y hace magia para estirar
el dinero hasta fin de mes

ORACIÓN DE LA JEFA DE FINANZAS

Dios, ayúdame a mantener clara mi mente para cuadrar las cuentas del mes. Que nunca falte el dinero y siempre tenga cómo honrar mis obligaciones. Amén.

Virgencita, guíame por el camino de las ofertas y llévame a donde está lo que necesito. Aléjame de las tentaciones en los centros comerciales y protege mis tarjetas de crédito. Pero sobre todo, que nunca falte nada en mi hogar. Amén.

Universo, tú que derrochas abundancia y tienes suficiente para todos, bendice mi hogar con gran profusión de recursos siempre, y por favor provee a todas las personas necesitadas en el mundo también. ¡Gracias y Amén!

E l dinero es una herramienta. Lo usamos para obtener las cosas que más queremos en la vida, como libertad, confort, salud, seguridad y placer. También lo usamos para evitar las cosas que menos deseamos, como la pobreza, el estrés, el miedo, el hambre. Tener dinero no es una garantía de que serás feliz. Pero aprender a usarlo inteligentemente con toda seguridad te ayuda a construir un futuro más sólido y mejor para ti y los tuyos.

Históricamente las mujeres no tenemos una relación muy saludable que digamos con el dinero. A diferencia de los hombres que se sienten cómodos y orgullosos con él, lo ganan y lo amasan sin ningún problema ni connotación negativa, a nosotras desde temprano se nos enseña que el dinero es sucio, que tener mucho es malo, y que para manejarlo mejor que nosotras están los hombres. Tenemos problemas para valorizarnos, y para pedir lo que valemos y deseamos. Todo esto contribuye a que, a menudo, nos sintamos perdidas en relación a cómo conseguir dinero, a cómo multiplicarlo, a cómo gastarlo e invertirlo con seguridad.

Afortunadamente los tiempos han cambiado, y mucho. Hoy las mujeres estamos más en control de nuestro dinero que nunca. Sin embargo, aún muchas seguimos estando muy atrás. Como la Jefa de Finanzas de la familia, quieras o no, te toca tomar las mejores decisiones monetarias en beneficio de los tuyos. De modo que, nos guste o no, debemos aprender al menos a familiarizarnos con los conceptos básicos.

En este capítulo te ofrezco algunas respuestas y soluciones sencillas a ciertas situaciones con las que lidiamos todos los días. Cosas que todas debemos saber. Espero te sirva como abreboca, puesto que mi intención, especialmente en este capítulo, es alentarte a que aprendas, estudies, investigues y te informes sobre cómo producir, cómo estirar y cómo usar mejor tu dinero.

Lo mejor de este rol es… *power, baby, power!* Esa deliciosa sensación de poder, de orgullo, de logro que sentimos cuando tenemos control del dinero, cuando contribuimos al bienestar financiero de la familia, sea con nuestro granito o granote de arena aportando el fruto de nuestro trabajo, o cuando ayudamos a hacerlo rendir y evitamos despilfarrarlo haciendo las mejores compras, y por supuesto cuando sabemos que hemos tomado una buena decisión económica.

Lo peor de desempeñar este rol es la ansiedad que te crea llegar a fin de mes, pagar las cuentas, el duro trabajo que cuesta ganar el dinero, enfrentar una deuda, aprender a hacer algo que no nos gusta o que se nos hace difícil entender. Hablo por mí misma: nunca me han encantado los números, mis talentos claramente están en otras áreas, por lo que entender y aprender a lidiar con el dinero es algo que me toma un gran esfuerzo. Pero saber es poder. Nunca te quedes en la oscuridad con respecto al dinero. Aunque te cueste y te sea difícil y estés metida en un hoyo, míralo con positivismo y aprende a tomarle cariño. El dinero es bueno para ti y para tu familia. Es tu mejor aliado. Aprender a sacarle el mayor provecho a ese dinerito que te cuesta tanto trabajo ganar es una cosa maravillosa. Una vez que empiezas a entender cómo funciona, la cosa se vuelve hasta divertida, eso te lo prometo.

TRES PREGUNTAS QUE TODA JEFA
DE FINANZAS DEBE HACERSE

Cuando se trata de tomar decisiones con respecto al dinero, deja que estas tres preguntas sean tu guía:

1. ¿Dónde estoy en este momento en términos de dinero?
2. ¿A dónde quiero ir?
3. ¿Cómo llego hasta allá?

CÓMO CREAR UN PRESUPUESTO

Presupuestar es la clave. Es la mejor manera de mantener tus gastos bajo control. Un presupuesto también te permite separar un poco de dinero para ahorros, y hasta dedicar una porción para la diversión. Es el primer paso que debemos dar para tomar el control de nuestras finanzas. No te preocupes que esto no tiene que ser una cosa intimidante ni aterradora. Aquí te paso algunas ideas que te pueden ayudar.

Haz un inventario de tus gastos

De la misma manera que se le recomienda a quienes se ponen a dieta que observen y anoten todo lo que comen, para crear tu presupuesto lo primero que debes hacer es observar y anotar lo que gastas, lo que pagas, lo que ganas, lo que ahorras. Al ver todos tus movimientos de dinero reflejados en un papel, te resultará más fácil entender tus hábitos financieros y hacer las debidas correcciones. Haz este ejercicio por un mes. Si te gustan el papel y el lápiz (como a mí) mantén un cuadernito a mano para registrar cada centavo que gastas. Crea tres columnas: fecha, descripción y cantidad. Si lo tuyo es la tecnología, lleva tu registro online, o en tu teléfono inteligente, o bájate una aplicación —hay unas muy buenas que categorizan tus compras y gastos.

Comienza con un plan sencillo

Una vez que tienes identificado lo que entra y lo que sale, diseña un plan sencillo. Siempre puedes regresar al presupuesto más tarde y hacer cambios, volverlo más sofisticado y más complejo. Pero lo que da mejor resultado, según testifican los expertos, es comenzar con un plan sencillo y ajustarse a él al menos por tres meses. Una fórmula que funciona bien es la del 50–30–20. Te explico cómo funciona: 50% de tus ingresos se los debes dedicar a tus gastos fijos, esas cosas que necesitas pagar sí o sí, como el alquiler o la hipoteca de tu vivienda, el cuidado de tus hijos, el teléfono, la electricidad, el transporte, la comida. Luego un 30% va para todas esas cosas que quieres y deseas pero que no son indispensables, como salir a comer, comprar ropa, ir al cine, viajar, la membresía del gimnasio. El 20% restante debe ir a tu cuenta de ahorros y al pago de tus deudas.

SECRETOS ENTRE JEFAS

Ahorra apenas le pongas la mano al dinero
Mis padres se divorciaron cuando yo tenía tres años, por lo que mi mamá se convirtió muy pronto en madre soltera de dos niñas pequeñas. El dinero no abundaba en mi casa. Todo lo contrario, había muy poco, y muchas necesidades. Pero mamá siempre se las arregló para estirar al máximo lo poco que había —y créanlo o no, siempre tenía algo guardado. Uno de sus sabios consejos que hasta hoy vive conmigo es: "*¡Ahorra hija! ¡No te gastes todo! Apenas recibas dinero guarda una parte y hazte de cuenta que no existe*".

DOS GRANDES PALABRAS MÁGICAS

Honestidad

Uno de los errores más frecuentes y comunes que cometemos al manejar nuestro dinero y especialmente al gastar, es seguir el estilo de vida de otra persona, imitar a los demás. Si tu amiga se compró una bolsa, o tu compañera de trabajo está manejando un auto nuevo, o almuerza fuera todos los días, tal vez son cosas que ellas pueden costear, pero de pronto tú no. Incluso, puede que tú también tengas la capacidad de hacer esas mismas cosas, pero tal vez no sea la mejor decisión financiera para ti. En lo que se refiere a las finanzas es crucial que seas honesta con tu situación, que seas realista y, sobre todo, que seas individualista y actúes de acuerdo a tus necesidades y en respuesta a lo que será mejor para ti. Tu presupuesto y cada una de tus decisiones de dinero deben reflejar tu estilo de vida —no el de tus amigos o el de la vecina.

Determinación

Es muy fácil sucumbir ante las millones de tentaciones que se nos presentan a diario. Cada segundo, cada minuto y cada hora del día, las ofertas, la publicidad directa y los mensajes subliminales nos seducen y nos persuaden a comprar y comprar y comprar... Por la tele, las revistas, los medios *online*, la radio, en la calle, el bombardeo es constante. Pero si te mantienes firme con tu plan, decidida a llevar a cabo tus decisiones y tus metas, es muy probable que triunfes. El resultado de poner en práctica tu fuerza de voluntad y determinación es simplemente el éxito, la satisfacción de tener el control y la tranquilidad. Vale la pena.

Día internacional del contador

17 de mayo

CÓMO UTILIZAR LOS CUPONES

Recibo cupones, ofertas y promociones constantemente vía correo electrónico y por correo tradicional también, pero rara vez logro darles uso y su validez acaba venciendo. Me pasa muchísimo que cuando estoy en una tienda es cuando me acuerdo de que en algún lugar en casa tengo un cupón para comprar allí con un 20% de descuento. La sensación es horrible. Aquí te propongo un sistema súper sencillo para sacarle partido a esos cupones desperdiciados. Ya yo empecé a utilizar los míos.

1. Apenas te encuentres con un cupón, talón de descuento o promoción, recórtalo o imprímelo de inmediato.
2. Designa un solo lugar para tus cupones. Mejor si es algo que puedes llevar contigo en tu cartera, o mantener en tu auto, como un sobre, una carpeta o hasta una bolsita Ziplock.
3. Agarra tu pila de cupones y organízalos de acuerdo a su fecha de vencimiento. Pon arriba los que están por vencer. Resalta la fecha de vencimiento con un marcador. Desecha todo lo que no sirva o ya esté vencido.
4. Revísalos a menudo, especialmente antes de salir de compras. Familiarízate con lo que tienes allí. Y apenas te aparezca la oportunidad de comprar una de esas cosa, ¡bingo! Úsalos. Es como dinero gratis.

LUGARES DONDE SE ESTÁ ESCAPANDO TU DINERO

Además de los sospechosos de siempre, como la ropa y los zapatos, los siguientes son los tragamonedas más comunes:

Restaurantes

Come menos fuera; cocina más en casa. Lleva tu comida al trabajo y deja las salidas a restaurantes para las ocasiones especiales. Aparte de ahorrarte un montón de plata, ya verás cómo tu figura también empezará a mostrar los beneficios positivos de cortar las comidas en la calle.

Tintorería

La cantidad de dinero que gastamos en lavandería cada mes es impresionante. Para mejorar este desagüe de plata, lava y seca la ropa en casa. Usa las prendas más veces antes de llevarlas a limpiar, y mira bien si la pieza está sucia o solo arrugada. Por último, compra menos ropa que requiera limpieza profesional.

Cafecito

Aunque no lo creas, ese cafecito que te tomas a cada rato puede estar causándote la ruina financiera. Y si es aquel famoso *mocha-latte*-grande de $5, aún más. Monitorea qué tan seguido lo haces, y limita la cantidad. Le harás un favor a tu billetera y a tu salud reduciendo la cafeína y el azúcar.

CÓMO GASTAR MENOS EN REGALOS

Establece un presupuesto para regalos por adelantado, así sabrás cuánto tienes para cada regalo y no caerás en la tentación de excederte. Haz una lista de aquellos a quienes le regalarás en el mes, anotando el nombre de la persona y al lado el precio del regalo. Luego, compra los regalos con tiempo y fuera de temporada.

> **HUMOR: ¡COLMOS!**
>
> **P:** *¿Cuál es el colmo de una cazadora de ofertas?*
>
> **R:** Tener doce hijos porque por docena todo es más barato.

Para los cumpleaños

Reúne a los amigos más cercanos y a la familia, y propón la idea de compartir un buen regalo entre todos. Este sistema funciona muy bien pues entre varias personas se puede comprar algo mejor, más valioso y significativo, por una cantidad de dinero muy razonable.

Para Navidad

Recuerdo, de niña, nuestra maravillosa fiesta navideña familiar, con mi tío Totó disfrazado de Santa leyendo y entregando los regalos del árbol —regalos que parecían no acabarse jamás, tanto para niños como para adultos. Lamentablemente, hoy en día ya no se puede hacer esto, todo está tan caro... ¿La solución? Un regalo grande por niño (comprado entre todos), regalitos pequeñitos para todos los niños en el árbol y en sus medias navideñas, y el Amigo Secreto para los adultos.

El Amigo Secreto es una excelente opción para minimizar los gastos. En lugar de comprar un regalo para cada persona, haz un sorteo colocando los nombres de todas las personas en pedacitos de papel. Cada miembro de la familia retira un nombre y es a esa persona a quien le tocará regalarle. Todos reciben y dan un solo regalo. Esto funciona de maravillas en la oficina también.

SECRETOS ENTRE JEFAS

Regalos positivos
Uno de los regalos que a mi hijo Roberto le ha gustado más, es una alcancía de cochinito que recibió en su cumpleaños. Cada vez que lo veo maravillado metiéndole monedas y contando "su dinero", pienso en lo simple, positivo y poco común que fue ese regalo.

Cuando vayas a regalar, intenta apartarte de las opciones más comerciales y piensa de forma creativa. Piensa en algo que incentive los buenos hábitos como el ahorro, comer sano, la lectura, el ejercicio, la generosidad, los buenos modales. Muchas veces estas alternativas pueden resultar más económicas, y crear un gran impacto, como lo ha hecho la alcancía de Roberto.

CÓMO APROVECHAR AL MÁXIMO LAS OFERTAS

En países como Estados Unidos, donde hay ofertas y promociones el año entero, honestamente puedes conseguir todo o casi todo en rebaja. Sigue estas estrategias para aprovechar las ventas de promoción como una verdadera Jefa.

> ➤ Ve con una lista. Ten en claro qué es lo que vas a buscar y no te llenes de cosas que no necesitas solo porque estén rebajadas —esta es la manera más fácil de gastar dinero innecesariamente.
> ➤ Hazte amiga de las vendedoras para que te avisen de las ofertas.
> ➤ Compra fuera de temporada; en verano, añádele a tu guardarropa de frío.
> ➤ Vístete súper cómoda para poder volar por los pasillos a gran velocidad.
> ➤ Llega temprano. Al que madruga Dios lo ayuda, dice el refrán, y no podría ser más cierto que en este caso. Cuando llegas tempranito a las tiendas, no solo consigues más mercancía, más opciones, sino que las vendedoras están frescas y dispuestas a ayudarte.

QUÉ CONSIGUES EN OFERTA Y CUÁNDO

Las tiendas ofrecen ofertas, descuentos, ventas y promociones en la misma época cada año. Con esta guía para cazar ofertas en Estados Unidos sabrás exactamente qué tienes que comprar cada mes y podrás ahorrarte mucho dinero.

Enero

Ropa de cama, etc. En tiendas y en Internet puedes conseguir excelentes ofertas en manteles de mesa, ropa de cama y toallas.

Televisores. Las tiendas ofrecen buenos descuentos justo antes del Superbowl que es a principios de febrero. En marzo y en diciembre los televisores vuelven a tener descuento.

Equipo deportivo. La resolución de año nuevo más común de todas es perder peso. De modo que las tiendas ponen las máquinas, pesas y caminadoras en oferta para incentivar las ventas.

Decoraciones de Navidad. Esta época también es ideal para abastecerte de todo lo que tenga tema navideño (decoraciones, árboles, papeles de regalo, ropa, tarjetas). Las tiendas se están deshaciendo de esta mercancía y llegan a tener hasta un 75% de descuento.

Febrero

Perfumes. Este mes aprovecha las promociones del día de San Valentín para comprar fragancias, que tienen grandes descuentos.

Equipos electrónicos. Los nuevos modelos de cámaras fotográficas, reproductores de DVD, reproductores de MP3, son anunciados en el International Consumer Electronics Show que se lleva a cabo en enero. Luego de este show, los modelos del año anterior entran en descuento, ¡y allí es donde está tu oportunidad para comprarlos a un excelente precio!

Marzo

Artículos de invierno. Es el momento de comprar abrigos, botas, esquíes, ya que las cosas de frío empiezan a salir de las tiendas para abrir paso a la colección de primavera.

Abril

Cámaras digitales. Se vuelven a poner en promoción para las familias que salen de vacaciones durante Spring Break.

Ropa de clima cálido. Es el momento de comprar ropa de primavera, pues empieza a mudarse a los estantes de rebaja.

Mayo

Muebles y artículos de patio y picnic. Es el Mes Nacional de las Barbacoas, así que todo lo que tiene que ver con este tema tiene grandes descuentos promocionales.

Ropa para hacer ejercicio. Empiezan a salir los nuevos modelos de zapato deportivo, de modo que puedes comprar los del año anterior a un precio formidable.

Artículos de cocina. En la temporada del Día de la Madre, aprovecha las ofertas de todo lo que tiene que ver con artículos de cocina —un regalo tradicional para mamá.

Junio

Bikinis. Aprovecha que empiezan a bajar los precios de trajes de baño y ropa de verano.

Lencería. En esta época está la rebaja semi-anual de Victoria's Secret. ¡Aprovecha para renovar tu ropa interior!

Herramientas. Taladros, sierras, GPSs —todo lo que sea artículos para papá tiene un descuento promocional este mes por ser el mes del Día del Padre.

Regalos para los recién graduados. También los artículos de regalo para los graduandos, como cámaras fotográficas y otros artículos de tecnología, portafolios y maletines de oficina y portarretratos, tienen descuento especial.

Julio

Muebles. Este mes encuentras un montón de ofertas en muebles, puesto que las tiendas empiezan a abrir espacio para la llegada de las nuevas colecciones.

Gimnasio. Es hora de negociar una buena membresía en el gimnasio —los clubes atléticos tratan de retener clientes y subir las ventas en esta época de verano.

Agosto

Ropa de otoño, útiles escolares, computadoras. Hora de abastecerte de estos artículos, pues reciben un tremendo descuento promocional de regreso a clases.

Aire acondicionados, cortadores de grama, equipos de jardín. Como ya estamos en el final de la temporada de calor, los precios de estas cosas bajan, de modo que es el mejor momento para adquirirlas.

Equipo para acampar. Aprovecha para comprar todo lo que necesitas para acampar, justo a tiempo para el fin de semana de Labor Day.

Septiembre

Autos. Los concesionarios y las salas de exposición empiezan a recibir los nuevos modelos de carros. Necesitan abrirles espacio. Así que aprovecha para comprar los vehículos mas viejos.

Plantas. La época del otoño también es la mejor para comprar plantas, ya que los precios son los mejores del año.

Bicicletas. Las ofertas de bicicletas comienzan ahora y continúan hasta el final del otoño. ¡Aprovéchalas!

Octubre

Parrilleras. Apenas llega el frío, los precios de las parrilleras y todo lo que se refiere a barbacoas entran en liquidación.

Electrodomésticos. Sal a comprar artículos y equipos de cocina del año anterior, incluyendo lavadoras, secadoras, aspiradoras… A medida que empiezan a llegar los nuevos modelos, los más antiguos se ponen más baratos.

Artículos de invierno. Aprovecha ahora que la ropa de frío, como abrigos, gorros y bufandas, empieza a entrar en rebaja.

Noviembre

Ofertas del famoso "Viernes Negro". Si no tienes coraje o paciencia para enfrentarte a la avalancha de compradores durante el Viernes Negro (Black Friday), busca las ofertas del Cyber Monday —esto sí lo puedes hacer desde casa, en tus pijamas.

Equipos de sonido, televisores y ropa. Estos y otros artículos puedes encontrarlos por un súper descuento el Viernes Negro.

Vestidos de novia. La mejor época para comprar un traje de novia con descuento es entre ahora y Navidad, cuando las boutiques están vacías y hambrientas de ventas, y queriendo salir de su inventario.

Diciembre

Juguetes y equipos electrónicos. Esta es la época de ahorrar en juguetes y aparatos electrónicos.

Carros. Los concesionarios de autos deben cumplir sus cuotas de venta del año. ¡Es otro momento clave para conseguir un buen descuento!

Pídeles un milagrito... a los patrones de las finanzas

San Mateo (o San "Ajustín")

CÓMO DEVOLVER ALGO

Lo primero que debes hacer es ubicar el recibo de compra. Nunca te deshagas de los recibos de inmediato. Espera hasta estar completamente segura de que te quedarás con el artículo. Si no tienes el recibo, obtén una copia del estado de cuenta de tu tarjeta de crédito (puedes conseguir una rápidamente *online*). Esto no muestra tantos detalles como el recibo, pero te sirve como prueba de compra.

Vístete a la altura de una Jefa sofisticada y poderosa. No te vayas toda desecha ni desgreñada pues esto te resta seguridad y créeme que no te atenderán igual que si vas bien arreglada. Recuerda que la primera impresión cuenta y mucho.

No te sientas culpable. A veces simplemente tienes que devolver algo que no te sirve o no te ha gustado, como cuando tuve que regresar mis hermosos Christian Louboutin. Obviamente después de ponérmelos fue cuando pude descubrir que me resultaban intolerablemente dolorosos en mis pies. Claro que me sentí culpable (ya los había usado un par de veces) pero más me sentí en la necesidad de hacer valer mi derecho de consumidora insatisfecha. Por un par de zapatos de $800, lo menos que esperas es que te queden cómodos.

Una vez en el almacén con tu recibo, el artículo perfectamente limpio y empacado y tu traje de Jefa Elegante, dirígete al departamento de servicios al cliente. Preséntales tus razones para hacer la devolución con claridad y seguridad, sin titubeos. Si llegan a ponerte cualquier problema, pide entrar en contacto con el gerente de la tienda. Recuerda actuar siempre con la mayor educación y gentileza.

CÓMO MEJORAR TU CAPACIDAD CREDITICIA

Aquí comparto algunos consejos para limpiar tu informe crediticio y mejorar tu capacidad crediticia o *credit score* —ese temido numerito que los bancos y las tiendas revisan cada vez que te consideran para darte una tarjeta de crédito o un préstamo.

1. Paga tus deudas
La manera más inmediata de mejorar tu crédito es reducir tu deuda, pagando el balance en tus cuentas y tarjetas de crédito.

2. Abre una tarjeta prepaga
Las tarjetas prepagas las emiten los bancos y lucen exactamente como las otras tarjetas de crédito, solo que en este caso debes depositar dinero en el banco emisor con anticipación para cubrir el límite de la tarjeta parcial o completamente.

3. Pide un préstamo personal
Una de las formas de agregar información positiva a tu informe crediticio es pedir un préstamo personal utilizando tus ahorros como garantía. No tiene que ser una gran cantidad. Lo importante es mostrar que eres una persona responsable y que cumples con tu compromiso del pago de tu deuda.

4. Utiliza las tarjetas de las tiendas a tu favor
Las tarjetas de crédito de las tiendas son relativamente fáciles de sacar y pueden ayudarte a mejorar tu crédito. El secreto aquí es que las uses con medida y que las pagues siempre a tiempo.

5. Mantén abiertas tus cuentas
A las instituciones que califican el crédito les gusta la estabilidad. Cuando cierras una cuenta bancaria que has tenido por mucho tiempo, tu

credit score puede bajar. Y si además de cerrar una cuenta vieja, abres una nueva, dicen que tu *credit score* se perjudica el doble. Así que sé fiel a tu banco y mantén tus cuentas abiertas por largo tiempo.

6. Explica cualquier movimiento negativo en tu informe crediticio

Por ley tienes derecho a agregar una explicación a tu archivo de crédito. Aquí puedes explicar cualquier situación que te haya obligado a retrasarte en tus pagos, como una enfermedad o que te hayas quedado desempleada. Esto te ayuda a mejorar la apariencia de tu crédito.

7. Revisa tu informe crediticio periódicamente

Tal como debes hacer con tu salud y hacerte un chequeo anual, lo mismo necesitas hacer con tu crédito. Una vez por año revisa los informes de las tres principales oficinas de crédito (Equifax, Experian y TransUnion). Por ley tienes derecho a un informe crediticio gratis. Disputa cualquier registro o información que esté incorrecto y pídele a la oficina de crédito que agregue la información correcta en tu archivo.

8. Mantén tus cuentas al día

La forma más segura de mantener tu crédito en buenas condiciones es pagar tus cuentas completamente y a tiempo. Para logralo, estate pendiente de las fechas de pago de cada cuenta, y monitorea constantemente los balances de tus cuentas corriente y de ahorros.

CÓMO SALDAR TUS DEUDAS

Si estás en problemas con tus deudas, mi primera sugerencia es que te eduques al máximo acerca de tu situación y las opciones que tienes. Hay una buena cantidad de libros que cubren este tema en profundidad y te muestran estrategias probadas que te ayudan a salir adelante.

Otra gran opción es que busques ayuda de un asesor financiero, o de una organización de asesoramiento crediticio de buena reputación y aprobada por el gobierno. Puedes encontrar una lista de organizaciones aprobadas por el gobierno, detalladas estado por estado aquí: www.usdoj.gov/ust.

Esta es una situación común que enfrentan millones de personas. Y también son muchos los que consiguen salir del hoyo. Quienes lo logran es porque lo convierten en su prioridad y diseñan un plan de acción, una estrategia que les permite alcanzar esta meta.

Si tienes problemas con tu tarjeta de crédito, lo primero que debes hacer es cortar todas tus tarjetas de inmediato. Tal vez deja solo una para emergencias —pero solo si tienes la disciplina de no tocarla para nada más. Y, para evitar la tentación, no cargues esta tarjeta contigo en tu cartera.

Lo próximo es pagar más que el pago mínimo en cada tarjeta cada mes. Paga lo más que puedas mensualmente en cada una de las tarjetas. Si todo lo que mandas es el pago mínimo, con una tasa de interés digamos del 18%, te tomaría años (a veces hasta treinta) cancelar esa deuda.

Otro asunto importante es darle prioridad a las deudas que te cuestan más caro, es decir, paga primero las tarjetas con el interés más alto y el resto de ellas en orden descendiente, de más a menos.

A medida que vas haciendo estas cosas, negocia con cada banco y cada tarjeta una mejor tasa de interés en las deudas existentes. Una alternativa es ir cambiándote de tarjeta, transfiriendo tu deuda de una tarjeta a otra que te ofrezca una tasa de interés mas baja. ¡Buena suerte!

GANANDO DINERO DESDE LA CASA

Los negocios que se manejan desde la casa han resultado ser una magnífica solución para tantas mujeres que necesitan tener flexibilidad de tiempo y una entrada de dinero, ya sea como una alternativa a tiempo completo para sustituir sus trabajos actuales, o como una opción de medio tiempo para complementar los ingresos familiares.

Lo ideal al arrancar un negocio desde casa es dar con algo que mezcle tus intereses, pasiones y talentos con tus necesidades. A continuación te doy algunas ideas de pequeños negocios caseros que pueden resultar en grandes empresas. En la mayoría de los casos puedes arrancar desde casa, con un costo bastante bajo.

Negocios de productos

Manualidades
Crea manualidades o productos artesanales y véndelos en el popular sitio Etsy.com. Si gozas de este tipo de creatividad y tus manos convierten cualquier cosa en una obra de arte, las posibilidades son ilimitadas para

convertir tu pasatiempo en dinero. Estas son algunas de las categorías y proyectos principales que se comercializan en este sitio: trabajos de vidrio artesanal, cestas tejidas, collares, velas, cerámica, arcilla, tarjetas y demás artículos de papelería, crochet, bordado en cruz, creación de muñecas, grabado en piedras, trabajos en fibra, dibujos, diseños y pinturas en papel, trabajos florales, artesanía, joyería, tejidos, cuero, metales, mosaicos, fotografía… entre muchas otras cosas más.

Revende cosas por Internet

Puedes vender o revender productos a través de los mercados *online* como eBay, Amazon Auctions o Craigslist. Estos productos pueden ser usados o nuevos. Los usados puedes conseguirlos en mercados, ferias de la calle o ventas de garaje. Los artículos nuevos puedes comprarlos al por mayor.

Muchas mujeres comienzan a agarrarle el gusto a esto cuando se ponen a vender las cosas de la casa que ya no quieren más, como los juguetes de los niños, y ven que pueden obtener ingresos. Si tienes buen ojo para encontrar tesoros, o siempre has soñado con tener tu propia tienda, tal vez esta sea la oportunidad ideal para ti.

Negocios de servicios

Tutora o profesora

Para las que tienen el don de enseñar, de la comunicación y la paciencia, esta es una excelente opción. Más allá de las materias académicas clásicas, como Matemáticas, Ciencia o Biología, puedes enseñar básicamente cualquier cosa que la gente quiera aprender.

Algunas de las clases más populares requeridas tanto por niños como por adultos son las de idiomas o las de arte, cocina, música o deportes. Claro que te será más fácil vender tus servicios si tienes un título en esas disciplinas o posees una certificación o grado técnico. Pero no es esencial.

La mejor manera de promocionar tu negocio es de boca en boca, usando la recomendación de amigos, vecinos y familiares. También puedes publicar un aviso en los diarios o periódicos de la comunidad y repartir panfletos. Ciertas clases puedes ofrecerlas desde tu casa o en la casa de tu alumno, mientras que para otras tendrás que movilizarte a otro lugar (como es el caso de los deportes como tenis, béisbol o natación que requieren de un espacio específico). Averigua cuánto cobran los tutores en tu área —generalmente lo hacen por hora. Las tarifas varían de acuerdo al tema o disciplina.

Niñera

Cuidar niños es una actividad que muchas pueden hacer desde la casa mientras cuidan a sus propios chicos. Cada vez más los ocupados padres, o las madres solteras, buscan alternativas de cuidado para sus hijos fuera de las escuelas.

Muchos padres de infantes y niños en edad preescolar prefieren que sus hijos permanezcan en un ambiente hogareño, dentro de una casa, lo cual ha abierto un mercado interesante para las niñeras. Otros buscan asistencia para cuidar a los chicos por las noches o los fines de semana, ya sea porque trabajan esos turnos o porque desean salir a pasear.

En fin, si te gustan los niños, las posibilidades de convertir esta actividad en una fuente de ingresos son muchas. Chequea cuáles son los requerimientos de tu estado para operar este tipo de servicio. En la mayoría de los casos necesitarás obtener una licencia de cuidados infantiles.

Servicios de limpieza

Si eres de las que no puede ver suciedad o un poquito de desorden porque enseguida te entra el deseo de poner las cosas en su lugar, arrancar un negocio de servicios de limpieza puede ser una gran alternativa para ti. Puedes limpiar casas u oficinas, es decir, ofrecer servicios comerciales o residenciales. Además puedes especializarte en ciertas áreas específicas, como ventanas, pisos o techos.

Asistente virtual

Las asistentes virtuales ejecutan una variedad de tareas, desde atender teléfonos, responder llamadas, actualizar sitios web, leer y responder correos electrónicos, transcribir, introducir datos, escribir artículos y hasta hacer un poco de contabilidad —todo a distancia, desde la comodidad de la casa. Esta parece ser una industria que está creciendo a gran velocidad. Para ofrecer tus servicios de asistencia virtual, visita el sitio elance.com, una comunidad *online* que reúne trabajadores *freelance* en diferentes servicios y categorías.

Entrenadora personal

Si lo tuyo son los ejercicios, conviértete en una entrenadora personal. Tengo una amiga que siempre fue apasionada por los ejercicios, siempre en forma, siempre lista para ejercitarse. Trabajamos juntas varios años en una editorial. Un buen día se retiró de la empresa para abrir su negocio como entrenadora personal —lo cual me pareció lo más lógico y obvio y perfecto para ella.

Con la creciente ola de obesidad afectando niños y adultos por igual, y las subsecuentes consecuencias que esto trae para la salud como la diabetes y las enfermedades coronarias, las personas buscan cada vez más asistencia de alguien que las ayude a bajar de peso y mejorar la salud. Lo que antes era exclusivamente para los ricos y famosos, ahora es un servicio bastante popular y utilizado por gente común y corriente —con lo cual tienes grandes posibilidades de generar buenos ingresos.

Algunos entrenadores personales atienden en sus casas, mientras que otros van a las casas o gimnasios de los clientes, o los citan en un parque. Es importante que te certifiques como entrenadora personal. Para más información chequea el sitio web del Aerobics and Fitness Association of America (www.afaa.com), una de las organizaciones que ofrece certificaciones en esta área en Estados Unidos.

Chef personal

Hay ciertas personas, como mi mamá, para quienes cocinar es un arte, y lo desempeñan con amor, placer y naturalidad. Si tú eres una de ellas, en tu cocina puede que esté tu futuro financiero. Este es otro de esos servicios que un tiempo atrás quedaban reservados para el consumo de un selecto grupo. Sin embargo, hoy en día la necesidad de tener ayuda para seguir una dieta balanceada, y la falta de tiempo, los ha popularizado, abriendo un espacio importante para los cocineros personales en el campo laboral.

Puedes trabajar desde casa, preparando las comidas en tu cocina, o puedes ir a cocinar en la casa de tus clientes. Averigua acerca de las tarifas de este tipo de servicio en tu localidad. Un par de recursos para consultar dentro de Estados Unidos son la United States Personal Chef Association (www.uspca.com) y la American Personal & Private Chef Association (www.personalchef.com).

Cuidadora de mascotas

Uno de los diversos trabajos que desempeñé apenas llegué a Estados Unidos fue de paseadora de perros. Los dueños de la casa donde yo alquilaba un anexo, una pareja de franceses, un día salieron de viaje y me preguntaron si quería aceptar el trabajo de sacar a pasear a sus dos perros pastores alemanes y darle de comer a la gata. Yo, que me encontraba haciendo varios trabajos *freelance*, acepté. Cuando paseaba los perros por el vecindario, una exclusiva zona de Miami Beach, no tardaron en lloverme otras ofertas para hacer lo mismo. En pocos días me encontraba administrando un negocio de paseadora de perros, y puedo decirles que cobraba MUY bien.

Si las mascotas son lo tuyo, conviértete en proveedora de servicios de animales —otra oportunidad para generar ingresos. En vista de que las mascotas requieren una serie de cuidados, muchas veces similares a los que necesitan los niños, y al hecho de que en muchas casas son consideradas como hijos o miembros de la familia, los servicios relacionados al cuidado de mascotas pueden ser una gran opción de negocio. Esto puede incluir desde el aseo, corte de pelo, de uñas, entrenamiento, *pet-sitting* (es decir, cuidarlas por unas horas mientras los dueños están fuera u ocupados), alimentación, transporte y hasta sacarlas a hacer ejercicio —como lo hacía yo. Averigua acerca de las regulaciones y licencias requeridas en tu ciudad y país. Un buen recurso para conseguir información sobre cuidados de mascotas es la organización Pet Sitters International (www.petsit.com).

JEFAS DE FINANZAS QUE TE INSPIRAN EN LA GRAN PANTALLA

El Club de las Primeras Esposas (The First Wives Club): Annie (Diane Keaton) se reencuentra con sus antiguas compañeras en el entierro de una amiga en común. A las tres las han abandonado sus maridos por novias más jóvenes. Entonces forman un club para vengarse de sus ex esposos y golpearlos donde más les duele… en el bolsillo. Para ello usan sus habilidades y conexiones que una vez sirvieron para ayudar a sus esposos, para vengarse y retomar las riendas de sus finanzas.

Locas por las compras (Confessions of a Shopaholic): Rebecca Bloomwood (Isla Fischer) pasa sus días acumulando deudas en sus tarjetas de crédito sin poder controlar su pasión por comprar. Su sueño es trabajar en su revista de moda preferida, pero consigue un puesto como columnista de un medio financiero, irónicamente dando consejos para el manejo de las compras.

Jerry Maguire: Dorothy Boyd (Renée Zellweger) inspirada por el discurso de Jerry Maguire, decide renunciar a la agencia de manejo de deportistas para trabajar con él. Solo que la honestidad no lo es todo en este negocio así que le toca hacer magia con el dinero para poder mantenerse a flote como madre soltera y mantener a flote la recién creada agencia.

CÓMO PEDIR UN AUMENTO

Para nosotras las mujeres pedir aumento de sueldo es una tortura. Usualmente enfrentamos este momento con miedo e inseguridad, esperanzadas en que el empleador desee darnos "algo mejor" en lugar de ir a pedir lo que necesitamos y valemos, la tarifa o valor que está establecido en el mercado, lo proporcionado al valor que agregamos a la empresa con nuestro trabajo. Aquí comparto algunos consejos para resolver este dilema y plantarte como Jefa. ¡Espero los aproveches!

Lleva un registro de tus logros

Comienza a documentar tus logros hoy mismo creando un archivo que se llame "Logros y Resultados". Haz una lista de todas las cosas que completaste esta semana, este mes, este año. Escribe tus logros, esos éxitos que vale la pena resaltar. Ve agregando cosas a la lista cada vez que te acuerdes de algo importante que hiciste en el pasado. Adopta esta práctica de ahora en adelante: dedica quince minutitos cada semana para anotar tus victorias.

Documenta lo que otros opinan de ti

Anota las opiniones positivas de tus colegas de trabajo, tus supervisores, tu jefe. Pregúntales cómo es la experiencia de trabajar contigo, y cuál es el valor que agregas a la compañía. Escribe todos esos comentarios positivos en una lista. Tener esta información disponible te hará la vida más fácil, y te dará seguridad a la hora de pedir un aumento.

Conoce el mercado

Es sumamente importante que investigues los valores del mercado y de la industria en la que trabajas, lo que otros ganan en una posición igual o similar a la tuya, los beneficios que obtienen. Haz tu investigación. Pregúntales a las personas. Una vez que tengas un buen conocimiento del mercado, pide el valor más alto del rango. Nunca te menosprecies.

Pregunta cuál es el parámetro de sueldo

Ya sea una promoción a un cargo superior o una posición nueva a la que te estés postulando, cuando el empleador te pregunte cuánto esperas ganar, con mucha educación y firmeza dile que depende de muchos factores y pregúntale cuál es el parámetro de dinero destinado para esa posición.

No tengas pena en hablar de ti y mostrar tu experiencia

A las mujeres nos cuesta trabajo alabarnos y echarnos flores. Pero resulta que para que otros te aprecien, tienes que venderte caro. Seguramente tú tienes mucha experiencia en lo que haces, de modo que cuando solicites un aumento, o cuando expreses lo que deseas ganar, que no te de pena hablar de tu experiencia relevante y de tus logros. Las empresas les pagan bien a los empleados porque son buenos en lo que hacen, no porque son modestos y reservados. Hay ciertas horas en que la modestia queda de sobra.

Practica

Haz de cuenta que tu jefe o un potencial empleador está al teléfono. Dile claramente y en voz alta tu salario o tarifa ideal. Repite ese número en voz alta tantas veces como sea necesario hasta que lo sientas natural, y hasta que te saques ese tono de duda de la voz.

Escoge un buen momento para hablar

La conclusión de un proyecto importante puede ser un buen momento para solicitar un aumento. Otros momentos en que hayas logrado algo significativo también son buenos, por ejemplo cuando le has ahorrado dinero a la compañía.

Haz una cita con tu jefe o supervisor. Asegúrate de que sea una buena hora donde las cosas en la empresa estén tranquilas y tu jefe esté de buen ánimo. Para lograr esto mantente al tanto de lo que sucede a tu alrededor. No pidas un aumento cuando tu jefe está alterado o estresado. Los lunes generalmente son los peores días para pedir aumento, puesto que la semana empieza y hay mil cosas en la cabeza de las personas.

> **HUMOR:**
> **¡COLMOS!**
>
> **P:** *¿Cuál es el colmo de una contadora?*
>
> **R:** Que el novio de su hija no le cuadre.

Prepárate para contraatacar

Muy probablemente tu jefe te presentará una lista de objeciones y justificaciones por las cuales no puede darte el aumento en este momento. Ve preparada para el rechazo. Y para cada razón que te dé tu jefe de por qué no puede hacerlo, ten una razón de por qué sí se puede. Prepara y estudia tu lista de razones de por qué lo vales y por qué lo mereces. La mejor manera de contraatacar las negativas y objeciones es con esa linda lista de logros que haz empezado a documentar cuidadosamente.

Cierra el negocio con seguridad

Cuando tú crees que vales, los demás también lo creen. Mírate con valor, visualízate como alguien que vale mucho. Cuando hayas comunicado cuánto deseas ganar y hayas mostrado tus razones, para de hablar. No hay necesidad de dar demasiadas explicaciones cuando te muestras segura y merecedora, cuando (como dice el comercial de tinte de cabello) "lo vales".

CÓMO PAGAR TUS CUENTAS A TIEMPO

Lo primero es tener un lugar de la casa designado para las cuentas que llegan por correo. Sucede a menudo que se nos olvida pagar una cuenta a tiempo porque el sobre aterrizó en algún lugar que ni sabemos dónde está, y al perderlo de vista lo olvidamos por completo. La solución para esto es darle lugar a esas cuentas apenas llegan a casa, ya sea tu escritorio, un rinconcito en una gaveta o una bandeja dedicada solo para ese uso.

Tan pronto como recibas esta correspondencia, abre los sobres, fíjate en las fechas de vencimiento de cada cuenta y colócalos en ese lugar especial organizados por orden de vencimiento. Algunas tarjetas de crédito, bancos, compañías de préstamo e hipotecas y también financiadoras de carros cambian las fechas de pago sin aviso. Estate pendiente de las fechas de vencimiento de cada cuenta apenas llegan.

Coloca un recordatorio en tu computadora o en tu teléfono. Si haces pagos por correo, date un margen de al menos cinco días para que la correspondencia llegue a tiempo a su destino. Una buena opción es automatizar tus pagos. Muchos bancos te permiten hacer arreglos para enviar tus pagos de forma automática desde tu cuenta corriente. Ciertas compañías son más estrictas que otras a la hora de cobrarte un cargo por retraso cuando pagas después de la fecha indicada. En cualquier caso, organízate para que no te suceda esto (y si ya te pasó lee la sección en la página 212).

EL *LOOK* DE LA JEFA DE FINANZAS

El look *real*

Las contadoras suelen ser conservadoras a la hora de vestir. Nada que descuadre demasiado. Si trabajas en una oficina, lo más probable es que vayas con la misma indumentaria que las otras ejecutivas: un traje de pantalón o falda, una camisa o blusa de seda, unos zapatos de tacón. Un buen aliado de la mujer contadora de hoy: un teléfono inteligente o una tableta que te permita llevar al día las anotaciones de ingresos y egresos, además de otros cálculos de los gastos del hogar.

Si te toca ir a enfrentar a los bancos debes lucir impecable, sofisticada, poderosa. Mejor clásica que muy moderna.

Si te toca ir a cazar ofertas la comodidad es la clave. Ropa ligera y zapatos cómodos son el atuendo principal de la mujer que sale a patear las calles en busca de las mejores ofertas. *Leggings*, un bonito top y unas balerinas te permiten moverte con agilidad a través de los pasillos de las tiendas. Viste en capas o lleva un sweater amarrado a la cintura —los centros comerciales suelen ser muy fríos.

El look *de fantasía*

Si lo que quieres es disfrazarte de Jefa de Finanzas, deberás vestir un traje de pantalón y chaqueta o un *tailleur* de falda y blazer, una camisa abotonada hasta el cuello, zapatos estilo *pump* con tacón medio, cabello recogido, unos grandes anteojos para leer hasta los números más pequeños, y en la mano un maletín y una calculadora. ¡Seria y lista para poner las cuentas en orden!

CÓMO HACER QUE TE ELIMINEN EL CARGO POR RETRASO

Detesto cada vez que me pasa esto. Se me olvida mandar un pago, y allí estoy con un tremendo cargo por retraso. ¿Por qué no intentar que te lo borren? No es una garantía de que te perdonarán, pero como dicen por ahí, la peor diligencia es la que no se hace.

Llama y explica tu situación con mucha educación. Te sorprenderás de ver con qué facilidad te pueden hacer el favor en algunos casos. A veces, todo lo que toca hacer es llamar y pedirlo. Muy a menudo el agente de servicio al cliente que te atiende en la línea tiene la autoridad para eliminar el cargo. Si ves que la persona no es nada amigable y que el asunto no va para ningún lado, pide hablar con un supervisor. De nuevo, sé muy gentil y educada. Si nada de esto funciona, ponte brava. Dile lo molesta y frustrada que te sientes, que eres una cliente leal (del banco o de la compañía) y que luego de tanto tiempo utilizando sus servicios estás considerando dejarlos. Ten unas cuantas excusas en mente: que estabas de viaje en tu luna de miel, que el recibo nunca te llegó en el correo, que llamaste diciendo que el pago iba a estar tarde y la persona que te atendió te aseguró que no habría problema. Si aún no logras nada, tu próxima opción es enviar una carta fuerte y seria, dirigida al gerente. ¡Buena suerte!

CÓMO ORGANIZAR TUS RECIBOS

Los recibos usualmente son esos pedacitos de papeles que nos inundan la billetera, y son difíciles de conservar y de organizar. Si dejas que se acumulen desorganizadamente te puedes llenar de montones de ellos en poco tiempo. Mantenerlos organizados no solo te ayuda a estar ordenada sino que te puede servir a la hora de preparar tus impuestos o cuando tengas que entregar un informe sobre tus gastos en el trabajo. Para mantenerlos bajo control, sigue estas instrucciones:

1. Crea carpetas para cada una de las categorías principales, por ejemplo: comida, ropa, gasolina. Dentro de cada carpeta, crea subcategorías, por ejemplo: dentro de "comida" estarán: supermercado, restaurantes y otros gastos misceláneos relacionados a alimentación.

2. Etiqueta la carpeta con el nombre de la categoría general. En la parte del frente de la carpeta escribe las subcategorías que estarán contenidas dentro de ella.

3. Cada carpeta debe contener los recibos correspondientes a un solo año. Pasado el año, archiva la carpeta y comienza una nueva carpeta.

4. Dentro de cada carpeta, organiza los recibos por fecha, en orden progresivo, de modo que el mes de enero quede en el frente, y el de diciembre sea el último de la pila. Esto te facilitará la vida cuando quieras ubicar un recibo o un gasto en particular.

5. A los recibos muy pequeños o los que se han vuelto ilegibles, engrápales una hojita de papel con la información relevante como la fecha, la categoría, el lugar, el propósito del gasto y cómo lo pagaste.

6. Coloca todas tus carpetas con recibos en un gabinete organizador, o en una caja portátil. Este último sistema es muy práctico, pues te permite llevar tus recibos contigo cuando vayas al contador a hacer tus impuestos; o sacarlos todos a la mesa cuando te sientes a trabajar en tus finanzas personales.

SECRETOS ENTRE JEFAS

Me gusta conservar todos mis recibos de artículos importantes como computadoras y equipos electrónicos que se usan por un largo tiempo. Tener los recibos te ayuda a saber cuándo y dónde los compraste (especialmente importante cuando necesitas utilizar la garantía) y también te sirven si deseas revenderlos más tarde.

CÓMO DIVERTIRSE CON POCO DINERO

Cocina en casa. En lugar de salir a comer afuera, elige una receta, algo sencillo, invita a los amigos y haz la velada en casa. O pide que cada uno de los invitados contribuya con algo.

Sal a acampar en el parque o en el patio. Una noche cualquiera puede transformarse en una noche especial si se van a dormir afuera (o por lo menos lo intentan).

Recurre a los recursos de la comunidad. Antes de gastarte la plata en un gimnasio y diferentes tipos de entretenimiento, sácale partido a los recursos de tu comunidad, muchos de ellos gratis o muy económicos:

> ➢ piscinas
> ➢ gimnasios y clases de ejercicios
> ➢ clases y cursos en el centro comunitario
> ➢ parques locales para hacer ejercicios y disfrutar el tiempo al aire libre
> ➢ bibliotecas públicas
> ➢ museos
> ➢ conciertos y programas musicales

HERRAMIENTAS DE LA JEFA DE FINANZAS

- calculadora
- teléfono celular o teléfono inteligente
- calendario
- tarjeta de crédito
- tarjeta de débito
- chequera
- ¡billetes y monedas!

EN EL TELÉFONO DE LA JEFA DE FINANZAS

Números importantes que hay que tener a mano
- banco donde tienes tu dinero
- agente o ejecutivo que maneja la cuenta del banco
- banco donde tienes la hipoteca
- seguros
- Equifax

- TransUnion
- contador
- abogado
- asesor financiero
- IRS

LA JEFA ASTUTA DELEGA RESPONSABILIDADES

CONTRATANDO A UN CONTADOR

Un contador te ayuda a preparar tu declaración de impuestos dejándote más tiempo para que te puedas concentrar en tu ajetreada vida y todas tus otras responsabilidades de Jefa de la Casa. Si tienes varias fuentes de ingreso y varias clases de deducciones, la ayuda de un contador es aún más valiosa.

El principal beneficio de acudir a un contador es que ellos están al día con las últimas leyes de impuesto sobre la renta y sus prácticas, pudiéndote ayudar a obtener la mayor cantidad de deducciones y beneficios —lo cual se traduce en menos dinero que tienes que pagarle al gobierno.

Dónde lo consigues

Averigua si tu familia, amigos, vecinos o colegas de trabajo conocen uno bueno. También puedes llamar a la asociación que reúne a los profesionales de ese gremio en tu país, estado o ciudad. Ellos pueden darte asistencia recomendándote uno que trabaje de forma independiente, o una firma de contadores.

Cuánto cuesta y cómo le pagas

Los contadores usualmente utilizan uno de estos tres criterios para cobrar por su trabajo:

1. Por la preparación de la declaración (de acuerdo a la complejidad y al tipo de planilla que deban utilizar para tu caso).
2. Un porcentaje sobre la devolución que recibirás.
3. Por hora

Pregúntale al candidato cómo cobra. Obtén un presupuesto definitivo y un tiempo de entrega garantizado antes de contratar a la persona. Si el contador trabaja para una empresa, seguramente recibirán pagos con tarjeta de crédito, mientras que si trabaja por su cuenta, lo mejor será verificar la forma de pago, bien sea efectivo o cheque.

Lo que debes saber al contratar este servicio

Antes que nada es importantísimo que selecciones a un profesional con el que te sientas cómoda para discutir tus finanzas, alguien que sea responsable, que esté disponible cuando lo llames, alguien que escuche tus necesidades y se tome el tiempo de responder tus dudas y preguntas.

Averigua qué tipo de educación y licencia tiene el contador. Para ser un Contador Público Certificado (CPA o Certified Public Accountant, por sus siglas en inlgés) en Estados Unidos el contador debe pasar un examen riguroso del Instituto Americano de Contadores Públicos Certificados. Asegúrate de que el candidato se haya mantenido al día con sus certificaciones.

Pregúntale cuánto tiempo ha estado preparando declaraciones de impuestos. No quieres una persona que recién está empezando. Los errores pueden resultarte muy costosos.

Tampoco quieres alguien que te ofrezca hacer enormes deducciones que pueden resultar riesgosas. Declarar grandes descuentos es como levantar una bandera roja llamando la atención de las autoridades. El sentido común es una de las cualidades que debes buscar en tu contador.

Asegúrate de que sabe preparar el tipo de declaración que tú necesitas y no vayas a alguien que no respalde la declaración con su firma, o que te ofrezca colocar *"self-prepared"* como si la declaración la hubieses hecho tú misma.

Asegúrate de que el contador te entregue copias de la declaración y los documentos que tú le llevaste —usualmente debe entregártelo en una carpeta con la información de contacto del contador o de la empresa.

SECRETOS ENTRE JEFAS

Los contadores están súper ocupados entre el 31 de diciembre y el 15 de abril. Busca tu contador con tiempo y lleva tus papeles organizados para evitar contratiempos que muchas veces terminan ocasionándote gastos extra.

CÓMO MANTENER FELIZ A LA PAREJA

El dinero es uno de los asuntos que genera más peleas, discusiones y confrontación entre las parejas. Para mantener a la tuya súper feliz, sigue estos secretitos:

- ➤ Interésate en las finanzas y en el futuro financiero de la familia.
- ➤ Lleva tu chequera al día.
- ➤ Siempre ten un poco de efectivo contigo.
- ➤ No te olvides de hacer los pagos pendientes.
- ➤ No hagas sobregiros en la cuenta.
- ➤ Ten un presupuesto para los gastos de la casa.
- ➤ No te excedas en las compras.
- ➤ ¡Ahorra!

EL *PLAYLIST* DE LA JEFA DE FINANZAS

"El costo de la vida" (Juan Luis Guerra)
"Mi primer millón" (Bacilos)
"Money, Money, Money" (Abba)
"She Works Hard for the Money" (Donna Summer)
"Material Girl" (Madonna)
"Labels of Love" (Fergie)

8

SOY LA

JEFA DE TURISMO...

la que conoce la forma más económica y
divertida de llevar de paseo a la familia

ORACIÓN DE LA JEFA DE TURISMO

Diosito, que llenas todo lugar con tu presencia: acompáñame en este viaje, para que llegue a mi destino y vuelva a casa sana y salva. Que mi viaje sea un anuncio de alegría a todos los que encuentre, un mensaje de esperanza, un testimonio de vida. Amén.

TEFILAT HA-DÉREJ O LA ORACIÓN DEL VIAJERO

Que sea Tu voluntad, Hashem, Mi Dios y Dios de mis padres, que nos guíes en paz, nos libres de la garra de cualquier atacante en el camino y de cualquier mal percance o mal encuentro. Haznos llegar en paz al lugar de nuestro destino y concédenos gracia, bondad y misericordia en Tus ojos y en los ojos de todos los que nos vean. Y que oigas a nuestra humilde oración, porque tu eres Hashem, el que escucha las oraciones. Bendito eres Tú, Hashem, que escuchas la oración.

on todo lo complicado que es organizarlo, viajar es uno de los grandes placeres de la vida. Por más televisión, Internet y teléfonos inteligentes que tengamos, nada como salir allá afuera a ver, oler y experimentar el mundo con tus propios ojos. Como la Jefa de Turismo de la familia se espera que prácticamente hagas magia. Que consigas una tremenda oferta en temporada alta, buenos asientos en el avión, que los lleves a pasear a unos lugares increíbles y, una vez allá, pues que tengas todito bajo control. Te digo que a veces una se ríe de lo que le toca hacer para complacer a la familia.

Lo mejor de este papel es que al estar a la cabeza de la aventura puedes soñar y escoger lo que más te gusta, y como estás metida de manos y pies organizando, realmente te involucras en ese viaje. Lo peor para mí tiene que ser empacar (¡ay, cómo lo detesto!) y el trabajo que toma movilizar a la toda la familia fuera de la casa. Aquí te doy algunas coordenadas esperando que te ayuden a ser la mejor Jefa de Turismo que puedas ser. Manos a la obra y *bon voyage*.

A VOLAR

Reserva en el momento correcto

De acuerdo a un estudio de las líneas aéreas conducido por farecompare .com, el mejor momento para conseguir una oferta es el martes a las tres de la tarde. Aparentemente las aerolíneas suelen anunciar sus ofertas el lunes al final del día, y las demás compañías también sacan las suyas para hacerles competencia, de manera que todas esas ofertas aparecen en el sistema de reservaciones el martes en la tarde.

Escoge el día apropiado para viajar

Viaja los martes, miércoles y sábados para conseguir mejor precio y menos gente en el avión.

Escoge la mejor hora

Toma el primer vuelo de la mañana. Los retrasos en los vuelos son muy comunes en temporada alta, y van afectando a todos los vuelos del día como un efecto dominó. Ya lo comprobé, en varias vacaciones mi vuelo de la tarde fue retrasado y en un par de casos hasta cancelado, mientras que cuando escogí el horario de la mañana, tuve mejor suerte y mi avión salió a tiempo.

Reserva tu asiento lo antes posible

Pide que te asignen un asiento con anticipación. Tener tu número de asiento te ayudará a evitar que te dejen fuera cuando el vuelo esté sobrevendido. Y en época de vacaciones, siempre están sobrevendidos. Al elegirlos, recuerda que los asientos menos deseables son los del fondo.

Vuela directo

Trata de agarrar vuelos sin escala, aunque tengas que pagar un poco más caro, o manejar un poco más lejos hasta el aeropuerto que los ofrece. Créeme que vale la pena. Si tienes que hacer una escala, asegúrate de que no sea por menos de dos horas. Con los retrasos y el gentío, es muy fácil perder la conexión.

Busca ayuda

Si te sientes enredada, abrumada o tienes dudas, busca un agente de viajes. Más adelante te doy algunos consejos sobre cómo buscar y contratar uno.

SECRETOS ENTRE JEFAS

Una lección que me llevé el año pasado cuando pagué $1.500 por el pasaje de mi mamá de Caracas a Miami, que normalmente me cuesta unos $700, es: si sabes un tiempo antes que vas a hacer el viaje, compra el boleto con anticipación. Mejor aún, si puedes, compra los boletos del año por anticipado. Te ahorrarás dolores de cabeza buscando reservación en temporada alta y también ahorrarás bastante dinero.

LOS 5 SITIOS WEB MÁS POPULARES PARA COMPRAR BOLETOS DE AVIÓN

- Expedia.com
- Travelocity.com
- Orbitz.com
- Priceline.com
- CheapTickets.com

A DORMIR

Los sitios web de los hoteles generalmente muestran unas fotos maravillosas hechas por fotógrafos profesionales que muchas veces ni se parecen a la realidad. Para no llevarte un susto como el que mi marido y yo nos llevamos una vez en París, cuando tuvimos que salir literalmente corriendo de un hotel que se estaba cayendo a pedazos, asegúrate de mirar fotos de viajeros, o fotos de usuarios que son las reales.

Además de visitar el sitio web del hotel, asegúrate de buscar en Internet qué dice la gente que allí se ha quedado. A estas opiniones en inglés se las llama *reviews*, y la verdad es que ayudan mucho. El sitio de opiniones de hoteles más popular es www.tripadvisor.com y existe en inglés y también en español. Estate atenta a si estás leyendo el comentario de alguien pagado por el hotel (estos comentaristas pagados por el hotel, en general se pueden identificar porque hablan maravillas de su producto y dicen pestes de la competencia).

LOS CINCO SITIOS WEB POPULARES PARA RESERVAR ALOJAMIENTO

- Hotels.com
- Priceline.com
- LateRooms.com
- BedandBreakfast.com
- HomeAway.com

SECRETOS ENTRE JEFAS

Mientras miras los precios de los hoteles en los sitios más populares *online*, no dejes de llamar directamente al hotel y preguntar por la tarifa del tipo de habitación que estás buscando. También pregunta si tienen alguna promoción y coméntales el precio que conseguiste *online*. No te dejes llevar solo por la tarifa publicada en Internet —a veces los hoteles pueden darte un mejor precio sin intermediarios.

PLANEA, AHORRA Y DISFRUTA

Compra un combo *online*

Para ahorrarte una platita, reserva el hotel y los boletos de avión juntos. Las aerolíneas y los hoteles tienen convenios y logran hacer promociones con precios que tú no puedes conseguir por separado. Según Travelocity.com los viajeros llegan a ahorrarse un promedio de $315 por viaje cuando compran un buen combo. Yo lo he probado y vale la pena.

El misterio de las millas

Colecta millas en una aerolínea grande. Los programas grandes te ofrecen más opciones y socios. Y en el peor de los casos, si la aerolínea quiebra, el programa podría ser comprado por otra aerolínea, mientras que los miembros de un programa pequeño simplemente pueden perderlo todo.

Mantén un buen registro de las millas que ha ido acumulando cada miembro de la familia en cada aerolínea. Tan pronto como puedan viajar, cada niño debe tener su número de viajero frecuente.

Reserva con tiempo y ten flexibilidad con tus fechas de viaje. Lo ideal es buscar vuelos a final de la semana o fuera de temporada. Evita los fines de semana y los días de fiesta.

Y recuerda que volar desde otro aeropuerto, quizá más pequeño o más lejos del principal de tu ciudad, puede resultar más económico.

¿Qué más puedes hacer con tus millas?

Las millas acumuladas son excelentes para conseguirle un boleto gratis a tu mamá o a uno de los niños, pero como las aerolíneas sobrevenden los vuelos en las épocas de vacaciones o temporada alta, esto no siempre es posible. Aquí te doy otras alternativas para disfrutar de tus millas:

> ➤ Conviértelas en lo que en inglés se llama un *upgrade*, que simplemente es un ascenso a la siguiente clase en un vuelo o categoría de habitación en un hotel.
> ➤ Cámbialas por un auto alquilado, una estadía de hotel o aparatos electrónicos ofrecidos dentro del programa de millas.

Las regulaciones de las aerolíneas cambian constantemente. Asegúrate de entender y estar al día con el programa de premios y beneficios de las compañías asociadas para planificar adecuadamente el uso de tus valiosas millas.

La vacación con todo incluido

Los paquetes de viaje son lo mejor para ahorrar dinero porque son proveídos por operadores mayoristas y te incluyen un montón de cosas. Los mejores precios los dan los centros turísticos con todo incluido. Este es un tipo de vacación interesante si se va con niños. También son una gran solución para las familias numerosas o para los viajes de reunión familiar donde van varios núcleos familiares. Nadie se queda con la responsabilidad de organizar lo que harán cada día y, además, estos paquetes se pagan por adelantado, con lo que el fastidio de tener que dividir las cuentas de las comidas y actividades también queda resuelto.

> ## HUMOR: ¡COLMOS!
>
> **P:** *¿Cuál es el colmo de una guía turística?*
>
> **R:** No saber ni donde está parada.

Como los programas usualmente son preestablecidos, las decisiones a ser tomadas entre el grupo de familiares son realmente mínimas, ¡con lo que se elimina una gran cantidad de tensiones! En un centro turístico con todo incluido el grupo no va a tener que decidir a dónde ir a comer, qué hacer para divertirse o quien será el líder. Y lo mejor es que si las actividades o la comida terminan no siendo lo que esperaban, la culpa recae en el centro y no en uno de los familiares.

Algunos lugares que ofrecen paquetes con todo incluido son los cruceros y los centros turísticos de playa y de montaña. Muchos incluyen el cuidado de los niños mayores de cuatro años, y la mayoría ofrece servicio particular de niñera. Los viajes con todo incluido te salen 25% menos que las vacaciones a la carta. Puedes encontrar las mejores ofertas caribeñas en centros ubicados en Jamaica, República Dominicana y México.

Otra alternativa: parques nacionales

Pasar unos días en contacto con la naturaleza es otra gran alternativa para las vacaciones en familia. Es económico y hay actividades para que todos se puedan divertir.

Las instalaciones de acampamento del servicio público de Parques Nacionales de Estados Unidos son económicas y están situadas en unos lugares hermosísimos. El alojamiento puede incluir estadía en cabañas, parques para casas rodantes y sitios para acampar en carpa. Usualmente hay que reservar con seis meses de anticipación, así que requiere de planificación. La mayoría de los parques ofrece actividades para los niños durante todo el año. A continuación te doy una lista de los parques más populares y visitados.

Great Smoky Mountains National Park
Dónde queda: Carolina del Norte y Tennessee.
La mejor época para visitarlo: No hay una mala época, pero en la primavera y comienzo del verano es particularmente hermoso por la profusión de flores silvestres.

Grand Canyon National Park
Dónde queda: Arizona.
La mejor época para visitarlo: Entre mayo y principios de octubre.

Yosemite National Park
Dónde queda: California.
La mejor época para visitarlo: Finales de mayo.

Yellowstone National Park
Dónde queda: Wyoming, Idaho, Montana.
La mejor época para visitarlo: Primavera y verano.

Rocky Mountain National Park
Dónde queda: Colorado.
La mejor época para visitarlo: Final de primavera, verano y otoño.

HERRAMIENTAS DE LA JEFA DE TURISMO

Para acampar, lleva lo siguiente:

- carpa
- bolsa de dormir
- sillas plegables
- linterna
- cuchillo Swiss Army
- alfileres de gancho o imperdibles
- parrillera portátil
- encendedor de butano a prueba de viento
- buen tiempo
- espíritu de aventura

SECRETOS ENTRE JEFAS

- Usa ropa de colores claros. A los insectos les encanta la ropa oscura.
- Lleva bengalas de humo. Especialmente si te vas de excursión. El humo es visible a kilómetros de distancia.
- Para encender el fuego en clima lluvioso, usa velas de cumpleaños de esas que no se pueden apagar soplándolas. Las bolitas de algodón untadas de vaselina también funcionan.

Por si acaso cambias de idea...

Cuando hagas una reserva, fíjate bien cuál es la política de cancelación, de modo que no te cobren una penalidad si llegas a cambiar de idea.

Compara precios

Existen una serie de sitios en Internet como FareCompare.com y AirFare WatchDog.com que te permiten comparar el precio de los pasajes y los hoteles.

Planifica tu diversión y cómprala por adelantado

Si vas a París y piensas que visitarás el museo del Louvre o que irás a ver un show, compra los boletos por Internet desde la comodidad de tu casa. No solo te ahorrarás tiempo y evitarás grandes colas, sino que también puedes llegar a ahorrar dinero.

Lleva las identificaciones de estudiante

Muchas veces hay descuentos para estudiantes, así que no olvides llevar las identificaciones de tus hijos y la tuya también (si eres estudiante), y también pregunta si hay descuento para personas mayores.

SI DEJAS A ALGUIEN EN CASA

Asegúrate de dejar en casa la información de dónde vas a estar, nombre del hotel, teléfonos donde conseguirte, números de vuelos, fechas y horarios de salida y llegada.

Si alguien queda a cargo de tus hijos, escribe instrucciones de lo que se debe hacer con los niños. Lo mejor es mantenerlos dentro de sus rutinas alimentarias y horarios de costumbre.

Si son tus hijos o mascotas los que quedan en casa, prepara documentos individuales donde autorizas a la persona que los cuida para proporcionarles atención médica en caso de una emergencia. Los documentos deberás oficializarlos con un notario y firmarlos. A esto en Estados Unidos se lo conoce como un *Affidavit for Consent for Health Care*, un consentimiento de atención médica. Firmar este documento no le otorga ningún tipo de custodia o poder de tutela legal a la persona sobre tus hijos. Simplemente te permite autorizar procedimientos médicos cuando tú no estás presente.

Cuando yo viajo normalmente se queda mi mamá al frente de la casa junto con la señora que me ayuda. Suelo también dejarles dinero y los teléfonos de los amigos más cercanos a quienes pueden recurrir en caso de cualquier problema. Es prudente también notificar a esos amigos cercanos que vas a estar fuera de la ciudad.

Día Internacional del Guía de Turismo

21 de febrero

DOCUMENTOS DE VIAJE

Para evitar contratiempos de última hora (como llegar al aeropuerto y al momento del *check-in* darte cuenta de que no puedes viajar pues tienes la visa vencida, ¡lo cual me ha pasado!), revisa tus pasaportes apenas comiences a planificar el viaje. Chequea vencimientos de pasaportes y visas.

Si vas a visitar un destino nuevo que requiere visa, tramítala de inmediato. Las visas a veces toman varias semanas en ser procesadas.

Si tus hijos no tienen los mismos apellidos que aparecen en tu pasaporte, saca una copia de sus certificados de nacimiento y llévalas contigo.

Mantén todos los documentos de viaje concentrados en un solo lugar. Yo uso un sobre de piel que tiene compartimentos para los pasaportes, las identificaciones, tarjetas de embarque y otros documentos. En el Container Store puedes encontrar unos organizadores muy prácticos que tienen espacio para recibos y monedas.

Antes de salir de casa, revisa muy bien que lleves los pasajes, pasaportes y documentos contigo. ¡Que no se te olvide nada!

Mantén todos tus pasaportes juntos, inclusive los que ya están vencidos. Especialmente si tienes visas válidas en alguno de ellos. Ya me pasó una vez que al llegar con toda la familia al aeropuerto, listos para viajar a una boda a Brasil, el agente de la aerolínea se percató de que mi visa no estaba en mi pasaporte. ¡La había dejado en casa, en el otro pasaporte, el vencido! Por suerte Chepita, una de mis personas de confianza, estaba en ese momento en mi casa. La llamé con gran urgencia, tomó un taxi y me lo llevó al aeropuerto. Gracia de Dios llegó justito a tiempo, y por cosa de segundos no perdimos el vuelo (pero el regaño de mi esposo sigo escuchándolo hasta hoy).

Seguro médico

Si quieres viajar con toda tranquilidad y tener cobertura médica para tratamientos, enfermedades o cualquier cosa que te pase a ti o a tu familia mientras estés de paseo, revisa las opciones que ofrecen US Global Assist y Bupa. Los planes pueden ser individuales o para familias, y puedes pagar de acuerdo al número de días que vas a estar fuera. Estas opciones son interesantes y beneficiosas, especialmente cuando el destino es hacia países cuyos costos de hospitalización, asistencia médica y medicamentos son altos.

ANTES DE SALIR DE CASA

Si queda gente en la casa:
- Deja los números de teléfono de dónde vas y suficientes datos para que tengan dónde encontrarte, si fuese necesario.
- Deja también autorizaciones firmadas para que quien queda cuidando a tus hijos menores o mascotas pueda tomar decisiones médicas en caso de emergencia.

Si no queda nadie en la casa:
- Asegúrate de revisar que todo quede cerrado y seguro.
- Revisa que las hornillas estén apagadas, el gas cerrado, el agua cerrada, las ventanas y puertas trancadas y que no haya peligro de incendio, de cortocircuito o de inundación.
- Enciende la alarma.

EMPACA COMO TODA UNA PROFESIONAL

Opción 1

Divide la maleta en pisos o capas. Así encontrarás lo que buscas sin tener que revolverlo todo.

> ➤ En el fondo de la maleta pon una bolsa de nylon o de lona para traerla de vuelta llena de compras o ropa sucia.
> ➤ En el primer piso coloca los pantalones. Ve alternando el sentido para que la maleta quede nivelada.
> ➤ Luego agrega las faldas, camisas y chaquetas. Cuanto más abiertas empaques las piezas, mejor.
> ➤ En el próximo piso coloca los suéteres, camisetas, pañuelos y medias. Todo esto puedes doblarlo o volverlo rollitos pequeños. Ve metiéndolos por todos los rincones intentando mantener el mismo nivel.
> ➤ Coloca un pañuelo extendido para separar la ropa anterior de la próxima, que será tu ropa interior. Dobla el pañuelo en dos para que no quede tu ropa interior expuesta.
> ➤ Encima coloca tu pijama y bata de casa (y cualquier otra pieza que necesites usar al llegar).
> ➤ Luego coloca los zapatos, con las suelas hacia los bordes de la maleta.
> ➤ Y finalmente los accesorios (cinturones, carteras delgadas, y los artículos de baño en sus bolsas o *necessaire*).

Opción 2

Enrolla todo: camisas, pantalones, camisetas, chaquetas, ropa interior. Es decir, harás rollitos en lugar de doblar. Si la enrollas bien apretadita, la ropa llegará sin arrugas. Coloca los rollitos por toda la maleta. Veras cómo puedes aprovechar mucho más el espacio y las esquinas.

SECRETOS ENTRE JEFAS

Siempre trato de empacar ligero y usualmente llevo conmigo un pliegue de envoltura de burbujas o *bubblewrap*, y un rollo pequeño de cinta adhesiva. Son una gran solución a la hora de empacar vinos o cualquier otra cosa frágil que termine comprando en el viaje.

Cómo maximizar el espacio en la maleta

Guarda las camisas abotonadas con las mangas hacia atrás, sean dobladas o enrolladas. Si las doblas, asegúrate de que el doblez quede por debajo de la cintura, o estírala a todo lo que dé la maleta. De esta manera evitarás que quede con un doblez en el medio del pecho.

Las chaquetas ponlas al revés, y dóblalas con las mangas hacia adentro. Dóblalas a la mitad o del tamaño de la maleta. Para que las mangas no se arruguen, puedes rellenarlas con ropa interior o camisetas.

Guarda los zapatos en bolsitas de tela individuales. Rellénalos con medias (aprovecharás el espacio y a la vez evitas que se arruguen).

Los cinturones van extendidos bordeando el interior de la maleta

Los accesorios pequeños puedes guardarlos en bolsas de tela.

Los productos de baño generalmente son pesados y ocupan mucho espacio. Si te es posible, opta por comprarlos en la ciudad donde vas, en un tamaño pequeño para usarlos y dejarlos. Al llegar de viaje, visito una farmacia y compro productos locales. Esto no siempre es posible. Si tienes que llevar tus cosas, compra botellitas plásticas pequeñas. Las consigues en el Container Store. Llénalas con tus productos. Etiquétalas para saber lo que es cada una.

Ten estuches de viaje ya listos para meter en la maleta. Yo tengo un *necessaire* de plástico transparente siempre listo con mis esenciales de baño, pero también puedes crear el tuyo en bolsas Ziplock. Yo uso tres bolsas, una para los artículos de baño, otra para los productos para el cabello y la última para el maquillaje, con lo cual es más fácil saber qué hay en cada una.

SECRETOS ENTRE JEFAS

Pide que te regalen muestras de productos en el mostrador de belleza de los almacenes grandes, como crema de ojos, jabón de la cara, perfume, etc. Estas muestritas son ideales para llevar de viaje.

Qué empacar

La ropa que debes llevar depende de varios factores:

- ➢ el clima
- ➢ el lugar: ciudad, playa, montaña
- ➢ la cantidad de días que vas a estar

> el tipo de viaje que es (si es relajado y casual, si asistirás a eventos formales)

Viajo a menudo de vacaciones a Brasil, pero siempre tengo una boda, algún evento un poco más formal, reuniones de la familia y hasta paseos de campo fuera de la ciudad. Sabiendo todas estas cosas con anticipación, me es fácil programar mi equipaje. De cualquier modo, lo más fácil es llevar ropa de colores lisos que puedes repetir e intercambiar de varias formas.

Para complementar mis *looks* uso accesorios como pañuelos (que me encantan), cinturones, broches y aretes. Los zapatos y las bolsas, que ocupan tanto espacio, también trato de mantenerlos al mínimo, empacando piezas neutrales que me combinen con más de tres atuendos. Últimamente me he vuelto bastante férrea con mi manera de empacar: si no puedo usar una prenda más de dos o tres veces, se queda en casa.

Pídele un milagrito... al patrón los viajeros

San Cristóbal

CÓMO EVITAR QUE TU EQUIPAJE SE PIERDA

Evitar que se te pierda la maleta cuando viajas en avión es un decir bastante ambicioso. Una vez que despachamos esa maleta no tenemos ninguna seguridad de que volveremos a verla. A lo sumo podemos tomar todas las medidas necesarias para tratar de que no se pierda... y encomendársela a Dios.

No pongas nada de mucho valor en tu maleta. Tus joyas y artículos de más valor monetario y sentimental llévalos contigo en tu equipaje de mano.

No pienses que porque le pones un candado a la maleta tus pertenencias están a salvo. Si alguien quiere abrirla, basta con cortar la cerradura o rasgar la maleta.

Llega con tiempo al aeropuerto. Ir con tiempo tiene múltiples ventajas y una de ellas es que evitas que te manden la maleta a última hora por la correa, lo cual aumenta la posibilidad de que no llegue en el mismo vuelo y se pierda en el camino.

Asegura tu equipaje para que te lo cubra la aerolínea. Si compras tu boleto con American Express, cualquier percance que ocurra con tu maleta queda respaldado por ellos.

Asegúrate de que la etiqueta que le ponen a tu maleta sea la correcta, con tu nombre y el lugar de destino correctos. Parece una estupidez, pero errores como estos ocurren por distracción y causan tremendo dolor de cabeza.

Identifica tu maleta con tu nombre, teléfono y dirección de correo electrónico. Marca tu maleta con una cinta o detalle de color para que puedas distinguirla de las demás, identificarla con rapidez y evitar que otros se la lleven por error. Otra opción es comprar una maleta que sea diferente.

SECRETOS ENTRE JEFAS

Compra etiquetas para maletas con algún diseño específico para identificar todas las maletas de la familia fácilmente. Las mías son unos puerquitos rosados, mi animal favorito. Cuando salen las maletas a la correa es realmente fácil identificarlas, y hasta se transforma en un juego para mi hijo, que se queda emocionado esperando el próximo puerquito.

HERRAMIENTAS DE LA JEFA DE TURISMO

- chal o *pashmina*
- Kleenex o toallitas para bebé (*baby wipes*)
- cámara fotográfica
- pequeño estuche de joyas
- algo para entretener a los niños durante el trayecto
- algo para entretenerte —libros, revistas, iPad (recuerda cargarlo y bajar las películas y juegos antes de salir de casa)
- barritas de proteína, almendras, pasitas o *pretzels* para matar el hambre
- suéter para el frío del aeropuerto y del avión
- teléfono y cargador
- chicles o un cepillito de viaje y pasta dental
- pastillero con acetaminofén, ibuprofeno y vitamina C
- efectivo (lleva unos $20 en billetes de $1 para dar propinas, lleva también algo de dinero extra para imprevistos)
- últimamente me ha dado por viajar con mi almohada, ¡lo súper recomiendo! ☺

SECRETOS ENTRE JEFAS

Siempre empaco en mi bolsa de mano una manta de lana y un par de chales, que uso para cubrirme el cuerpo en el avión si hace frío. Las cobijas del avión me parecen desagradables así que trato de nunca usarlas. Con mi manta y chal, siento que puedo sobrevivir cualquier cosa.

APÓYATE EN TUS LISTAS

Sin mis listas no soy nada. Para ahorrar tiempo y simplificar mi vida al viajar, recurro una y otra vez a mi material de apoyo, mis listas. Te sugiero lo siguiente:

➢ Crea una lista de la ropa que debes empacar para cada destino de viaje (playa, ciudad, montaña), teniendo en cuenta el clima de cada región. Recuerda que hoy en día el clima en todo el mundo es bastante cambiante y que los aeropuertos tienen su propio clima inclemente, un frío de congelar, así que vístete en capas y planifica llevar suficiente abrigo.
➢ Crea una lista con los esenciales de baño.
➢ Plastifica tus listas, encuadérnalas o ponles un aro para mantenerlas juntas y fáciles de manejar.
➢ Guárdalas dentro del bolsillo de afuera de tu maleta.

SOBREVIVE LOS VIAJES EN TEMPORADA ALTA SIN PERDER LA CABEZA

He viajado lo suficiente, en todos los continentes, para saber que los viajes, con todo y sus placeres y la indiscutible promesa de llevarte a un destino nuevo lleno de descanso y descubrimientos, son grandes generadores de estrés. He aquí algunos de mis secretitos para sobrevivir esta aventura con tu mente intacta:

➢ Llega un poquito antes y quédate un poquito más. Por todos los medios, trata de evitar los días de viaje más pesados. Unos días extra no te caerán nada mal.

> Date el tiempo suficiente para llegar con calma al aeropuerto. No hay nada en el mundo que cause más estrés que ir contra el reloj, rezando para no perder el vuelo. Me ha pasado, y he sentido cómo me salen las canas. Con la seguridad cada vez más estricta en los aeropuertos y las filas más largas, llegar una hora antes de lo que normalmente llegarías es una excelente decisión antiestrés.

> Viste con comodidad (abajo te digo cómo hacerlo).

> Acepta el hecho de que no todo va a salir como lo planeaste. Reconoce que los inconvenientes son solo temporales y parte de la experiencia, y aprovecha la oportunidad de la mejor manera. Si te toca esperar un montón, ponte al día con tu libro o con tu pareja.

> Respira profundamente. Estírate. Visualiza un lugar pacífico. Medita. O ponte los audífonos y escucha tu música favorita.

CÓMO VESTIRTE PARA VIAJAR

Viste un pantalón oscuro, de algún tejido que no se arrugue, y preferiblemente con un poco de *stretch* para estar más cómoda durante el viaje. Combínalo con una camisa o blusa cómoda, sin muchas complicaciones. Los tejidos de franela, suéter o las mezclas de suéter con Lycra son ideales porque no se arrugan y los colores oscuros muestran menos la suciedad.

Lleva un suéter estilo cárdigan que pueda salvarte del frío extremo de los aeropuertos y aviones. Colócalo sobre tus hombros, amarrado al cuello o doblado en la cartera. Y asegúrate de elegir unos zapatos cómodos, fáciles de poner y quitar.

En cuanto a los accesorios, ve sencilla, menos es más. Recuerda que vas a tener que sacarte todo en el chequeo de seguridad.

Y nada mejor para lucir elegante que unos lindos lentes oscuros. Sirven de maquillaje, tapan las ojeras y disfrazan el cansancio.

SECRETOS ENTRE JEFAS

Una vez para un viaje usé unas sandalias abiertas y casi pierdo un dedo dentro del avión cuando me tropecé con el hierro de una de las sillas. Por eso te recomiendo que calces zapatos cerrados.

CÓMO CONSEGUIR UN MEJOR ASIENTO EN EL AVIÓN

Antes que nada, identifica dónde quieres sentarte. El mejor lugar es diferente para cada persona de acuerdo a sus gustos y sus hábitos. Para quien le gusta dormir, es preferible la ventana. Quien va muchas veces al baño querrá sentarse en el pasillo. Los que son más altos prefieren la salida de emergencia. Para quienes se marean, los asientos a la altura de las alas son los mejores porque es donde se siente menos turbulencia. Pide esos asientos cuando hagas tu reserva *online* o llama por teléfono a la línea aérea. Cuando llegues al aeropuerto, inmediatamente comunícale a la persona que te chequea, que deseas un *upgrade* para un mejor asiento —a veces pueden acomodarte en un mejor lugar, o puedes conseguir una mejor ubicación pagando una diferencia mínima. Si estás enferma, embarazada o tienes algún impedimento físico, comunícalo también ya que esto te puede ayudar.

MATANDO TIEMPO

Estas son algunas de las cosas que hago y te recomiendo hacer para aprovechar el tiempo de espera que siempre hay en los viajes, tanto en los trenes y aviones, como en el aeropuerto mismo:

1. Ponte a organizar tu semana o tu mes en tu agenda personal.
2. De regreso, si llevas tu *laptop*, puedes ir bajando y arreglando las fotos del viaje en carpetas. Inclusive puedes avanzar el temido álbum de fotos que siempre se queda para después.
3. Escribe tarjetas (de agradecimiento, de Navidad, de Acción de Gracias).
4. Responde tus mensajes. Limpia tu correo electrónico. Limpia y organiza tu computadora.
5. Anota ideas. Gran parte de este libro lo adelanté en mis viajes, con apuntes que fui tomando en mi Blackberry dentro del avión y en el aeropuerto.
6. Ve al baño. En la terminal del aeropuerto es mejor y más cómodo que dentro del avión.

SECRETOS ENTRE JEFAS

En muchos aeropuertos, como Miami International, puedes darte un masaje o hacerte las uñas mientras esperas tu vuelo. Esto lo probé en un viaje reciente y fue todo un éxito. Como no tenía mucho tiempo de espera, y además traía zapatos cerrados, solo me hice las manos, que con las carreras de última hora antes de viajar se me había pasado por alto. Mímate un poco, te lo recomiendo.

En viajes cortos

Escucha música con tus audífonos o lee revistas de chismes, momento ideal para actualizarte con las celebridades sin sentir que estás perdiendo tiempo.

En viajes largos

Duerme, mira películas y ponte al día con tu libro. Este puede ser el gran momento que estabas esperando para terminarlo.

SECRETOS ENTRE JEFAS

Mi iPad es mi salvavidas en vuelos y aeropuertos. Puedo ver videos, shows, películas, navegar por Internet, leer libros, escribir mis ideas, escuchar música, entrar a mis aplicaciones favoritas. Me encanta porque es mucho más ligero y ocupa menos espacio que mi *laptop*, así que es perfecto para llevarlo de viaje.

Si tienes uno, asegúrate de bajar suficiente contenido para divertirte (música, películas, juegos, Podcasts), y de cargar este y todos los equipos electrónicos que tengas la noche antes del viaje.

CÓMO DISTRAER A LOS NIÑOS

Parte de mi bolsa de mano va con algunos pasatiempos para entretener a mis hijos en esas horas eternas de retrasos, viajes y largas esperas.

Cositas para abrir

Target tiene una infinidad de cositas fantásticas, juguetitos muy económicos que vienen en bolsitas individuales para entretener a los niños en el aeropuerto, camino al hotel o mientras haces el *check-in* o *check-out*. Gran parte de la distracción es abrir los paquetitos.

Bolsitas sorpresa
Crea tu misma unas bolsitas sorpresa, metiéndoles juguetitos, muñequitos superhéroes, animales, dulces, *stickers*, libros, libretitas para dibujar, crayones. Las puedes conseguir en los almacenes, en las tiendas con artículos para fiestas o en las tiendas de un dólar.

A gastar energía
Deja que los niños corran un poco (bajo tu supervisión, por supuesto) por el aeropuerto para que gasten un poco de energía antes de que los amarres a la silla del avión. Busca un lugar donde no haya tanta gente para hacerlo.

Léeles un cuento
Aprovecha el tiempo de viaje para leerles un libro a los chicos. Si no lo has llevado, puedes comprarlo en el aeropuerto. Al final, pregúntales sobre los personajes, sobre el mensaje, la historia.

Luz verde para los juegos de video
Déjalos que se den un banquete con los jueguitos electrónicos. Generalmente me vuelven loca y los mantengo al mínimo en casa, pero en los días de viaje, son una gran ayuda y distracción. También puedes bajar Podcasts educativos gratis en iTunes.

SECRETOS ENTRE JEFAS

Es una tradición familiar dejar que Roberto escoja un regalito especial en la tienda del aeropuerto antes de cada vuelo largo. Esto lo mantiene emocionado y tranquilo mientras esperamos para abordar y también nos gana un poco de tiempo dentro del avión.

PARA EVITAR EL CANSANCIO EN LAS PIERNAS

Mi cuñada Fabiana, que toma vuelos largos muy a menudo, me ha recomendado usar las medias de compresión. Dice que le descansan mucho las piernas y que logra relajarse un poco más. Estas medias ayudan a mejorar la circulación y hasta pueden evitarte una trombosis venosa profunda (TVP), que ocurre cuando se forma un coágulo de sangre en una vena, algo altamente peligroso. Las medias tienen que quedar ajustadas para surtir efecto. Las puedes conseguir en tiendas como Walgreens.

SECRETOS ENTRE JEFAS

Si vas a hacer un viaje largo en carro o en avión, párate para estirar el cuerpo, camina y estira las piernas cada hora, y bebe mucha agua.

QUÉ HACER SI EL HOTEL NO ERA LO QUE ESPERABAS

Como mencioné más arriba, ya nos pasó una vez en París que reservamos una habitación en un hotel por Internet, y cuando llegamos no tenía nada que ver con lo que habíamos visto: era una pocilga a la que le faltaban solo las ratas. Salimos a cenar y recuerdo que hicimos hincapié en beber mucho para cuando regresáramos caer muertos y no reparar en los detalles del horrible y sucio cuarto.

CÓMO MEJORAR UNA MALA HABITACIÓN

- Empaca un par de fundas de almohada de tu casa. Si la ropa blanca del hotel no me da mucha confianza, prefiero poner mis propias fundas (ya les he dicho que tengo todo un tema con los olores y la limpieza).
- Lleva o compra una velita perfumada.
- Rocía perfuma en el ambiente (tu perfume).
- Lleva chancletas y báñate con ellas.
- Pide al hotel que te hagan una mejor limpieza.
- Pide que te muden de habitación, que la tuya no te gusta, que está muy sucia.
- Pide la cuenta y cámbiate de hotel.

Para mí, estar cómoda en un hotel es básico. Puedo ahorrar en las comidas, limitarme en las compras y en los paseos si es necesario, pero necesito dormir en un lugar limpio y agradable, con una buena ducha y un buen baño. Así que soy bien exigente cuando voy a un hotel. Bien podría trabajar como espía de los que van a los hoteles a ver cómo está la limpieza. ¡Detecto hasta la más mínima suciedad al instante!

Cuando llegues al hotel, confirma tu reservación, la tarifa y la duración de tu estadía. Antes de ponerte a desempacar revisa que el cuarto sea lo que estabas esperando. Es más difícil cambiarse de cuarto después de que te has instalado.

PARA QUE LA HABITACIÓN DE HOTEL SE SIENTA COMO TU PROPIA CASA

- Desempaca por completo. Saca todo de las maletas.
- Cuelga tus pertenencias en el clóset.
- Decora con libros, velas, incienso.
- Rocía una fragancia conocida.
- Coloca una foto en un portarretrato traído de la casa.
- Extiende un pañuelo sobre la pantalla de la lámpara.
- Compra flores frescas.
- Pon música.

EL ITINERARIO QUE DEJA A TODOS CONTENTOS

Complacer a todo el mundo es casi imposible, y cuando uno está de vacaciones, más difícil se hace. Pero para que tu familia se quede contenta deja que todos participen en las decisiones. Cada día por la mañana, mientras están tomando el desayuno, organiza el itinerario del día. Escoge tú la actividad principal (*tour*, día de pesca, museo, etc.). Luego deja que cada uno de los miembros de la familia participe seleccionando una actividad extra. Créeme que no hay plan perfecto, pero con este sistema democrático te acercarás bastante al cielo.

CONTRA LOS MALOS OLORES

Parte de viajar es entrar en contacto con culturas, costumbres y formas de vivir diferentes a las nuestras. Sin embargo, eso también puede traer consigo olores ajenos a los que uno está acostumbrado que te pueden resultar hasta desagradables. Para contraatacar un olor fulminante el secreto es:

- Úntate un poco de perfume en las narinas.
- Tápate la nariz y la boca con un pañuelo o con la manga del suéter, al que también le puedes rociar un poco de perfume.

AVERIGUA CÓMO FUNCIONAN EL TRANSPORTE Y LOS TAXIS

Que no te pase lo que a nosotros en París, cuando salimos de cenar y decidimos hacer un poco del trayecto a pie para bajar la comida. Luego de un largo rato, cuando ya nos cansamos y aún faltaba muchísimo por llegar a nuestro hotel, quisimos tomar un taxi y fue imposible. No pasaba ninguno. Los que pasaban no se detenían. No tuvimos más opción que llegar con ampollas en los pies caminando hasta nuestro hotel. Al día siguiente descubrimos que a los taxis en esta ciudad debes llamarlos con anticipación o tomarlos en ciertas áreas delimitadas y en ciertos horarios. Estate atenta a esto y averigua cómo funciona el transporte en tu destino de vacaciones, ¡para que no te pase lo que a mí!

EL *LOOK* DE LA JEFA DE TURISMO

El look *real*
La Jefa de Turismo no lleva un uniforme, pero si hay algo que debe llevar son zapatos cómodos para caminar y un buen bolso para cargar con todo lo que pueda necesitar en el camino. Además, hoy en día, un teléfono inteligente que le permita consultar las vías, hoteles, restaurantes o sitios de interés, es un buen aliado.

El look *de fantasía*
Para un *look* más sexy, ve directo al uniforme de azafata: camisa, pañuelito alrededor del cuello, pelo recogido y zapatos de tacón. No es necesariamente el uniforme de la Jefa de Turismo, pero se acerca y es un clásico.

PARA PASAR POR UN LOCAL Y
NO LUCIR COMO TURISTA

Estudia un poco de la cultura del lugar y su historia, vístete de acuerdo a las costumbres locales y aprende un poco de la lengua del país o invierte en un traductor de bolsillo.

Antes de ir a tu destino, para aprender las palabras más básicas del idioma, ponte a escuchar algunos discos en tu carro o en tu iPod. Rosetta Stone tiene programas muy buenos y prácticos. Si vas de vacaciones a Francia, a Italia o a la China, tres meses antes empieza un curso del idioma, bien sea practicándolo en tu auto, con amigos o matriculándote en una escuela. Será una gran ayuda para no llamar la atención como turista y para manejarte más fácilmente en el lugar.

SECRETOS ENTRE JEFAS

La última vez que viajé a Francia, organicé los martes de francés en casa donde nos reunimos amigas que querían practicar de modo informal. Fue simpatiquísimo, chistoso y lo cierto es que aprendí algunas palabras que no sabía.

CÓMO TOMAR BUENAS FOTOS

La fotografía es uno de mis hobbies, y la verdad es que no lo hago nada mal. Aquí algunos de mis secretos para tomar unas buenas fotos durante el viaje:

> ➤ Toma tus fotos durante la mañana o la tarde, cuando la luz es más tenue y bonita.
> ➤ Si tomas la foto de una persona o de un monumento, no te preocupes por centrarlos. Si te quedan hacia un lado, le darás un ángulo más interesante a la foto.
> ➤ No todas la fotos tienen que ser paisajes o personas. Para darle variedad a tus tomas, registra los detalles de los lugares, objetos y personas. Fotografíalos de cerca.

ÚNETE AL *TOUR*

Un *tour* guiado es sin lugar a dudas la mejor manera de conocer una ciudad. Para que resulte en una buena experiencia, escoge el *tour* apropiado para ti. Pregúntale a la compañía de tours quiénes son los guías y también qué hay de nuevo en los itinerarios.

Haz la tarea, investiga *online* y revisa las reseñas que han obtenido. También fíjate en el tipo de personas que han usado ese servicio. Lleva en tu bolsa calmantes para el dolor de cabeza y unas cuantas Curitas por si te empiezan a incomodar los zapatos. Resérvalo con anticipación o con el *concierge* una vez que llegues al hotel.

BUENOS MODALES EN EL *TOUR*

Algunas reglas que te harán lucir como un viajero educado:

- No llegues tarde. Llega unos quince minutos antes de la hora en que va a comenzar el *tour*.
- No le ruegues al guía que te dé cinco minutitos más en la tiendita de *souvenirs*, mientras el resto del grupo se está montando en el bus.
- No converses mientras el guía turístico está hablando. Espera los descansos para charlar, hacer preguntas y comentarios.

CÓMO HACER LLAMADAS SIN PAGAR UNA FORTUNA

Ya sabes, cualquier cargo que hagas desde la habitación del hotel sale carísimo. Así que trata de no usar ese teléfono para nada. En lugar de pagar las excesivas tarifas telefónicas que te cobra el hotel, habla por Skype. Lleva tu iPad o *laptop*, y desde tu computadora haz tus llamadas, te saldrá muchísimo más económico. Siempre lo hago y de verdad que es buenísimo.

CÓMO MANTENER TU SALUD DURANTE LAS VACACIONES

Las vacaciones deberían ser para reforzar la salud y recargar las energías. Sigue estos pasos y evita pasarte tus días libres en cama, o regresar gorda, cansada y con un terrible catarro.

1. Si vas a otro país o estarás haciendo actividades al aire libre, chequea que tus vacunas estén al día. Lo que menos deseas es agarrarte alguna enfermedad.

2. Carga en tu bolsa de mano una botellita de agua vacía. Llénala de agua en el aeropuerto y bebe constantemente mientras esperas para mantenerte hidratada.

3. Si puedes, lleva tu propia comida para no tener que recurrir a la comida chatarra. Si comes en el aeropuerto, opta por opciones más saludables. Evita comer la comida del avión.

4. Lleva *snacks* en tu maleta de mano para mantener tu energía arriba y evitar bajas de azúcar.

5. Lávate las manos con frecuencia, especialmente después de haber usado el transporte público, teléfono público, el cajero automático —y también antes de comer.

6. Lleva un botiquín con medicinas para el catarro común, y si sufres de alguna enfermedad crónica, lleva tus medicamentos y la información de tu médico.

7. En vuelos o viajes en carro largos, levántate y camina o estírate cada una o dos horas.

8. En lo que llegues a tu destino, date un buen baño para quitarte todos los gérmenes y bacterias que has recogido en el viaje. Si es posible, date un masaje y duerme bien para que tu cuerpo se recupere de las tensiones y dolores del viaje.

9. Durante las vacaciones, come de forma saludable. Comienza el almuerzo y la cena con una ensalada o una sopa sin crema. Evita el azúcar, la sal y el alcohol. Consume aguacate y bananas. Toma vitaminas para que tu sistema inmune se mantenga fuerte y bebe mucho líquido para mantenerte hidratada.

10. Mantén tu cuerpo en movimiento. Busca actividades para recorrer la ciudad que involucren movimiento. Trata de caminar y subir escaleras cuando sea posible.

11. Y no olvides descansar. El sueño es lo primero que se interrumpe con los viajes, y es lo más esencial para mantener la salud. Termina tu día con unos minutos de respiración profunda. Este hábito tan sencillo te ayuda a neutralizar el estrés. Lleva contigo aceite esencial de lavanda y rocía unas gotitas en tu almohada. La lavanda tiene propiedades comprobadas para ayudarte a conciliar el sueño.

SECRETOS ENTRE JEFAS

Si te da sinusitis cuando viajas en avión, o sientes que te vas a enfermar, elimina por completo la leche. La leche aumenta la formación de moco, lo cual incrementa la presión y la irritación en los senos nasales.

CÓMO EVITAR EL *JET LAG*

Acabas de aterrizar. Estás loca por llegar y visitar la ciudad, solo que la cabeza te da vueltas y los ojos se te cierran. ¡Me choca cuando me pasa esto! Siento que pierdo un día entero de mis vacaciones. Para evitar, o al menos minimizar, el *jet lag*, ese efecto de maluquez general que nos da cuando pasamos de un huso horario a otro más rápido de lo que nuestro cuerpo se puede adaptar, sigue estas recomendaciones:

1. Antes de salir, comienza a ajustar tu sueño al huso horario del lugar de destino.
2. En el avión, evita el alcohol y la cafeína, y mantente hidratada tomando mucha agua.
3. Hay unas pastillas homeopáticas que se llaman No Jet-Lag —yo no las he probado, pero me han dicho que funcionan. Contienen cinco ingredientes homeopáticos para contrarrestar los efectos del *jet lag*: árnica, *Bellis perennis*, camomila, ipecacuana y licopodio. Lo malo es que hay que tomarlas cada dos horas durante el vuelo, lo cual no es muy conveniente en vuelos nocturnos donde seguramente te dormirás. Pero si piensas levantarte cada dos horas para estirar las piernas, como deberías hacerlo, entonces es una gran opción.

CUIDA TUS OBJETOS DE VALOR

Los documentos de valor, el dinero, y si llevas algunas prendas valiosas, guárdalos en la caja de seguridad de la habitación. Es importante que tengas sentido común y que no dejes lo que mi mamá llamaría "tentaciones a la vista". Sé discreta con tus cosas, mantenlas dentro de la maleta o guardadas en el clóset y, de nuevo, si hay algo de un valor especial llévalo contigo o guárdalo en la caja fuerte.

RESOLVIENDO LAS COMIDAS

Para ahorrar tiempo. Desayuna en el hotel, y el resto del día haz comiditas rápidas en la calle, que no tomen tiempo.

Para ahorrar dinero. Haz una buena comida al día, un almuerzo o cena fuerte y el resto del día pica algo o lleva *snacks*.

Las comidas de los niños. Recuerda que las necesidades y tolerancia de los niños son muy diferentes a las de los adultos. Respeta los horarios de comida de los chicos, recuerda

> **HUMOR:**
> **¡COLMOS!**
>
> **P:** *¿Cuál es el colmo de una guía turística?*
>
> **R:** Que se le pase el último vagón del tren.

que hay horas en que están cansados. Mantenlos hidratados y lleva algunos *snacks*. Para ellos trata de pedir cosas sencillas como pasta, pollo y algunos platos más simples sin salsas.

QUÉ HACER SI ALGUIEN SE SEPARA DEL GRUPO

Como Jefa de Turismo debes tener la precaución de preparar a tu grupo con un plan de contingencia en caso de que alguien se pierda o se separe. Esto es algo que, por supuesto, quisiéramos que nunca nos suceda, pero mejor estar preparada, tener un plan y la certeza de que todos saben qué hacer antes de salir.

1. Proporciona la información necesaria a todos los viajeros. Crea una hoja con el itinerario, direcciones y teléfonos que podrían necesitar e imprímela para todos.

Todos los viajeros deben saber:

> ➤ ciudad a la que viajan
> ➤ aeropuerto en el que aterrizan
> ➤ aerolínea y número de vuelo
> ➤ dirección a donde llegan (hotel o lugar de alojamiento)
> ➤ teléfonos y correos electrónicos de sus compañeros

2. Entrégale a cada miembro de tu grupo un poco de dinero. Cada persona debe tener consigo al menos lo suficiente para hacer una llamada telefónica y tomar un taxi.

3. Antes de salir, repasa el plan con tu grupo. Pregúntales: ¿Qué debes hacer si te pierdes? ¿A dónde acudiremos en caso de separarnos? Instrúyelos y asegúrate de que todos entiendan lo que deben hacer.
Ejemplo: Si me pierdo o me separo del grupo en el aeropuerto, el plan es:

> ➤ Dirigirme a un oficial de la línea aérea.
> ➤ Pedir ayuda allí para hacer un llamado por el altavoz del aeropuerto indicando dónde deben encontrarme.
> ➤ Nadie sale del aeropuerto sin que todos estemos juntos.

SECRETOS ENTRE JEFAS

Si no te cabe todo lo que compraste en la maleta que trajiste, aquí es donde puedes usar la bolsa extra que te recomendé que llevaras. Si aún con esto no resuelves el problema, sal corriendo a comprar una maleta o empaca una caja y despáchala.

RECONFIRMA EL REGRESO

Recuerda que en algún momento se va a terminar el viaje y que debes regresar a casa. Antes de que llegue el día de volver, llama a la línea área para reconfirmar las reservas de regreso y los asientos. Has hincapié en que quieres saber si los asientos están todos juntos. Es también el momento de hacer cualquier pregunta sobre el peso de las maletas y cuántas piezas puede despachar cada quien. ¡Evita las sorpresas al llegar al aeropuerto!

JEFAS DE TURISMO QUE TE INSPIRAN EN LA GRAN PANTALLA

Mi vida en ruinas (My Life in Ruins): Georgia (Nia Vardalos) es una guía turística que lleva a un grupo muy variado de inadaptados que prefieren comprar *souvenirs* a conocer sobre la historia y cultura de Grecia.

Bajo el sol de la Toscana (Under the Tuscan Sun): Frances Mayes (Diane Lane) es una mujer recién divorciada y deprimida. Su mejor amiga le insiste que se tome unas vacaciones en la Toscana. Su vida cambia cuando, siguiendo lo que considera señales, termina comprando una casa.

Come, reza, ama (Eat, Pray, Love): Elizabeth Gilbert (Julia Roberts) en teoría lo tiene todo, pero se siente perdida y confundida, así que decide embarcarse en un viaje alrededor del mundo para encontrase a sí misma.

LA JEFA ASTUTA DELEGA RESPONSABILIDADES

CONTRATANDO A UN AGENTE DE VIAJES

Contar con la ayuda de un buen agente de viajes puede marcar una diferencia del cielo a la tierra. El agente de viajes te ahorra tiempo y dinero. Hace las reservas de avión, hotel, carro, *tours* y cualquier otro servicio que requieras. Su trabajo es investigar y conseguirte las mejores opciones y trabajar dentro de tu presupuesto. Lo mejor es que, si algo sale mal, puedes llamarlo para pedir ayuda.

Dónde lo consigo

Pregunta entre tus amistades y colegas. Busca *online*. Dirígete a las agencias de viaje de tu ciudad.

Cuánto cuesta y cómo le pagas

Los agentes de viaje cobran una tasa que puede ser tan baja como $25 por ticket. Realmente depende de cómo trabaja el agente o la agencia. Algunos no cobran nada, y reciben una ganancia de los servicios que venden. Otros cobran algo dependiendo del tipo y tamaño del viaje. Lo mejor es hacer una consulta y pedir un presupuesto para tu viaje. Usualmente puedes pagarles con cheque o tarjeta de crédito.

Lo que debes saber al contratar este servicio

Usa un agente de viajes que esté afiliado a una agencia o grupo grande. Estos tienen muchas relaciones y sociedades con hoteles, líneas aéreas, líneas de cruceros y te pueden conseguir los mejores descuentos. Asegúrate de hacer la tarea y averiguar para conseguir un agente de viajes que conozca el lugar adonde vas a viajar. Pregúntale cuál es su experiencia y la de la agencia vendiendo ese destino. Algunas agencias se especializan en destinos específicos (Europa, Asia), otras manejan cruceros, etc. Busca la más conveniente para ti. Exprésale cuáles son tus intereses, lo que deseas ver y lo que no, cuánto quieres gastar. Establece desde el principio una comunicación directa y clara con tu agente de viajes. Esto te ahorrará tiempo y al agente le ahorrará trabajo.

SECRETOS ENTRE JEFAS

Antes de contratar un agente de viajes, chequea los beneficios de tu tarjeta de crédito. American Express ofrece a sus clientes un excelente servicio de asistencia para viajes.

HERRAMIENTAS DE LA JEFA DE TURISMO

- unas buenas maletas: maletas duras para despachar en viajes largos por avión y maletas suaves para viajes cortos de fin de semana
- bolsos de nylon o lona para traer cosas extra
- almohada inflable
- luz de leer que se pega al libro
- Walkie talkie
- cámara fotográfica
- reloj despertador
- binoculares
- iPad
- celular
- guía de viajes
- botiquín de medicinas y primeros auxilios
- costurero de viaje
- cargadores para todos los aparatos electrónicos
- adaptador de corriente

¿MALETAS CARAS O BARATAS?

Cuando he comprado maletas baratas se me han vuelto pedazos, se les salen las ruedas, el agarradero se despega, se les rompe el cierre. Si compras una maleta barata, haz de cuenta que es para un solo viaje. Si te decides por maletas más caras, envuélvelas en plástico para protegerlas. Las correas donde transportan el equipaje son sucias, las rampas a veces están mojadas. Con todo el maltrato que reciben, si no las proteges, al poco tiempo acabarás con unas maletas que se ven viejas.

Mi consejo es que inviertas en unas maletas buenas, sólidas y bien construidas, de precio razonable. Elige siempre las que vienen con ruedas.

BOLSOS UTILITARIOS PARA EMPACAR ORGANIZADAMENTE

- maletas duras
- bolso de nylon o de tela
- *necessaire* para los productos de baño
- bolsa plástica para cosas mojadas
- bolsas de tela para zapatos
- cartera con bolsillos de fácil acceso
- porta documentos para los documentos de viaje
- joyero para alhajas y accesorios
- bolso para ropa interior

CÓMO VIAJAR CON...

Un sombrero grande

Para la boda de María do Mar, que se festejó con un elegante almuerzo en el sur de Francia, quise ponerme un hermoso sombrero. Ni pensar en meterlo en la maleta. Se hubiese arruinado por completo. Lo mejor aquí es llevarlo dentro de una sombrerera o caja de sombrero, o bien empacado en una bolsa dura, en la mano (esto fue lo que hice yo). Si cabe, colócalo en el compartimiento superior del avión; si no, pide a uno de los asistentes de vuelo que te ayude a guardarlo durante el vuelo. ¡Y no se te vaya a olvidar en el avión!

Vinos

Desde que existen las regulaciones de líquidos, llevar vino o cualquier licor en la mano como se hacía antes, es imposible. Para empacarlo en la maleta lo mejor que puedes hacer es colocar cada botella dentro de una bolsa plástica Ziplock, sácale todo el aire y asegúrate de que quede bien sellada. Luego enróllala bien con envoltura de burbujas (*bubblewrap*) —también puedes usar una toalla o ropa sucia. Por último, coloca la botella entre capas de ropa, y evita que quede cerca de objetos sólidos puntiagudos o pesados.

Hay unos accesorios para empacar vino que se llaman WineSkin y BottleWise, bolsas acolchadas herméticas que te permiten llevar las botellas en tu maleta despachada con seguridad. Se consiguen en licorerías, supermercados y *online*.

Yo no compraría vinos muy caros ni tampoco empacaría más de dos botellas por maleta. ¡Recuerda que las maletas reciben golpes y porrazos inesperados! Si tienes más de dos botellas de vino, mejor considera otra opción, como despachar una caja. Pero ten cuidado con el costo del envío, cada botella puede llegar a costarte lo mismo que comprarla en una importadora en tu ciudad, o por Internet.

QUÉ HACER CON EL MARIDO DE VIAJE

A continuación te recomiendo algunas cositas que le agradarán a tu pareja y lo sorprenderán:

- Estate lista para salir a tiempo.
- No tardes demasiado para arreglarte.
- No compres demasiado ni lo tengas mirando tiendas durante el viaje.
- Adáptate a la comida en otras ciudades y países.
- No seas complicada.
- No te quejes tanto.
- ¡Disfruta y diviértete!

Tu mascota

Averigua cuáles son las políticas de la línea aérea para viajar con mascotas. Muchas requieren vacunas y no aceptan mascotas en los meses más fríos o más calientes del año. Algunas permiten animales en la cabina si la jaula cabe debajo del asiento. Visita al veterinario para que le hagan un chequeo a tu mascota y te alerten sobre cualquier problema que pudiera aparecer a causa del estrés del viaje —también para que le corten las uñas y no se hagan daño. Aquí una listita si decides llevar a tu mascota de viaje:

> *Identificación.* Asegúrate de que lleve colgado y en la caja tu nombre y número telefónico. Agrega también tu número de vuelo y el lugar donde pueden contactarte.
> *Registros médicos.* Incluye el certificado de rabia, la historia de vacunas y escribe cualquier condición médica.
> *Botiquín de primeros auxilios.* Toallitas húmedas, pomada antibiótica, pinza, venda elástica.
> *Comida.* Lleva suficiente en caso de tener problemas consiguiendo la marca que usualmente compras o una que le guste a tu mascota. Lleva también galletitas o *treats* para mantenerla distraída y premiar su buen comportamiento.
> *Juguetes y una cobijita.* Para tratar de imitar lo más posible el ambiente de la casa.
> *Bolsas desechables y toallas de papel.* Para limpiar cualquier accidente que ocurra por el camino.

SECRETOS ENTRE JEFAS

No le des sedantes a tu mascota, a menos que te lo haya indicado el veterinario. Por más que pienses que un tranquilizante puede ayudarla a viajar mejor, esto, por el contrario, puede causarle más ansiedad y hasta problemas respiratorios con la altitud.

EL *PLAYLIST* DE LA JEFA DE TURISMO

"Route 66" (Rolling Stones)
"Tren al sur" (Los Prisioneros)
"Road Trippin" (Red Hot Chili Peppers)
"Hawaii – Bombay" (Mecano)
"Holiday" (Madonna)

Agradecimientos

S in ustedes no hubiera sido posible completar esta obra. A todos, mis más sinceras gracias…

A Dios, por bendecirme con este gran sueño hecho realidad.

A mi mamá, Estrella De Córdova, por ser una Jefa de la Casa como pocas, de ti he aprendido tantas cosas.

A mi hermana, Adriana Aristizábal, por desenroscar el bombillo de nuestro cuarto para que te dejara dormir, aumentando aún más mi deseo por seguir escribiendo.

A mi hija, Carolina Caporal, por ser la mejor compañera, dentro de mi vientre, durante el proceso de escritura. Discúlpame por las largas horas que te mantuve despierta bebé…

A mi esposo, Ricardo Caporal, por regalarme todo el tiempo y el espacio que necesité para crear este libro, gracias por saber esperar.

A mi agente literaria, Diane Stockwell, por creer en mí varias ve-ces, por tu entusiasmo, por mostrarme el camino.

A mi equipo editorial en Penguin, Erik Riesenberg y Carlos Azula, por la dedicación y el compromiso que han puesto en hacer de este trabajo una verdadera joyita.

A mi editora, Cecilia Molinari, por ver más allá, por disipar mis dudas con tu dulzura.

A mis fotógrafos, Simón de Franca y Chantal Lawrie, por interpretar mis ideas y por hacerlo siempre divertido.

A mi asistente, Mayra Somoza, por cuidar de mí y de los míos mientras este trabajo tomó forma.

A Mis Fans Y Admiradores De Mi Trabajo, Por Disfrutar De Lo Que Hago, Ustedes Son La Inspiración Que Me Anima a Hacerlo Cada Día Mejor.